O ENVELHECER EM IDOSOS ATRAVESSADOS PELO ADOECIMENTO
UMA VISÃO PSICANALÍTICA

Editora Appris Ltda.
1.ª Edição - Copyright© 2024 das autoras
Direitos de Edição Reservados à Editora Appris Ltda.

Nenhuma parte desta obra poderá ser utilizada indevidamente, sem estar de acordo com a Lei nº 9.610/98. Se incorreções forem encontradas, serão de exclusiva responsabilidade de seus organizadores. Foi realizado o Depósito Legal na Fundação Biblioteca Nacional, de acordo com as Leis nos 10.994, de 14/12/2004, e 12.192, de 14/01/2010.

Catalogação na Fonte
Elaborado por: Dayanne Leal Souza
Bibliotecária CRB 9/2162

K966e
2024
	Kurogi, Luciana Tiemi
	    O envelhecer em idosos atravessados pelo adoecimento: uma visão psicanalítica / Luciana Tiemi Kurogi, Maria Virginia Filomena Cremasco. – 1. ed. – Curitiba: Appris, 2024.
	    289 p. ; 23 cm. – (Coleção PSI).
	
	    Inclui bibliografias.
	    ISBN 978-65-250-6953-1
	
	    1. Envelhecimento. 2. Psicanálise. 3. Adoecimento. 4. Hospital Geral. I. Kurogi, Luciana Tiemi. II. Cremasco, Maria Virginia Filomena. III. Título. IV. Série.
	
	                                                                                 CDD – 150.195

Livro de acordo com a normalização técnica da ABNT

Appris editora

Editora e Livraria Appris Ltda.
Av. Manoel Ribas, 2265 – Mercês
Curitiba/PR – CEP: 80810-002
Tel. (41) 3156 - 4731
www.editoraappris.com.br

Printed in Brazil
Impresso no Brasil

Luciana Tiemi Kurogi
Maria Virginia Filomena Cremasco

O ENVELHECER EM IDOSOS ATRAVESSADOS PELO ADOECIMENTO
UMA VISÃO PSICANALÍTICA

Appris editora

Curitiba, PR
2024

FICHA TÉCNICA

EDITORIAL	Augusto Coelho
	Sara C. de Andrade Coelho

COMITÊ EDITORIAL

- Ana El Achkar (Universo/RJ)
- Andréa Barbosa Gouveia (UFPR)
- Antonio Evangelista de Souza Netto (PUC-SP)
- Belinda Cunha (UFPB)
- Délton Winter de Carvalho (FMP)
- Edson da Silva (UFVJM)
- Eliete Correia dos Santos (UEPB)
- Erineu Foerste (Ufes)
- Fabiano Santos (UERJ-IESP)
- Francinete Fernandes de Sousa (UEPB)
- Francisco Carlos Duarte (PUCPR)
- Francisco de Assis (Fiam-Faam-SP-Brasil)
- Gláucia Figueiredo (UNIPAMPA/ UDELAR)
- Jacques de Lima Ferreira (UNOESC)
- Jean Carlos Gonçalves (UFPR)
- José Wálter Nunes (UnB)
- Junia de Vilhena (PUC-RIO)
- Lucas Mesquita (UNILA)
- Márcia Gonçalves (Unitau)
- Maria Aparecida Barbosa (USP)
- Maria Margarida de Andrade (Umack)
- Marilda A. Behrens (PUCPR)
- Marília Andrade Torales Campos (UFPR)
- Marli Caetano
- Patrícia L. Torres (PUCPR)
- Paula Costa Mosca Macedo (UNIFESP)
- Ramon Blanco (UNILA)
- Roberta Ecleide Kelly (NEPE)
- Roque Ismael da Costa Güllich (UFFS)
- Sergio Gomes (UFRJ)
- Tiago Gagliano Pinto Alberto (PUCPR)
- Toni Reis (UP)
- Valdomiro de Oliveira (UFPR)

SUPERVISORA EDITORIAL	Renata C. Lopes
PRODUÇÃO EDITORIAL	Bruna Holmen
REVISÃO	J. Vanderlei
PROJETO GRÁFICO	Danielle Paulino
REVISÃO DE PROVA	Daniela Nazario

COMITÊ CIENTÍFICO DA COLEÇÃO PSI

DIREÇÃO CIENTÍFICA Junia de Vilhena

CONSULTORES
- Ana Cleide Guedes Moreira (UFPA)
- Betty Fuks (Univ. Veiga de Almeida)
- Edson Luiz Andre de Souza (UFRGS)
- Henrique Figueiredo Carneiro (UFPE)
- Joana de Vilhena Novaes (UVA |LIPIS/PUC)
- Maria Helena Zamora (PUC-Rio)
- Nadja Pinheiro (UFPR)
- Paulo Endo (USP)
- Sergio Gouvea Franco (FAAP)

INTERNACIONAIS
- Catherine Desprats - Péquignot (Université Denis-Diderot Paris 7)
- Eduardo Santos (Univ. Coimbra)
- Marta Gerez Ambertín (Universidad Católica de Santiago del Estero)
- Celine Masson (Université Denis Diderot-Paris 7)

O Espelho

*Esse que em mim envelhece
assomou ao espelho
a tentar mostrar que sou eu.*

*Os outros de mim,
fingindo desconhecer a imagem,
deixaram-me, a sós, perplexo,
com meu súbito reflexo.*

*A idade é isto: o peso da luz
com que nos vemos.*

(Mia Couto, 2006)

PREFÁCIO

O trabalho de Luciana Kurogi interessa a todo leitor que alguma vez se perguntou: a psicanálise de um sujeito idoso é possível? Pergunta que nos ocorre quando tomamos ciência que a psicanálise é um tratamento longo, demorado, custoso. Seria possível, ou até mesmo desejável, submeter esse sujeito a uma análise? Não seria mais indicado um tratamento breve, cujas promessas de melhora pudessem se cumprir num prazo mais curto?

Uma dimensão pouco lembrada quando se acusa a Psicanálise de ser um tratamento demorado é que, em realidade, a ambição da Psicanálise é muito superior às das outras terapias: seu objetivo não é meramente suprimir sintomas incômodos, mas sim alcançar uma cura decisiva, graças à qual a fonte que permite a produção dos sintomas seja atingida em sua radicalidade. A Psicanálise se coloca um sarrafo mais alto no tocante à cura, por isso ela também não se ilude com a promessa de alcançar rápido a meta.

Mas uma pretensão terapêutica vasta só explica em parte a lentidão da psicanálise; até porque é o paciente quem decide até onde vai levar o processo e, na maioria das vezes, sua interrupção vai ocorrer independentemente das aspirações elevadas de seu analista. Outra parte considerável que justifica o alongamento do processo deve-se ao fato de o sujeito ter seu tempo próprio de *elaboração*. Esta, conforme Freud, representa o tempo necessário à superação da resistência, essa resistência tão universalmente presente nos pacientes, cuja intensidade é proporcional à da negação do que há de pior em nós. Lacan chamava de *tempo de compreender* esse tempo necessário à admissão do recalcado, implicando que não basta admitir um saber para que este se torne disponível. Sem a elaboração, é como se o sujeito ficasse sem liquidez: ele tem um capital de saber mas não o tem disponível para uso.

Faz sentido oferecer um tratamento longo para alguém que não tem tanto tempo pela frente e cujo horizonte de futuro não é enorme e cheio de possibilidades? Freud e outros analistas apontaram que, no sujeito idoso, haveria uma menor plasticidade da libido e sua menor liberdade para se ligar a novos objetos. Isso ressoou historicamente em nossa disciplina como uma posição pessimista e como uma contraindicação à análise: para que gastar mal o tempo de alguém para quem o tempo é um bem raro? Mas justo aí reside a potência da reflexão que a análise de idosos pode trazer: para alguns pacientes a urgência e a pressa podem colocar um limite a uma fixação libidinal que há muito tempo encerrava o sujeito em uma jaula, permitindo-lhe livrar-se rápido do lento definhamento que sofria dentro do perímetro riscado por sua neurose. Já para outros pode não ser o caso de uma revisão dos seus modos de satisfação, mas, pelo contrário, de um olhar para trás e afirmar aquilo que foi a escolha de toda uma vida. Neste caso, o benefício de uma análise pode ser muito questionável: pois que grande avanço pode existir em manter tudo como está? Em termos objetivos, talvez nada; mas, para o sujeito, pode ser muito valioso acatar aquilo que ele pôde fazer com o que seu percurso desenhou, servindo-lhe para recuperar sua capacidade de participar da vida, como dizia Freud.

Temos até agora considerado que o idoso é alguém com um sentido de urgência maior, como se isso fosse um dado clínico intransponível. Mas devo lembrar que isso não é toda a verdade, ou pelo menos não é o único aspecto da questão. Salvo exceções, a data da nossa partida não é um limite preciso: ninguém sabe quando vai morrer, e isso faz da morte um assunto que sempre pode ser adiado. O saber da morte raras vezes funciona como *insight*; o sujeito passa a maior parte dos seus dias adiando o acerto de contas com a morte, de tal modo que ela é uma conta que se paga parcelada. Sabemos e esquecemos continuamente; até porque esse é um saber que não nos ensina muito, e é por essa razão que Freud e Lacan afirmavam não haver uma inscrição da morte no inconsciente.

Daí ser preciso relativizar a ideia de que o idoso é um sujeito afetado pela sua finitude: isso talvez seja verdadeiro quando o comparamos a si próprio quando jovem, mas deixa de sê-lo se considerarmos que a morte é algo que o tempo todo se sabe/esquece, e nesse sabe/esquece ganhamos um prazo a mais, um prazer a mais, exatamente quando alguém descobre que tem um prazo maior para entregar um trabalho. Esse mais-de-gozar pode até valer como um obstáculo à análise, mas o que quero colocar em primeiro plano é que é *isso o que torna também sem sentido a ideia de que o idoso tem pressa e que, portanto, uma análise seria muito custosa e sem benefícios para ele*. A ideia capitalista que equivale tempo a dinheiro e de que não temos tempo a perder é mentirosa no plano do inconsciente, pois, no plano da pulsão, o sujeito é alguém que jamais se priva daquilo que quer, portanto ele não hesitará em perder tempo se é para satisfazer-se do seu modo predileto.

Tal verdade é algo que um analista jamais deve esquecer: o sintoma, por pior que seja, é feito para produzir satisfações, o que nos leva a uma posição ética que não é a da compaixão pelo próximo, mas de um situar-se em relação ao plano da pulsão. Em geral queremos apressar algo em resposta à demanda do paciente, só que o que nosso paciente nos pede entra em contradição com algo que ele quer com ainda mais intensidade, e pelo qual até agora ele está disposto a pagar com a vida. Por isso não se trata de suprimir o sintoma, mas de estar advertidos de estarmos interferindo em algo que tem uma função organizadora importante e que deve ser tocado com cuidado. O sintoma não é somente um vilão, é também um elemento que tem um papel estabilizador, de tal maneira que o sujeito deve poder recorrer a seu sintoma quando tudo em volta desmorona.

As reflexões acima me ocorreram a partir da leitura trabalho de Luciana Kurogi, e esse é o seu maior mérito: despertar no leitor uma sensibilidade maior a um tema que concerne a sujeitos muitas vezes invisibilizados na nossa sociedade. Seguindo o princípio de que a Psicanálise não deve recuar diante do envelhecimento, Luciana recruta não só a teoria, mas também sua atuação profissional no Hospital do Idoso Zilda Arns para se colocar uma questão específica, a saber, quais as contribuições da Psicanálise sobre o sujeito idoso atravessado pelo adoecimento.

Apesar de partir da situação específica do adoecimento, o livro suscita interrogações que abalam exatamente a ideia do senso comum que identifica velhice e doença. Embora partindo de uma práxis hospitalar - campo de pesquisas aparentemente tão desfavorável a uma leitura positiva do envelhecimento-, sua tese acaba colaborando justamente para um questionamento das visões pessimistas ou fatalistas sobre esse período da vida. E é justamente neste ponto que reside seu caráter paradoxal: parte de uma experiência clínica com sujeitos afetados pela doença, sujeitos cuja potência está temporária ou permanentemente diminuída, para mostrar como um laço com a vida e com Eros ainda é possível em muitos casos.

A autora inicia seu percurso com uma pergunta muito simples e verdadeira: por que ninguém em nossa sociedade quer ser velho? A resposta exigirá um passeio preliminar pelas contribuições da Filosofia e das Ciências Sociais sobre o tema, chegando na inevitável articulação com o regime de produção capitalista. Com o capitalismo, o trabalhador se torna um proletário, ou seja, alguém que não tem mais a terra como um meio para produzir, que se vê então compelido a ganhar a vida vendendo sua força de trabalho. Nesse contexto, o declínio da capacidade produtiva devido ao envelhecimento será encarado socialmente como um mal fatal. O idoso será aquele que não serve sequer para ser explorado. A melhoria das condições de saúde proporcionados pelos avanços científicos aliadas às políticas de seguridade social vêm proporcionando uma extensão da longevidade, mas, correlativamente a isso, existe uma intensa percepção social depreciativa do idoso presente em nossa cultura – o que vem sendo nomeado por muitos como etarismo ou idadismo.

Nos demais capítulos, a autora traz um enorme acervo de saberes psicanalíticos que coloca a serviço da sua tese de forma muito competente. A visão pessimista de Freud em relação à oferta de Psicanálise para idosos é, não exatamente refutada, mas nuançada e questionada por uma série de outros psicanalistas. Desenham-se novas possibilidades de interpretação desse momento da vida, uma vez que, na velhice, poderia haver uma maior disponibilidade a aceitar a nossa condição humana de seres castrados. Os ideais tirânicos da juventude podem ser revisados e o sujeito pode ficar mais conforme àquilo que pode e quer fazer, sem estar subjugado por um Supereu tão feroz. Seu laço com a sexualidade deixa de ter como parâmetro maior de gratificação a satisfação genital e pode se exercitar em outras direções, de forma muito mais favorável à sublimação.

O trabalho passará então a se interrogar sobre as possibilidades de um trabalho psicanalítico com sujeitos idosos atravessados pelo adoecimento. Para isso, a experiência clínica de Luciana no hospital será de grande valia, e o leitor adentrará então nos interessantes relatos dos casos. Por conta da ocorrência da pandemia da Covid-19 no curso da pesquisa, apenas um dos pacientes que constam do trabalho final de tese foi de fato atendido conforme a técnica da Psicanálise. Os demais sujeitos da amostra foram entrevistados, mas não efetivamente atendidos, porém procedeu-se a uma análise e tratamento dos dados obtidos nas entrevistas de acordo com a teoria psicanalítica.

A parte prática do trabalho revelará o talento da autora em articular os conceitos aparentemente abstratos com uma leitura fina da clínica. O caso clínico do paciente nomeado ficticiamente como Antônio certamente é o coração dessa parte do trabalho, por ser rica em ensinamentos e interrogações. O mérito da tese será permitir ao leitor sair de sua leitura, não com uma conclusão única e fechada, mas com a certeza de estar melhor situado e orientado na problemática inesgotável da relação entre Psicanálise e envelhecimento.

Rosane Zétola Lustoza
Professora do Departamento de Psicologia da Universidade Federal do Paraná

SUMÁRIO

INTRODUÇÃO 13

1
METODOLOGIA E MÉTODO 27
1.1 Método Psicanalítico 27
1.2 Coleta de Dados 33
    1.2.1 Revisão não-sistemática da literatura 35
    1.2.2 Entrevistas 37
    1.2.3 Construção de Caso 38
1.3 Análise de Dados 39
    1.3.1 Análise das Entrevistas 39
    1.3.2 Análise de Caso 42

2
A IMAGEM PERDIDA 51
2.1 A Velhice na Sociedade Ocidental 51
2.2 Crítica ao Discurso Pessimista do Idoso 64

3
O SUJEITO DA PSICANÁLISE 71
3.1 Descentramento do Eu e da Consciência: o Inconsciente 71
3.2 Constituição do Aparelho Psíquico: a Metapsicologia 74
    3.2.1 Os Destinos da Pulsão 79
        3.2.2 Sujeito do Inconsciente 92
3.3 Constituição do Sujeito 94
    3.3.1 Desamparo Fundamental e Formação do Eu 94
    3.3.2 Fases do Desenvolvimento Psicossexual Infantil 101
    3.3.3 Formação das Subjetividades 108
    3.3.4 Os Mecanismos de Defesa 115
    3.3.5 Da Hipnose à Associação Livre 121

4
VELHICE E PSICANÁLISE 125
4.1 A Velhice no Mal-Estar da Cultura 126
4.2 Da Gerontologia à Freud: a questão do tempo 137

4.3 A Sombra do Corpo 146
4.4 Mortes, Perdas e Lutos na Velhice 156
    4.4.1. Luto, Melancolia e Depressão 156
    4.4.2. Três tipos de morte: social, psíquica e decomposição da carne 164
    4.4.3 Lutos, Envelhecimento e Morte de Freud 178
4.5 Envelhescência 184

5
A PSICANÁLISE NO HOSPITAL 189
5.1 A Relação da Psicanálise com a Medicina no Hospital 190
5.2 O que faz um Psicanalista no Hospital? 194
5.3 A Transferência no Hospital 201
5.4 O Setting e o Tempo no Hospital. Existe análise nesse cenário? 207
5.5 A Ética Psicanalítica 211

6
RESULTADOS E DISCUSSÃO 215
6.1 Resultados e Discussões das Entrevistas 215
6.2 O Caso de Antônio 239
    6.2.1 Construção do Caso de Antônio 247

7
CONSIDERAÇÕES FINAIS 257

REFERÊNCIAS 271

INTRODUÇÃO

Pouco importa venha a velhice, que é a velhice?
(Carlos Drummond de Andrade)

A clínica psicanalítica no hospital desafia o analista a manter os princípios éticos e específicos da abordagem e incita questionamentos do seu trabalho face aos desafios clínicos, teóricos e institucionais. Os diversos campos do saber exigem que a psicanálise seja ajustada constantemente. Dessa forma, a demanda imposta pela cultura impõe ao analista a necessidade de adequar sua práxis para o progresso de sua clínica.

Freud[1] mencionou em variados momentos dos seus escritos a precisão da extensão da psicanálise. Entretanto, não sistematizou o conceito do seu campo clínico nas diferentes áreas do saber. Ao debater o futuro da psicanálise, enfatizou que, independentemente da direção que essa clínica pudesse enfrentar, os fundamentos básicos e éticos deveriam ser mantidos (Freud, 1919/1996a), os quais estão relacionados à interpretação das manifestações inconscientes que comprometem o sujeito na responsabilidade de uma decisão ou escolha diante do seu desejo. Com base nisso, acreditamos na viabilidade dessa clínica no hospital, apesar dos seus desafios nesse recinto.

A psicanálise no hospital é apontada por Simonetti (2018a) como uma área do conhecimento e tratamento dos elementos psíquicos associados ao adoecimento, como sentimentos, fala, desejo, conflitos, comportamentos, entre outros. O indivíduo repleto de subjetividade, quando adoece, depara-se com o real da doença instalada em seu corpo, lhe gerando múltiplas reações emocionais, assim como na sua família e na equipe de saúde. Compreendemos que essa clínica não se destina somente às doenças ditas "psicossomáticas"[2], mas leva em conta os componentes emocionais de todas as doenças, sendo o seu objetivo a subjetividade do sujeito para favorecer a este uma possibilidade de elaboração simbólica do seu adoecimento.

---
[1] Freud foi um neurologista austríaco, considerado o pai da psicanálise pela inovação teórica da leitura do psiquismo humano a partir do inconsciente. Ao referenciá-lo, empregamos, além do seu nome, os termos "pai da psicanálise" e "mestre de Viena" ao longo deste livro.

[2] A psicossomática se refere à relação entre a mente e o corpo e os segmentos do adoecimento. Ela compreende que o adoecimento orgânico está atrelado aos processos mentais, e estes têm certa função no corpo (Capitão & Carvalho, 2006). No campo teórico da psicanálise, a psicossomática diz respeito ao entendimento entre o psíquico e o somático e às atribuições do psiquismo na regulação psicossomática (Volich, 2010).

Alguns dos desafios do psicólogo e do psicanalista no hospital podem ser enumerados: a solicitação de atendimento não é absolutamente realizada pelo paciente, geralmente é feita pelo médico, pela família, pela enfermagem etc., e (a solicitação) se distingue de demanda, uma vez que esta se refere à queixa da própria pessoa que está doente; no contexto da realidade institucional do hospital, a ligação entre paciente e profissional da saúde não é dual, pois envolve o terceiro elemento que é a instituição, o governo, o sistema de saúde pública e, inclusive, a família; o local de atendimento pode apresentar falta de privacidade, interrupções, barulho, tempo curto de atendimento etc. (Simonetti, 2018a).

A prática do psicanalista no hospital ocorre no campo da causa e não do ideal, precisando conceber a sua possibilidade. É a partir dessa construção que a prática permite ir além do discurso produzido pela consciência, o inconsciente, campo amparado pela verdade de um indivíduo que se encontra em uma instituição hospitalar (Moura, 2011). O sujeito do discurso desconhece a sua verdade, que muitas vezes se encontra vinculada a uma falta (castração simbólica) em decorrência do recalque, fazendo com que ela não possa ser revelada por inteira, apenas parcialmente pelas formações inconscientes (sonhos, lapsos, fantasias, produções imaginárias, entre outras). Quando o ser humano é colocado na ordem simbólica, ele perde a sua essência (naturalidade com o mundo) para conquistar a sua existência, ou seja, ele é inserido em um lugar de dor para poder existir como um ser falante (Moretto, 2009a).

Ao dar importância ao desejo inconsciente do sujeito, é por intermédio da transferência que o psicanalista pode acessá-lo. A transferência, manifestada pelos desejos que se atualizam na relação analítica, no âmbito hospitalar, não está imperiosamente direcionada ao analista, podendo estar voltada ao médico, à instituição, à coordenação ou até mesmo ao serviço de psicologia (Carvalho & Couto, 2011). Ela permite ao paciente, mediante a fala, a construção de novos recursos artificiais para lidar com a doença e elaborá-la, com base na experiência de repetição transferencial. O que é dito pode ser carregado de afetos, contradições e intenções que se tratam de variações da transferência.

Se a extensão da clínica psicanalítica para além do consultório particular – a exemplo do hospital – já era um desafio, com as mudanças decorrentes da pandemia estas instigações foram intensificadas. Esse foi o cenário em que esta obra se iniciou, em 2020, no período da pandemia de Covid-19 – situação que impactou a pesquisa e a minha prática enquanto pesquisadora que atuava também no hospital. A doença infecciosa da Covid-19 foi provocada pelo coronavírus SARS-CoV-2 e tem como principais sintomas fadiga, febre e tosse seca. A Organização Mundial da Saúde (OMS) foi notificada do novo coronavírus em 31 de dezembro de 2019, após adquirir a informação de casos de "pneumonia viral" em Wuhan, na China (República Popular) (Organização Pan-Americana da Saúde, 2021).

A pandemia acarretou alterações diárias do trabalho no hospital deste estudo (Hospital Municipal do Idoso Zilda Arns – HMIZA), a começar pela sua estrutura física, pela demanda de contratação de profissionais de forma emergencial, pela abertura de mais leitos de Unidades de Terapia Intensiva (UTI), pelas compras de ventiladores mecânicos, pela mudança de setores e gestores, pelo cancelamento de atendimentos ambulatoriais, até a alteração da vestimenta dos profissionais de saúde para o atendimento aos pacientes. Deixamos de utilizar o nosso jaleco branco em troca do "pijama" para atender o paciente, como também passamos a colocar todos os Equipamentos de Proteção Individual - EPI. Logo, a máscara N95, o avental, o *face shild*, as luvas e a touca se tornaram materiais de uso comum da prática de atendimento ao público internado para evitar a disseminação do vírus.

No período crítico da pandemia, entre 2020 e 2021, no hospital de estudo houve uma sobrecarga física e mental dos profissionais de saúde pela rotina agitada do ambiente hospitalar, resultante da demanda de atendimentos de pacientes com a doença de Covid-19. Entre as consequências, podemos citar o aumento do número de afastamento de profissionais infectados pelo vírus, paradas cardiorrespiratórias de pacientes e crescente número de mortes. Também durante a pandemia, os idosos[3] foram alvos de preocupações por serem julgados pela Organização Mundial da Saúde (OMS) como um dos grupos de risco mais vulneráveis à Covid-19 (Valente, 2020). Assim, deu-se o centro de discriminações e preconceitos no Brasil, desenrolando em isolamento social e, em determinados períodos da pandemia, não se tratando de casos priorizados nos atendimentos dos sistemas de saúde pelos profissionais de saúde (Castro *et al.*, 2020).

As dificuldades e as preocupações enfrentadas pelo analista perante a difusão da psicanálise, somadas à pandemia da Covid-19 e a intensificação da discriminação dos velhos[4] nesse período, tornaram a particularidade do

---

[3] Empregamos os termos "idoso", "velho" e "ancião" no gênero masculino, no decorrer deste livro, no sentido generalizado, denotando os diferentes gêneros e sexos.

[4] Utilizamos o termo velho a fim de quebrar a conotação negativa associada à essa palavra na nossa sociedade. Discutimos sobre essa temática no capítulo 2. *A Imagem Perdida*, em especial no tópico 2.1 *A Velhice na Sociedade Ocidental*.

público estudado nesta pesquisa – o idoso com marcas do adoecimento –, um outro desafio lançado a esse profissional. O ancião foi pouco explorado por Freud, mesmo que este tenha desenvolvido teorias sobre os processos inconscientes presentes na vida cotidiana dos seres humanos, independentemente da idade cronológica.

Freud (1915/1996b) aponta que os processos inconscientes são atemporais, ou seja, o inconsciente desconhece a passagem do tempo cronológico. Esta assimilação permite abrir o campo de estudo da subjetividade dos idosos. Entretanto, o autor aponta a existência de uma dificuldade no processo de análise com pessoas de idade mais avançada, devido aos casos de entropia psíquica, que diz respeito aos processos mentais, relacionamentos e distribuição de força geralmente caracterizados pelo esgotamento da plasticidade, da capacidade de modificação e de desenvolvimento posterior (Freud, 1937/1996c).

Importante ressaltar que o ancião, no período de Freud (começo do século XX), era uma pessoa com mais de 50 anos de idade. Atualmente, conforme a Política Nacional do Idoso e o Estatuto da Pessoa Idosa, é idosa a pessoa que possui sessenta (60) anos de idade ou mais (*Lei nº 8.842*, 1994; *Lei nº 10.741*, 2003). Diante disso, é válido refletir, nos dias de hoje, sobre potenciais mudanças e possibilidades de uma clínica psicanalítica com velhos, a começar pelas primeiras concepções sobre o tema.

Na perspectiva geriátrica e gerontológica, o envelhecimento é definido como um segmento biológico e inato, caracterizado por um sistema complexo e dinâmico que se desdobra em distintos modos, a depender do estilo de vida de cada pessoa. Nesse processo estão imbricadas tanto alterações morfológicas e funcionais, como também o olhar singular e social sobre o processo de envelhecimento. Assim, "a velhice é uma construção social complexa, indiretamente ligada ao tempo cronológico de vida e/ou às alterações físicas e psicológicas pelas quais os indivíduos adquirem ao longo de toda a sua existência" (Dardengo & Mafra, 2019, p.16).

Nesse contexto geriátrico e gerontológico, as transformações físicas no envelhecimento, como aparecimento dos cabelos brancos e das rugas, são consideradas normais e denominadas de *senescência*. Quando ocorre o adoecimento orgânico, como no surgimento das doenças crônicas, nomeia-se de *senilidade*. Na velhice avançada, o corpo apresenta desgastes que podem ser assustadores, sendo que a fragilidade do organismo pode causar no indivíduo perda de autonomia e da independência física e mental.

Na leitura psicanalítica, existe uma limitação bibliográfica acerca da temática da velhice, que pode se justificar pelo fenômeno recente do envelhecimento populacional mundial e, principalmente, no Brasil. Para a psicanálise, o sujeito idoso possui ligação com o tempo subjetivo e não com o tempo cronológico, posto que o pai da psicanálise conceitua o inconsciente como atemporal, como já dito anteriormente, levando em conta a realidade psíquica pulsional.

Não obstante, mesmo que o inconsciente desconheça a passagem do tempo, ocorre o envelhecimento do corpo, de forma que o sujeito terá que lidar de algum modo singular com a questão da alteração da sua imagem, das perdas reais com o avanço da idade, do adoecimento, dos falecimentos de entes queridos e do rompimento de laços sociais, causando lutos e novos modos de atualização dos processos inconscientes. Frequentemente, em virtude da não temporalidade do inconsciente, negamos a nossa velhice. Cada um envelhece da sua maneira, ainda que haja um corpo que se desgaste biologicamente e a pessoa fique mais velha, a libido não morre. Portanto, a velhice não se reduz à idade cronológica. Todavia, quando ocorre o adoecimento orgânico, o idoso pode perceber o seu processo de envelhecimento e a proximidade da morte, podendo afetar o seu psiquismo.

Na circunstância histórica, social e cultural, exibe-se uma valorização do idoso em algumas sociedades antigas através da apreciação da experiência e do acúmulo de conhecimentos ao longo da vida, que podem ser disseminados aos mais jovens. Há pouco tempo, a nossa cultura valorizava apenas a juventude, buscando a sua eternidade, o que resulta na depreciação do velho e na velhice enquanto uma categoria social marcada pela decadência física e incapacidade (Dardengo & Mafra, 2019). Alguns estudos mais recentes têm exposto uma melhora da visão do ancião na sociedade ocidental, tendo em vista os seus aspectos positivos para quebrar a imagem de uma velhice como doença.

Apesar da melhora da visão do idoso atualmente, ainda são perceptíveis a discriminação e o preconceito, somados à uma tendência de patologizar a velhice. Por isso, é relevante delimitarmos o idoso deste estudo, contextualizando-o dentro da sociedade neoliberalista e da realidade brasileira. A velhice não se desvincula dos marcadores sociais, como raça, cor, etnia, gênero, sexo, classe social etc. Embora não seja o enfoque desta obra aprofundar acerca dessas temáticas, não deixamos de mencionar os aspectos interseccionais que atravessam o velho.

Dito isso, refletimos como o cenário neoliberal impacta a subjetividade do idoso, dado que há rastro da competição, do individualismo, da noção de gestão de si mesmo, da constituição da ideia de empresa[5] como uma conduta de funcionamento subjetivo e como uma nova moralidade que designa a afeição de sofrimento e seu tratamento (Dardot & Laval, 2016). Como o velho se sente em um mundo que há competição de beleza? De quem tem mais dinheiro e bens materiais? De quem tem maior posição de liderança no mercado de trabalho? De quem é mais feliz? De quem tem mais sucesso? De quem parece mais jovem? Além do mais, vivemos em um universo em que há medicação para quase tudo e um grande crescimento de indústrias de produtos dermatológicos, cosmetológicos, medicamentosos e cirurgias plásticas nos últimos anos, voltadas ao combate dos sinais do envelhecimento.

Nessa circunstância neoliberal, há uma propensão para a ampliação exagerada das classificações psicopatológicas, as quais são nomeadas e expostas para caracterizar as dimensões do sofrimento psíquico. Alicerçado nisso, ocorre a elevação de medicalização dos transtornos mentais, evidenciando a crença de que o sofrimento psíquico é de ordem orgânica. Há uma ilusão e precisão em estabelecer a satisfação imediata e extrapolada. Esse modelo de funcionamento psíquico coloca o sujeito em uma condição de impotência e contrariedade social, ou seja, a busca incessante pelo sucesso faz com que o indivíduo esteja permanentemente insatisfeito (Teodoro, Simões & Gonçalves, 2019).

Com base nessa expansão das classificações de enfermidades médicas, a velhice foi sugerida como doença pela Organização Mundial da Saúde (OMS), em 2021, quando esta propôs a inserção da velhice como patologia na atual Classificação Internacional de Doenças e Problemas relacionados à Saúde (CID-11), que entrou em vigor 2022. Foi preciso a expressão de inúmeras notas de repúdio de profissionais da saúde e instituições em relação à nova classificação para derrubá-la.

Diante da tentativa da patologização do idoso, correlacionamos a causa e o efeito entre velhice e doenças psíquicas como uma nova origem de processo de manicomialização dos velhos, que pode ser representado pelo aumento das institucionalizações dos anciões nas últimas décadas. A crescente demanda de trabalho dos integrantes adultos de uma família e a maior participação da mulher no mercado de trabalho favorecem o aumento

---

[5] A noção de empresa de si mesmo no contexto neoliberalista se caracteriza pela forma de vida que é captada, administrada e analisada como se fosse uma empresa (Safatle, Silva & Dunker, 2023). Desenvolvemos esse assunto posteriormente.

de idosos residindo em asilos (Silva & Finocchio, 2011). Da mesma forma, pode vir a ocorrer a retirada da sua autonomia, no sentido de não possibilitar ao indivíduo velho o poder de escolha sobre a sua vida. Os asilos podem representar um registro da marginalização do ancião na sociedade cada vez mais crescente.

Somado a isso, levamos em conta que frente a um mundo competitivo e com a facilidade de tornar os sofrimentos psíquicos em doenças, o idoso fica vulnerável à exclusão social. Não acontecem unicamente as opressões de idade e classe social, também há opressão de etnia, cor, gênero, sexo etc. Portanto, questionamos: existe diferença entre idoso negro e idoso branco? Idoso rico e idoso pobre? Idosa mulher e idoso homem? Idoso institucionalizado ou idoso que mora com a família? Sim. Esses marcadores culturais atravessam de maneira resistente o desenvolvimento das nossas identidades e os nossos Ideais de Eu, influenciando na nossa guisa de sofrimento.

Esses registros culturais que perpassam o ser humano podem ser apontados pelos estudos científicos que evidenciam a desigualdade nas condições de saúde e de vida da população racial em comparação à população branca. Essa diferença se presentifica a partir do marcador social cor/raça, acarretando pior condição socioeconômica e acesso à saúde de idosos pardos e pretos, visto que foram negados os seus direitos ao longo da história (Oliveira, Thomaz & Silva, 2014).

Pessoas idosas, com deficiências, *queer* (indivíduos que não se identificam com os padrões atribuídos pela sociedade, movendo-se entre os gêneros ou sem definição destes), intersexo (pessoas com características sexuais biológicas que não se identificam com o binarismo[6]), não brancos etc. são indivíduos que têm corpos e subjetividades que não possuem reconhecimento político ou anatômico (Preciado, 2022). Na perspectiva de Preciado (2022), filósofo espanhol, devemos lutar contra o poder da normatização que recusa e intenciona governar as diversidades inflexíveis dos gêneros, dos sexos e das sexualidades. Assim, o autor defende a desconstrução da naturalização das identidades e da heteronormatividade, pretendendo diminuir as distinções de gênero e genitália para a conquista da liberdade dos corpos. Se essa luta da contrassexualidade proposta pelo filósofo é algo recente, ponderamos que os velhos atuais cresceram em um mundo persuadido pela normatização dos sexos e gêneros.

---

[6] O binarismo se refere à oposição binária entre sexo e gênero, como homem/mulher, heterossexual/homossexual e biológico/não biológico.

A concepção de velho se transformou ao longo do tempo em decurso de fatores ambientais, culturais e sociais. Os dados estatísticos indicam o envelhecimento da população global mediante o crescente índice da expectativa de vida e da queda da fecundidade. De acordo com o Instituto Brasileiro de Geografia e Estatística – IBGE (2020), a expectativa de vida brasileira em 2019 foi de 76,6 anos, sendo que a expectativa de vida em idosos aumentou em 8,1 anos de 1940 a 2017.

Estima-se que, em 2050, a população mundial de idosos de 60 anos de idade ou mais chegue a 2 bilhões, uma vez que, em 2015, era de 900 milhões (World Health Organization, 2022). Esses fatores demonstram o aumento da necessidade de recursos de atenção à pessoa idosa, requerendo também do psicanalista a avaliação e questionamento da sua prática. A elevação da expectativa de vida dos anciões favorece o crescimento do predomínio de doenças crônicas, perda de funcionalidade física e cognitiva, risco de acidentes e isolamento social (Loyola *et al.*, 2004).

A Sociedade Brasileira de Geriatria e Gerontologia – SBGG (2019) assinala que, segundo a OMS, as maiores causas de morte no mundo são por doenças crônicas, como diabetes, câncer e doenças cardiovasculares, as quais são responsáveis por mais de 70% de todas as mortes do mundo. A SBGG revela os dados do Ministério da Saúde Brasileiro do Estudo Longitudinal de Saúde dos Idosos Brasileiros (Elsi), que em 2018, sinalizou que 39,5% dos idosos possuíam alguma doença crônica e 30% duas ou mais. Outra informação foi a de que 75,3% dos idosos dependiam estritamente do Sistema Único de Saúde (SUS).

Neste ponto, destacamos novamente que o marcador social raça/cor é algo a ser visto no processo de envelhecimento e adoecimento do ancião. Oliveira *et al.* (2014) exibem um levantamento de dados brasileiros com base na *Pesquisa Nacional por Amostra de Domicílios* (PNAD), que publicou a informação de que há mais brancos longevos do que pardos e pretos, sendo que estes últimos estão mais concentrados no Norte e Nordeste do Brasil e dependem, em sua maioria (aproximadamente 80%), exclusivamente do SUS. Além disso, os autores também associam a cor/raça com piores estados de saúde. Mesmo que a doença crônica se manifeste nos três grupos raciais (brancos, negros e pardos), ainda há maior primazia em idosos pretos em relação aos demais grupos. Os autores concluem que os velhos pretos e pardos são reputados como grupos vulneráveis, levando em conta a desigualdade social e de saúde existente no país.

A população de cor no nosso país é mais de 50%, sendo qualificada por piores condições de moradia, educação e saúde em comparação aos brancos (Nogueira, 2021). Na cidade de Curitiba, capital do estado do Paraná, 19,7% da população curitibana é negra ou parda[7], com base no Censo de 2010 do Instituto Brasileiro de Geografia e Estatística (IBGE). Notamos que em Curitiba, negros e pardos são tidos como minorias, mas em algumas regiões do Brasil pode haver maior preponderância da população de cor no que tange à população branca.

Além dos aspectos físicos, a saúde mental do velho é afetada. Dentre os principais quadros psiquiátricos, destacam-se a demência, estados depressivos, transtornos ansiosos e quadros psicóticos. Dentre esses, a depressão é a mais dominante e notável problema de saúde mental em idosos (Borim, Barro & Botega, 2013). Os quadros de depressão podem estar associados aos índices de suicídio em idosos. O grande número de suicídio nesse público específico é conhecido como um problema de saúde pública mundial. No Brasil, as taxas de suicídio na população geral são mais baixas se comparado à maioria dos países, sendo aproximadamente entre 3,5 e 5,8/100 mil habitantes. Porém, na população idosa brasileira, a taxa de suicídio é o dobro em relação à taxa da população geral (Santos *et al.*, 2017).

Na visão psicanalítica, o suicídio está articulado à melancolia. Há muitas "saídas" psíquicas do sujeito perante as perdas e os lutos no processo de envelhecimento, que podem ser pela via da regressão[8] e do recolhimento narcísico, como acontece na melancolia; ou pelos diferentes meios alternativos de elaboração psíquica, como realizar o trabalho do luto, que resulta em uma reelaboração tardia da experiência do *complexo de Édipo* e, inclusive, da posição depressiva[9]. Uma clínica psicanalítica com idosos teria esses elementos como mais relevantes quanto à demanda?

---

[7] Para mais, ver em: https://www.curitiba.pr.gov.br/noticias/197-da-populacao-de-curitiba-sao-negros-ou-pardos/31360

[8] A regressão é compreendida no sentido temporal como o retorno do sujeito às fases do desenvolvimento anteriores (etapas libidinais, relações objetais, identificações etc.), podendo se caracterizar como expressões de comportamento consideradas de nível inferior nas dimensões de complexidade, estruturação e diferenciação (Laplanche & Pontalis, 2001).

[9] A *posição depressiva* é um conceito teórico de Melanie Klein referente a um dos períodos do desenvolvimento da criança, podendo ser associado às fases do desenvolvimento psicossexual de Freud (1905). A diferença entre a teoria kleiniana e a freudiana é que aquela considera a instalação da fase na forma de uma necessidade e não precisamente de uma maturação de ordem biológica (Oliveira, 2007). Segal (1975) explana que, na teoria kleiniana, a posição depressiva é o momento em que o bebê reconhece o objeto total e interage com esse objeto, ou seja, o bebê reconhece a mãe e percebe que ama e odeia a mesma pessoa. Dessa maneira, nesta posição, a ansiedade da criança estará relacionada à ambivalência afetiva: medo de destruir o objeto a partir dos seus impulsos destrutivos, objeto que ela ama e do qual depende completamente.

Conforme mencionado anteriormente, o envelhecimento da população favorece o aumento do desenvolvimento de enfermidades permanentes nos anciões. As internações hospitalares da população idosa ocorrem, usualmente, pela descompensação de doenças crônicas e psicológicas. Motta, Hansel e Silva (2010) expõem os dados estatísticos pelo DATASUS (Cadastro Nacional de Estabelecimentos da Saúde), que exprimem um quantitativo considerável de internações da população idosa, sendo em 2007 entre 9,67% e 14,42% do total dessa população, correspondendo entre 20,31% e 23,87% do total de ocupação dos leitos hospitalares nesse período. Os anciões consomem mais os serviços de saúde, em razão da taxa de internação hospitalar ser mais elevada e a taxa de ocupação do leito mais prolongada em duração quando comparada às outras faixas etárias (Castro *et al.*, 2013).

Esses são alguns dados levantados para fundamentar a escolha da temática desta pesquisa, a qual foi realizada no contexto de um hospital público. Junto disso, é importante mencionar os desafios encontrados pelo analista perante a extensão da psicanálise para o hospital e de que forma o idoso com marcas do adoecimento percebe o seu envelhecimento; sendo estes os principais motivos que incitaram a elaboração deste estudo. Também elencamos a situação de pandemia sanitária, a qual veio agregar como mais um desafio para este trabalho.

O interesse pelo tema também se justificou pela minha atuação enquanto psicóloga em um hospital de referência à pessoa idosa[10]. A prática clínica foi fator desencadeante de reflexões e indagações sobre a assimilação do envelhecimento por idosos demarcados pelo adoecimento. Nesse contexto, a pesquisa psicanalítica é impulsionada e cativada pelo desconhecido (Figueiredo L.C., 2002). Ela inclui o sujeito acometido pelo sofrimento psíquico e rende um discurso sobre si e sobre aquele que o escuta. A produção do discurso do sujeito pode causar um desejo de saber e demanda de análise; e, para aquele que escuta, pode almejar conhecer o desejo do sujeito, surgindo a vontade de indagar, podendo se converter em uma pergunta de pesquisa. A particularidade incide no objeto pesquisado, o *páthos*, e na ligação do pesquisador com o mesmo objeto (Queiroz & Silva, 2002). Para este estudo, incitou-nos a motivação para estudar as vivências de envelhecer por idosos com registros do adoecimento.

---

[10] Hospital Municipal do Idoso Zilda Arns (HMIZA), do município de Curitiba/PR.

Antes de expor a pergunta de pesquisa deste estudo, justificamos o título *O Envelhecer em Idosos Atravessados pelo Adoecimento: uma visão psicanalítica*[11], para o qual foi empregado o termo *atravessado*, que se aproxima da noção de que o sujeito é perpassado pelo inconsciente. A narrativa do sujeito pode apresentar embaraços, os quais apontam um outro sentido, da ordem inconsciente. Assim, no contexto desta pesquisa, o atravessamento pela enfermidade, tanto do próprio adoecimento quanto do adoecimento de entes queridos, possui traços inconscientes, ou seja, o adoecimento não se refere apenas a uma desordem orgânica, mas também existe uma função do inconsciente nesse processo, a qual pode impactar a percepção de cada indivíduo acerca do seu envelhecimento.

Fundamentado nisso, elaboramos o problema de pesquisa[12]: Como o envelhecimento é vivenciado por idosos atravessados pelo adoecimento? Posto isso, como objetivo geral[13], elencamos: analisar as vivências de envelhecer em idosos atravessados pelo adoecimento. Os objetivos específicos foram estabelecidos conforme a proposta da revisão narrativa: descrever a visão social do envelhecimento no Brasil; construir a concepção teórica de sujeito da psicanálise; realizar uma possível leitura psicanalítica do envelhecimento; refletir as possibilidades e os desafios de uma psicanálise no hospital.

Com base nisso, tomamos como hipótese o fato de que os idosos, atravessados pelo adoecimento, podem vivenciar o padecimento, sobretudo quando este é subjetivado por meio de um desequilíbrio psíquico em relação ao estado anterior (antes do adoecimento), que convoca o psiquismo a um trabalho de luto. Pressupomos que a subjetivação do adoecimento pode revelar duas verdades para o sujeito: a fragilidade (desamparo) e a finitude, e, por esse motivo, provoca um conflito psíquico, apesar deste se

---

[11] O título original do projeto submetido ao Comitê de Ética da UFPR era: *Que clínica é essa? Apontamentos teórico-clínicos psicanalíticos do sujeito idoso no contexto hospitalar*. Alteramos o título em concordância com a necessidade de adequação dos objetivos da pesquisa, conforme a direção que o estudo tomou para se ajustar às circunstâncias da pandemia sanitária.

[12] Em um primeiro momento, estabelecemos como pergunta de pesquisa: "Quais as especificidades para se conceber e se sustentar, a partir da abordagem psicanalítica, uma clínica do sujeito idoso no contexto hospitalar?". Entretanto, com base no desenvolvimento deste estudo, percebemos que o trabalho apontou para outra direção, necessitando adequar tal problemática.

[13] O objetivo geral inicial era realizar uma articulação entre a teoria, a prática e a pesquisa para identificar algumas especificidades da clínica psicanalítica do idoso e analisar as condições para o trabalho analítico desse público particular. Diante disso, os objetivos específicos eram: delimitar os princípios e fundamentos teóricos da clínica psicanalítica, visando sistematizar o conceito de sujeito e velhice; analisar a expansão da clínica com esse público específico no hospital; sistematizar vivências comuns do processo de envelhecimento e de adoecimento; apontar contribuições para o avanço científico e a divulgação do tema para a comunidade. Todavia, adaptamos os objetivos conforme o rumo da pesquisa.

apresentar de maneira constante, mesmo anterior ao adoecimento. Assim, o psiquismo é intimado a encontrar uma resolução para a instabilidade psíquica, podendo se resolver pela via da elaboração psíquica; ou seja, o idoso pode ressignificar as perdas a partir do real do corpo adoecido.

Compreendemos que os objetivos são amplos e a nossa pesquisa apresentou uma abrangência limitada com idosos hospitalizados em uma instituição pública. De igual forma, devemos levar em conta o contexto da pandemia da Covid-19, o que levou a delimitar os resultados deste estudo devido à circunscrição do público e dos contextos específicos.

Condizente com essa sucinta contextualização do tema, da justificativa, dos objetivos e das hipóteses de pesquisa, exibimos, agora, a estruturação dos conteúdos anunciados neste livro. Primeiramente, apresentamos a metodologia e o método utilizados para a realização desta pesquisa. Expomos um embasamento teórico sobre a cientificidade da psicanálise como possibilidade de reconhecimento da singularidade da abordagem pela comunidade científica, e também de possibilitar uma viabilidade de atuação do psicanalista para além do consultório convencional. Descrevemos a diferença entre pesquisa em psicanálise e método psicanalítico para explicar a metodologia adotada neste estudo.

Em seguida, no primeiro capítulo, realizamos uma revisão bibliográfica não sistemática de literatura dos aspectos sociais, antropológicos e filosóficos do processo de envelhecimento. Na sequência, no segundo capítulo, fundamentamos teoricamente os conceitos básicos psicanalíticos: compreensão do inconsciente para a psicanálise, que se diferencia da perspectiva filosófica; a epistemologia da metapsicologia, esta foi uma inovação da psicanálise a partir da noção de pulsão para além do discurso da psicologia e da biologia; a formação da subjetividade do sujeito mediante as bases teóricas de desamparo, narcisismo, fases do desenvolvimento libidinal e formação do Eu. Refletimos ser relevante o respaldo teórico dessas concepções para possibilitar uma compreensão do processo de envelhecimento na visão da psicanálise.

Após, realizamos uma leitura psicanalítica da velhice, abordando a questão do tempo e do corpo e delineando as perdas e os lutos relacionados ao processo de envelhecimento. Levamos em conta que nesse processo ocorre um desencontro entre a atemporalidade do inconsciente e o corpo que envelhece no tempo cronológico, mostrando o descompasso entre a imagem inconsciente do corpo e a imagem que o espelho devolve para o idoso. A mudança da imagem, a perda de entes queridos e a alteração do *status* social resultam em perdas e lutos associados ao se tornar velho. Cada um encontrará de forma singular a sua saída ou resolução psíquica ante as perdas e lutos, podendo se desenrolar pela via da regressão narcísica ou pela via da elaboração psíquica.

No último capítulo, discutimos acerca da psicanálise no hospital, tencionando embasar teoricamente a sustentação do analista nesse local, atendendo suas especificidades da associação livre e a escuta flutuante, mesmo com a mudança do *setting*. Nesse viés teórico, elucidamos sobre a diferença entre a psicanálise e a medicina; as alterações do *setting*; a importância da transferência para que a psicanálise possa acontecer; assim como discorremos sobre a ética do tratamento. Por fim, exibimos os resultados, as discussões e as considerações finais deste estudo, realizando um diálogo entre as temáticas expostas, as fundamentações teóricas e os dados da pesquisa.

1

METODOLOGIA E MÉTODO

A pesquisa é a própria escrita do processo, incluindo o pesquisador
(Miriam Debieux Rosa)

Neste capítulo expomos a metodologia e o método utilizados nesta pesquisa, exibindo o processo de estruturação do livro para que o(a) leitor(a) possa acompanhar e compreender a evolução de cada etapa. Este estudo foi atravessado pela pandemia de Covid-19, que interferiu no seu prosseguimento, em especial na coleta de dados, por ter sido delimitado o público de estudo: os idosos com registros do adoecimento, sendo uma população considerada vulnerável no cenário da pandemia sanitária.

A seguir, apresentamos uma breve fundamentação teórica da questão do método para a psicanálise com o intuito de respaldar as determinações metodológicas apuradas durante o processo de pesquisa. Em seguida, especificamos o planejamento da revisão bibliográfica e da coleta de dados, bem como ocorreu o procedimento e a análise.

1.1 Método Psicanalítico

O método psicanalítico é singular e se refere a um processo delicado, sendo centro de abundantes críticas realizadas frequentemente pelos próprios psicanalistas. Não obstante, seu âmbito teórico é extenso e contém uma multiplicidade metodológica que contorna a execução de pesquisas, muitas das quais são realizadas em parceria com as universidades.

Dentre as inúmeras críticas no que tange ao método psicanalítico, podemos apontar as questões da cientificidade da psicanálise e da adversidade de psicanalistas alusivas à divisão entre método de tratamento psicanalítico e o método para desenvolver teorias no campo psicanalítico. Passamos a abordar, previamente, uma curta discussão sobre a indagação: A psicanálise é uma ciência? Esta discussão se mostra profícua para esta pesquisa, visto que se propõe analisar as vivências de envelhecer em idosos atravessados pelo adoecimento no ambiente hospitalar. Isso se justifica também em razão do território, sobretudo acerca da viabilidade de se financiar ou não determinados tratamentos. Assim, a discussão sobre a cientificidade da perspectiva psicanalítica como tratamento no hospital passa a ser importante.

Freud pertencia a uma época em que o campo filosófico-científico era comandado por uma atenção positivista (Caon, 1996). Em decorrência disso, Birman (2018) afirma que ele lutou contra as críticas da comunidade médica a respeito da cientificidade da psicanálise, buscando provar os seus discursos teóricos e práticos enquanto ciência. Entretanto, os conceitos da metapsicologia psicanalítica não podiam ser verificáveis, ainda mais em razão do paradigma da cientificidade presente no discurso neopositivista, o qual tinha como exigência a verificação para ratificar os argumentos teóricos. Mesmo assim, Birman sustenta a ponderação de que não podemos declarar absolutamente que a psicanálise não é uma ciência, colocando-a em outro paradigma de ciência que não seja o do neopositivismo, sendo que este era indubitavelmente influente e substancial na circunstância histórica.

O requerimento da cientificidade da psicanálise também é inserido no âmbito universitário. Existem diferentes posicionamentos de pesquisadores diante da problemática da cientificidade da psicanálise, como: ela não é uma ciência (analistas que validam a produtividade e o método independentemente da base científica. Nesse contexto, a pesquisa se dá puramente no ambiente da clínica ou das contemplações metapsicológicas); e a psicanálise é uma ciência, mas não uma ciência de modelo experimental (ela não pertence a uma ciência convencional, mas, ao mesmo tempo, não renuncia uma proposição terapêutica consistente e de rigor em seus critérios de autenticação) (Fortes & Macedo, 2018).

A ciência psicanalítica se aproxima da objeção de outras ciências humanas. À vista disso, apesar de anunciar um rigor metodológico, ela necessita do reconhecimento da comunidade científica ligada à sua especificidade, pois se distingue do requisito e do método do modelo matemático. Portanto, a ciência não possui o mesmo sentido de ciência positivista (Fortes & Macedo, 2018).

A psicanálise, mesmo não atingindo o ideal de ciência dura, mostra um efeito terapêutico. Dunker (2017) argumenta a esse respeito ao discorrer que pesquisas, como as de Leichsenring e Rabung (2008)[14]; Cantin (1982)[15];

---

[14] Leichsenring, F. & Rabung, S. (2008). Effectiveness of Long-term Psychodynamic Psychotherapy A Meta-analysis. JAMA, 300(13), 1551-1565.

[15] Cantin, L. (1999). An Effective Treatment of Psychosis with Psychoanalysis in Quebec City, since, 1982. Annual Rewiew of Critical Psychology.

Huber, Zimmermann, Henrich e Klug (2012)[16]; Howard (1995)[17]; Doidge (1997)[18]; Sandell, Blomberg e Lazar (2002)[19] – anunciam que a psicanálise possui eficácia terapêutica superior para a maioria dos diagnósticos (incluindo autismo e psicose) em comparação a outras modalidades terapêuticas, como a Terapia Cognitivo Comportamental. A psicanálise evidencia um método rigoroso baseado em uma ética, manifestando uma "validação científica à experiência psicanalítica" (Fortes & Macedo, 2018, p. 115).

Diante disso, observamos posicionamentos distintos de psicanalistas e de outros críticos no que concerne à cientificidade da psicanálise. Essas discrepantes colocações se estendem para o problema do método psicanalítico. A pesquisa psicanalítica e os psicanalistas encontram uma dificuldade articulada aos métodos, como produto do embaraço de separação entre método de tratamento e o método para elaborar teorias no terreno psicanalítico. Assim, a pesquisa em psicanálise dispõe de uma diversidade metodológica, carecendo de conhecimento dos procedimentos que acarretam nesses desiguais métodos, concepções teóricas, epistemológicas e éticas (Fulgencio *et al.*, 2018). Embora a pesquisa psicanalítica tenha avançado nas últimas décadas, é insuficiente e dá margem a críticas pela ausência de rigor metodológico e "isenção doutrinária" no que corresponde aos requisitos da ciência positivista.

Figueiredo e Minerbo (2006) expõem a distinção entre *pesquisa em psicanálise* e *método psicanalítico*. Os autores rememoram que a psicanálise recomendada por Freud compreendia na investigação de conteúdos inconscientes, aos quais se teriam acesso pela técnica psicanalítica, que circunda um procedimento terapêutico que abrange um extenso âmago de conhecimentos e presume sucessivas reformulações de seus objetos de estudo. Já na *pesquisa em psicanálise*, a própria psicanálise é o objeto da pesquisa, ela que compõe em sistemas de produção de conhecimento nas díspares teorias dessa área, do mesmo modo acontece nos trabalhos históricos, nas reflexões epistemológicas ou no entendimento das concepções dos fenômenos sociais e subjetivos.

---

[16] Huber, D. *et al.* (2012) Comparison of cognitive-behaviour therapy with psychoanalytic and psychodynamic therapy for depressed patients – A three-year follow-up study. Z Psychosom Med Psychother, 299–316.

[17] Shevrin, H. (1995). Is Psychoanalysis One Science, Two Sciences, or No Science at All? A Discourse among Friendly Antagonists", Journal of the American Psychoanalytic Association, 43(4).

[18] Doidge, N. (1997). Empirical evidence for the efficacy of psychoanalytic psychotherapies and psychoanalysis: an overview. Psychoanal Inq;102-150.

[19] Sandell, R.; Blomberg, J.; Lazar, E. I. (2002) Diferenças de resultados a longo prazo entre pacientes de psicanálise e psicoterapia (uma revisão das descobertas do projeto Estocolmo de resultados de psicanálise e psicoterapia). In *Livro Anual de Psicanálise*, XVI, 259-280.

Em vista disso, não há obrigação do pesquisador ser um psicanalista que opera na *pesquisa em psicanálise*, enquanto o *método psicanalítico* requer a conduta de um psicanalista e o enfoque dos conteúdos pode ser abundante. Os processos socioculturais ou os fenômenos psíquicos exibidos fora do cenário clínico são exemplos do tipo de *pesquisa em psicanálise* com *método psicanalítico*, impondo a presença do psicanalista, ainda que seus temas e suas consecuções possam ser extensos.

Com base na pluralidade de aplicação do método psicanalítico, qualificamos a pesquisa psicanalítica em três elementos: teoria, pesquisa e clínica, os quais possuem interligações específicas, consistentes e autênticas em razão do tratamento se delimitar como um método cujas conquistas levaram à terapêutica (Rosa, 2004; Figueiredo L. C. & Minerbo, 2006; Kupermann *et al.*, 2018).

Frente à variedade de aplicação do método psicanalítico, Estevão (2018) integra a noção de *psicanálise em extensão* ao método de investigação em psicanálise, demarcando que além da clínica (não se tratando apenas a atividade em consultório, mas também de uma modalidade ampliada, da clínica para além do consultório) e da metodologia, no tocante aos obstáculos e às questões teóricas ou como efeito do desenvolvimento da clínica, devemos admitir a psicanálise como extensão das possibilidades de questioná-la, em especial diante das interrogações que aparecem em outros campos do saber. Ou seja, utilizar a metapsicologia como operacionalizador para refletir o encontro entre a psicanálise e outros campos, não se referindo a "psicanalisar" o social ou a cultura.

Ante a contrariedade entre os próprios psicanalistas acerca do discernimento entre *pesquisa em psicanálise* e *método psicanalítico* (fazendo uso das terminologias adotadas por Figueiredo e Minerbo), existem alguns debates sobre a demanda da pesquisa psicanalítica fora do contexto clínico, como as pesquisas de fenômenos sociais e políticos, já mencionadas anteriormente, e as coletas de dados específicos como as entrevistas, construções de caso e as observações.

As técnicas de entrevistas, construções de caso e observações viabilizam a interação manifestada entre os sujeitos pertencentes ao fato investigado, e são meios executáveis pela pesquisa psicanalítica. Essa modalidade de estudo para além da clínica, das técnicas utilizadas de observação e de entrevista tiveram muitas nomeações: *psicanálise aplicada*, como foi denominada por Freud; *psicanálise extramuros*, designada por Laplanche; e *psicanálise em extensão*, intitulada por Lacan (Rosa & Domingues, 2010).

É possível realizar uma pesquisa com método psicanalítico avante à clínica convencional? Dockhorn e Macedo (2015) defendem essa possibilidade, argumentando que não somente há a universalidade do inconsciente e suas formas manifestas, como também é possível constituir a experiência transferencial e a associação livre que transpõem a condição de análise. Em outras palavras, o sujeito do inconsciente não se pronuncia meramente na clínica do consultório convencional, mas está presente em todo enunciado, como em qualquer discurso falado que o sobressai, cogitando que o inconsciente se apresenta nas distintas expressões humanas, culturais e sociais. Portanto, é possível uma escuta psicanalítica por intermédio da comunicação de entrevistas, atendimentos fora do contexto da clínica (como no hospital) e depoimentos, desde que atendam aos rigores técnicos da psicanálise (Rosa & Domingues, 2010).

A coleta de dados realizada por entrevistas, depoimentos ou atendimentos na *psicanálise extramuros* não deixa de atender a especificidade e as exigências da técnica, as quais são proporções de abstinência, escuta, transferência e interpretação (Dockhorn & Macedo, 2015; Fortes & Macedo, 2018). Os envolvimentos que se instituem na entrevista provocam fenômenos significativos, como a transferência e a contratransferência. A primeira diz respeito à atualização durante a entrevista de sentimentos, comportamentos e ações inconscientes do entrevistado, tal qual uma reprodução de vivências geradas da relação interpessoal (Bleger, 2003).

As vivências interpessoais do passado do entrevistador também podem se atualizar pela contratransferência no momento da entrevista, caracterizando-se enquanto fenômenos que surgem no entrevistador como "emergência do campo psicológico", que podem ser exemplificados pelo retorno ou reação do entrevistador às expressões do entrevistado. Tais fenômenos produzem um significado de um determinado valor para guiar o entrevistador na pesquisa que está realizando (Bleger, 2003).

Junto aos aspectos da escuta flutuante[20] do psicanalista entrevistador e os aspectos transferenciais e contratransferenciais que se estabelecem na relação no decorrer da entrevista ou atendimentos fora do consultório, é possível realizar o deciframento de significantes dos dados coletados pelo

---

[20] Atenção flutuante é não dar ênfase a determinados elementos singulares do discurso do analisando.

pesquisador (Dockhorn & Macedo, 2015). Ou seja, ponderamos que a característica inconsciente do indivíduo entrevistado influencia na possibilidade de produção de conhecimentos (por meio dos significantes), que aparece como emergência da pessoa (Lang & Andrade, 2019). Esse reconhecimento de significantes favorece a interpretação do desejo inconsciente que compromete o sujeito na responsabilidade de uma decisão ou escolha, ou mesmo de uma mudança de posicionamento diante da sua queixa e da sua transferência.

Dando ênfase ao desejo inconsciente, para a psicanálise, os sintomas ultrapassam os indícios e incumbem o que cada sujeito pode disseminar da sua subjetividade por intermédio do seu discurso. De forma consequente, a pesquisa psicanalítica detém a singularidade como um modo de geração de conhecimento, evitando o âmbito das generalizações (Queiroz & Silva, 2002). Em decurso da inviabilidade de previsão do inconsciente, a pesquisa psicanalítica não pode requerer uma sistematização íntegra e específica (Iribarry, 2003). As interpretações realizadas nesse tipo de pesquisa de maneira alguma terão como finalidade responder definitivamente ou abranger o fenômeno estudado de configuração estagnada, uma vez que as interpretações possuem como intenção expandir o olhar e esboçar uma amplitude para novos entendimentos do fenômeno estudado (Dockhorn & Macedo, 2015). Cabe interpretar o que se disponibiliza do conhecimento e não extenuar ou declarar doutrinas.

Embora a psicanálise evidencie condições tantas e variáveis em seu trabalho, ainda estará distante de atender aos padrões de regras unificadas da ciência positivista (Fédida, 1991). Por isso ainda há muitos obstáculos da pesquisa psicanalítica, principalmente no ambiente institucional, como no hospital, onde apresentam-se muitas outras especialidades profissionais e tipos de tratamentos que pertencem à ciência de modelo experimental. Mesmo que Freud (1923/1996d) tenha mencionado a possibilidade de expansão do método psicanalítico para além da clínica convencional, há muitas objeções para sua execução, como alega Figueiredo (1997, p. 1): "[...] tendemos a nos esquecer de que talvez não haja nenhum lugar institucional no qual a psicanálise possa existir e ser exercida totalmente à vontade, onde o seu exercício esteja plenamente garantido". Pensar a pesquisa psicanalítica no cenário hospitalar, como é a proposta deste livro, nos permite colocar em questão a sua existência e a sua execução nesse campo singular.

As dificuldades encontradas pelo alargamento do método psicanalítico no âmbito hospitalar apresentam como resultados uma pesquisa e uma atuação do analista feitas de "impasses e sucessos", de "um mundo de vastas confusões e atendimentos imperfeitos", como declara Figueiredo (1997, p. 168). Mesmo frente aos múltiplos embaraços nesse cenário, sustentamos o argumento da viabilidade de aplicação do seu método no hospital, dado que este estilo de estudo, segundo Fortes e Macedo (2018), condiz com um ambiente de produção de conhecimento fundamentado por particularidade da escuta, da noção de inconsciente e da transferência, ambos pertencentes ao método psicanalítico.

Fazendo uso desta concisa fundamentação teórica da pesquisa psicanalítica, afirmamos que este trabalho se trata de uma *pesquisa em psicanálise* (entrevistas) e de *método psicanalítico* (construção de caso). Os segmentos são descritos a seguir.

1.2 Coleta de Dados

Os dados de uma pesquisa psicanalítica podem ser coletados por intermédio de fragmentos de sessões clínicas, histórias clínicas, entrevistas gravadas, biografias, autobiografias e obras de arte (Iribarry, 2003). O pesquisador psicanalista pode viabilizar uma condição de escuta ao participante da pesquisa, proporcionando a abstinência e a atenção flutuante para favorecer a associação livre do sujeito durante a entrevista e a sessão clínica, recomendando-se a gravação da primeira.

Após a realização das entrevistas, existe a possibilidade de serem transcritas, concebendo um valor documental de pesquisa, de modo que os áudios gravados podem ser escutados como efeito de "escuta dupla" por parte do pesquisador. Já as informações das sessões clínicas devem ser anotadas após os atendimentos, buscando registrar o discurso o mais próximo possível do literal. Com base nas informações anotadas dos atendimentos clínicos, da escuta, das impressões do psicanalista e da supervisão do caso clínico, é possível realizar uma construção de caso (Dockhorn & Macedo, 2015).

Mediante essa sucinta explanação da pluralidade de coleta de dados, passamos a descrever sobre a coleta de dados desta pesquisa, que por sua vez sofreu algumas alterações[21] em razão do cenário da pandemia da Covid-

---

[21] A proposta de coleta de dados inicial desta pesquisa iria ocorrer por meio de entrevistas, sessões clínicas e análise documental. Esta pesquisa foi aprovada pelo Comitê de Ética em Pesquisa da Universidade Federal do Paraná, com o número do parecer 4.161.019 e o número de Certificado de Apresentação de Apreciação Ética/

19. Isso, pois, levou à adaptação deste estudo a fim de não colocar em risco o público-alvo em questão. As proposições metodológicas de coleta desta pesquisa foram: atendimentos psicológicos por intermédio do convite de até cinco (05) pacientes de sessenta (60) anos ou mais, que realizaram no passado (antes do início da pandemia) o acompanhamento no ambulatório de psicologia do Hospital Municipal do Idoso Zilda Arns[22] (HMIZA) comigo, à época funcionária do hospital, oferecendo a possibilidade de retomar o tratamento psicológico na modalidade on-line, conforme o seu desejo, interesse e disponibilidade; e a participação voluntária de treze (13) pessoas de ambos os sexos, de sessenta (60) anos ou mais, internadas nas Unidades de Internação do HMIZA.

Os critérios de inclusão do público de estudo foram: 1) Estar internado na Unidade de Internação do Hospital Municipal do Idoso Zilda Arns ou ter realizado acompanhamento psicológico no Ambulatório de Psicologia do Hospital Municipal do Idoso Zilda Arns; 2) Ter 60 anos de idade ou mais; 3) De ambos os sexos, homem e mulher; 4) Apresentar capacidade cognitiva preservada, a ser avaliada por meio do discurso do paciente; 5) Aceitar participar do estudo, ler e assinar o Termo de Consentimento Livre e Esclarecido; 6) No caso dos participantes dos atendimentos psicológicos, devem ter recurso tecnológico, como smartphone ou notebook, com acesso à internet de alta velocidade ou telefone fixo.

Com relação aos critérios de exclusão do público de estudo, foram elencados: 1) Pacientes com quaisquer alterações no nível de consciência por *delirium* ou outras causas clínicas; 2) Pacientes que apresentassem alterações cognitivas determinadas por demência pré-existente; 3) Presença de condições clínicas que dificultassem ou impedissem a entrevista ou o atendimento; 4) Pacientes que apresentassem quadros psiquiátricos graves (como esquizofrenia e depressão grave).

Este projeto de pesquisa foi aprovado pelo Comitê de Ética da UFPR e pelo Comitê de Ética da Secretaria Municipal de Curitiba, em 2020, sob o número de parecer 4.161.019, e sua emenda com as adaptações do projeto foi aprovada em 16 de fevereiro de 2023 pelo número de parecer 5.900.532 fornecido pelo Comitê de Ética da UFPR.

CAAE 31885220.0.0000.0102, em 17 de julho de 2020. Devido à pandemia de Covid-19, o projeto sofreu alterações, sendo que sua última emenda foi aprovada em 2023 pelo número de parecer 5.900.532.

[22] O ambulatório de psicologia do HMIZA foi cancelado no período pandêmico, desde março de 2020, e não retomou suas atividades durante o intervalo da pesquisa.

As entrevistas foram realizadas em 2020 (dez entrevistas) e 2023 (três entrevistas), no Hospital Municipal do Idoso Zilda Arns –uma instituição pública, com atendimentos 100% vinculados ao Sistema Único de Saúde (SUS) nas áreas de atuação de baixa e de média complexidade. Possui aproximadamente 130 leitos entre Unidades de Internação (UI) e Unidades de Terapia Intensiva (UTI). Os pacientes do hospital são referenciados pela Unidade Básica de Saúde (UBS) ou Unidades de Pronto Atendimento (UPA), de acordo com seu perfil clínico e o fluxo da central de leitos do município. Com o início da pandemia sanitária em março de 2020, no Brasil, o cenário, o fluxo e o perfil de pacientes do hospital se transformaram, adequando-se para os atendimentos de Covid-19.

Os atendimentos psicológicos on-line foram realizados somente a partir de março de 2023, após a aprovação da emenda do projeto pelo Comitê de Ética da UFPR. Os atendimentos foram realizados com um voluntário que aceitou participar da pesquisa. O projeto original tinha como proposta colher esses dados no ambulatório de psicologia do HMIZA, contudo, com a pandemia sanitária, esse serviço foi cancelado, o que nos levou a adaptar os atendimentos para a modalidade virtual.

1.2.1 Revisão não-sistemática da literatura

Na pesquisa teórica psicanalítica, o pesquisador realiza uma leitura dirigida pela escuta através da identificação de significantes que a originalidade do texto concede à análise do escritor psicanalista. Essa tarefa da leitura remetida à escuta é como um *laboratório de psicanálise*, em especial, um *laboratório de texto psicanalítico*. Nesse universo, a pesquisa exclusiva pela identificação e operação da transferência ao texto não se refere a uma clínica psicanalítica, a qual é reservada ao trabalho do analista, por não possibilitar o fornecimento de experiência e formação psicanalítica (Caon, 1996).

Nesse cenário de pesquisa teórica em psicanálise e com base nos objetivos desta pesquisa, propomos inicialmente realizar uma revisão não sistematizada de literatura, também denominada de revisão narrativa, que se trata de um conjunto de artigos ou escritos publicados acerca de um determinado assunto, utilizando-se principalmente de autores com destaque na comunidade científica sobre a temática abordada. A revisão não sistemática se distingue da revisão sistemática ou metanálise (método estatístico), uma vez que esta se refere a estudos com métodos específicos que objetivam obter resultados empíricos (Rother, 2007).

Com base nessa explicação da revisão não sistemática, realizamos uma revisão de literatura acerca da velhice, abrangendo seus aspectos sociais, históricos e culturais, bem como circunscrevendo a imagem, o corpo, as perdas e os lutos nessa fase da vida sob o viés psicanalítico. Ao longo do desenvolvimento desses conceitos, foi importante embasar a concepção de sujeito da psicanálise para que pudéssemos prosseguir com a noção de idoso nessa leitura específica. Em vista disso, consideramos mais adequado começarmos com um capítulo que abordasse um cenário mais amplo sobre a velhice no contexto histórico, cultural e social, para, em seguida, explanar as concepções essenciais da psicanálise, como inconsciente, desamparo fundamental, metapsicologia, desenvolvimento psicossexual infantil, entre outras, em outro capítulo; e, posteriormente, abordarmos a velhice.

Após a revisão de literatura acerca do sujeito da psicanálise e da velhice, escrevemos um subtópico sobre a "Envelhescência", termo originado por Manoel Tosta Berlinck, que se refere à uma arte de viver a velhice sem que haja espaço para crítica social destrutiva. Também optamos por apresentar um capítulo sobre a clínica psicanalítica no hospital, uma vez que o objetivo desta pesquisa foi analisar vivências de envelhecer em idosos marcados pelo adoecimento no campo hospitalar, ponderando a existência de particularidades e desafios nesse *setting* específico. A proposta desse último capítulo foi realizar um aprofundamento das temáticas de transferência, contratransferência, ética psicanalítica, clínica ampliada etc., propondo embasar a viabilidade da prática psicanalítica nos hospitais gerais.

Para a revisão bibliográfica, usufruímos de livros didáticos, revistas técnicas e artigos publicados em sites de pesquisa, como os Periódicos da Coordenação de Aperfeiçoamento de Pessoal de Nível Superior (CAPES) e o Google Acadêmico. Para tanto, nos utilizamos das seguintes palavras-chave: velhice, envelhecimento, psicanálise, hospital, corpo, tempo, imagem, inconsciente, luto, perda, melancolia, depressão, adoecimento, demência, psicopatologia, entre outras. A partir dos livros didáticos, apoiamo-nos em fontes principalmente primárias, como Sigmund Freud, Pierre Fédida, Sándor Ferenczi e Jacques Lacan para o desenvolvimento e a fundamentação das temáticas trabalhadas ao longo desta obra.

1.2.2 Entrevistas

Preliminarmente, pesquisamos alguns dados dos indivíduos internados, como idade e nível de consciência no sistema eletrônico *Tasy*, sistema de dados e prontuários dos pacientes do HMIZA. Neste sistema é permitido o acesso pelos funcionários e pesquisadores da instituição com login e senha, o que nos possibilitou avaliar a viabilidade das entrevistas a partir dos critérios de inclusão e exclusão previamente elencados.

Antes da realização das entrevistas, explanei para cada participante os objetivos da pesquisa, o compromisso de sigilo e o tratamento ético, e, em seguida, foi apresentado o Termo de Consentimento Livre e Esclarecido para ser lido e assinado. Além disso, realizei perguntas de aproximação, como: "Como você está?", "Está sentindo dor ou algum desconforto?", "Você está se preparando para fazer algum exame?" para avaliar a possibilidade da realização das entrevistas no momento. Estas aconteceram no próprio leito do paciente, foram gravadas e transcritas, conforme a autorização dos participantes. Também foram omitidos dados que pudessem favorecer a indicação dos pacientes. Alicerçado nisso, criamos nomes fictícios para os participantes.

Devido à organização do ambiente hospitalar, as entrevistas se deram na Unidade de Internação (UI), onde o (a) paciente estava hospitalizado (a). Em cada quarto dessas UI estavam internados até três pacientes. Algumas entrevistas foram realizadas com a presença do familiar do paciente, considerando o fato de o idoso ter o direito a acompanhante durante a internação hospitalar pelo Estatuto da Pessoa Idosa (Lei nº 10.741, de outubro de 2003). Antes de iniciar as entrevistas, questionei se o paciente se sentia confortável para responder as perguntas na presença de outras pessoas ou se gostaria que o familiar presente se retirasse durante a coleta de dados. Vale enfatizar também que todas as medidas foram tomadas para oferecer o maior conforto e privacidade possível ao participante.

O instrumento de pesquisa foi um questionário semiestruturado com uma única pergunta: "Como é envelhecer para você?", originando outras indagações no decurso das falas, conforme as temáticas abordadas pelos participantes. Nos casos que foram identificadas motivações para receber atendimento psicológico ao final da entrevista, perguntamos ao voluntário se ele gostaria de ser assistido por mim ao longo da internação, considerando que os ambulatórios estavam fechados no período em virtude da pandemia de Covid-19.

Os arquivos digitais contendo a gravação das entrevistas e os documentos de anotações dos atendimentos psicológicos, foram arquivados no computador pessoal e, posteriormente, documentados no Laboratório de Psicopatologia Fundamental da UFPR, de modo que serão destruídos após cinco (5) anos.

1.2.3 Construção de Caso

De início, entrei em contato telefônico com cinco antigos pacientes do ambulatório de Psicologia do Hospital Municipal do Idoso Zilda Arns, para convidá-los a retomarem o tratamento psicológico à distância (on-line), conforme o desejo, a disponibilidade e o interesse de cada um. Para tanto, foram levados em conta os recursos tecnológicos de informação e comunicação existentes em cada caso. Explanei sobre a pesquisa, o compromisso do sigilo e os fundamentos éticos e científicos para os possíveis participantes. Após esse esclarecimento, ofertei um tempo preciso para que o convidado da pesquisa pudesse refletir e consultar, se necessário, familiares ou pessoas de sua confiança para que pudessem auxiliá-lo na tomada de decisão livre e esclarecida de contribuir (ou não) no livro.

Quatro convidados recusaram participar da pesquisa, justificando que tinham dificuldade para lidar com os recursos tecnológicos da informação e da comunicação, e não se sentiam confortáveis para receber os atendimentos na modalidade virtual. Apenas um voluntário aceitou participar, mesmo tendo citado a dificuldade dos demais idosos. Assim, este que aceitou participar da pesquisa em razão dos atendimentos psicológicos me recebeu em sua residência para falarmos sobre o Termo de Consentimento Livre e Esclarecido, para ser lido e assinado, com dia e horário previamente agendados. Ressaltamos que foram seguidas as recomendações do Ministério da Saúde no contato presencial com o participante, como o uso da máscara e de álcool nas mãos.

Os atendimentos psicológicos foram realizados remotamente através de chamadas telefônicas, utilizando o recurso tecnológico da informação e da comunicação acessível ao participante. Os atendimentos ocorreram quinzenalmente com agendamento prévio, aproximando-se da dinâmica dos atendimentos do hospital desse estudo.

Os atendimentos psicológicos executados por meio de tecnologias da informação e da comunicação são regulamentados pelo Conselho Federal de Psicologia (CFP) pela Resolução CFP nº 11/2018; no período da pandemia da Covid-19, o Conselho dispôs essa modalidade de atendimento através da Resolução nº 4, de 26 de março de 2020. Me foi garantida a autorização para realizar atendimentos on-line pelo Sistema Conselhos de Psicologia, permitindo a coleta de dados por meio desses recursos tecnológicos de informação e comunicação.

O participante foi orientado sobre a importância de estar em local reservado em sua residência, durante o atendimento clínico, a fim de garantir a sua privacidade e o sigilo das informações. Os registros das sessões não foram feitos em áudio ou vídeo-gravação. Após cada sessão, as informações do atendimento foram anotadas em consonância com a escuta e as minhas impressões. Os relatos das sessões foram registrados, buscando respeitar a literalidade e a sintaxe dos discursos. Também recebi supervisão, com intuito de garantir que o participante da pesquisa fosse acolhido em situações que houvesse algum desconforto consequente dos atendimentos. Nas discussões em supervisão, foram omitidas as informações que pudessem favorecer a identificação do participante.

1.3 Análise de Dados

1.3.1 Análise das Entrevistas

A proposta da realização das entrevistas foi coletar dados para analisar as principais vivências de envelhecer dos participantes, assim como para utilizá-las como vinhetas e recortes com a finalidade de ilustrar as temáticas trabalhadas ao longo da revisão não sistemática de literatura deste livro. As entrevistas foram realizadas uma única vez com cada participante e foi empregado o método de *pesquisa em psicanálise*, apesar da possibilidade de realizar entrevistas com *método psicanalítico,* como explicamos a seguir. Desse modo, a análise das entrevistas deste estudo se aproxima de uma análise de discurso, a qual é comumente utilizada em pesquisas qualitativas.

Para a análise de entrevistas, Iribarry (2003) elucida que o iniciante e o indispensável participante da pesquisa psicanalítica é o próprio pesquisador/autor, que por sua vez poderá contar com os colaboradores do seu estudo, os participantes. O autor menciona que a seleção dos participantes e a utilização de instrumentos para a realização da pesquisa (psicanalítica) são parecidas com outras modalidades de investigação científica. Assim, podemos verificar que a inovação da pesquisa psicanalítica consiste no processo de análise de dados.

A análise do material, como a escuta das entrevistas gravadas, é um recurso clínico-interpretativo que demanda a experiência clínica do pesquisador psicanalista. A possibilidade de escutar os áudios das entrevistas permite trabalhar os aspectos transferenciais e contratransferenciais produzidos entre o entrevistador e o entrevistado, somados à supervisão clínica (Dockhorn & Macedo, 2015). Ademais, é possível realizar anotações sobre as percepções, descrições e apontamentos das entrevistas, tal como hipóteses interpretativas, assinalando as questões transferenciais e contratransferenciais.

No fim da escuta de cada caso, o pesquisador pode construir uma narrativa do sujeito, apontando sinalizações de dados descritivos como história de vida, a história vivencial (como o sujeito significou o vivido), hipóteses interpretativas do pesquisador e amostras transferenciais e contratransferenciais (Dockhorn & Macedo, 2015). A transferência também acontece no momento em que o psicanalista transforma seus dados em textos, a exemplo da transcrição das entrevistas, quando passa a ser orientado pela transferência operacionalizada (o pesquisador, ao se guiar pelo texto, dado de pesquisa, articula seus achados ao estudo literário sobre a temática e cria expectativa ante ao problema de pesquisa e impressões dos conteúdos fornecidos pelos participantes), assim como pela leitura centrada na escuta (o pesquisador identifica no texto transcrito os participantes e as cooperações particulares), abrangendo as consequências subjetivas (Iribarry, 2003).

Na ocasião em que o pesquisador segue o seu texto, exprimido pelo dado, ele já realizou o exercício de significantes, que por sua vez, "representa um sujeito para outro significante" (Iribarry, 2003, p. 128) na teoria lacaniana. Em outras palavras, o psicanalista, no momento da análise de conteúdo e na análise do discurso, não manuseia os signos, mas somente os significantes, permitindo uma abertura de sentidos. Por meio dessa abertura, ele localiza os significantes de suas expectativas no que diz respeito à temática da pesquisa, encontrando "novas significações, novo sentido para o dado coletado e transformado em texto" (p. 128).

Após a identificação de significantes, o pesquisador efetua os recortes no texto para destacar temas, expressões e/ou palavras, desconstruindo-o. Passa-se, então, à sua reconstrução, conferindo-lhe um novo sentido sob o olhar do pesquisador (Figueiredo & Minerbo, 2006). Com isso, ele poderá se aprontar para o ensaio metapsicológico, a partir do qual o texto é o que possibilitará visualizar a composição da discussão e das considerações finais (Iribarry, 2003). Em suma, por meio da escuta do texto, o pesquisador consegue modificar essa experiência em ensaio metapsicológico, formando, ao mesmo tempo, uma experiência científica.

O ensaio metapsicológico é próximo da literatura, sendo a ficção o início e o ensaio o fim. A experiência se localiza entre as duas partes. Embora o objeto de experiência seja fundamental, o psicanalista está implicado nesse processo mediante sua subjetividade e objetividade circundante na cena. Mesmo que ele busque a experiência de algo concreto, envolverão suas fantasias, que podem ser colocadas em discussão com a alteridade (a noção de alteridade é desenvolvida mais adiante). Dessa maneira, Iribarry (2003) conclui que o ensaio abarca um espaço de "irracionalidade artística" e, da mesma forma, uma ciência estruturada para a geração de conhecimentos.

O ensaio, como uma estética, motiva prazer intelectual por meio dos resultados emocionais e não se restringe à natureza científica imperativa e inflexível. Não há reprodução do material da realidade sem transformá-lo. Trata-se de uma ficção que necessita ser corrigida pela alteridade. Nesse sentido, a pesquisa psicanalítica não permite a continuidade das teorias empiristas, sendo uma experiência não conclusiva e uma organização de conceitos não permanentes (Iribarry, 2003). Já o ensaio, podemos considerá-lo tal qual uma "obra de arte", e isso por estar articulado à interpretação do psicanalista para o fenômeno investigado (Figueiredo & Minerbo, 2006). Diante disso, na pesquisa psicanalítica, notamos uma ligação entre o mundo subjetivo do intérprete e o mundo objetivo da realidade investigada.

Reconhecemos que as impressões transferenciais do pesquisador sobre o texto, têm o propósito de alcançar o ensaio metapsicológico, o qual aborda uma construção provisória de resultados da investigação em forma de texto (Iribarry, 2003). Cabe enfatizar que a história do psicanalista se altera durante o caminho, podendo levar a desvios de seus "objetos" a depender dos fenômenos transferenciais e contratransferenciais que caracterizam a singularidade da pesquisa de método psicanalítico e, de igual forma, possibilitam a reinterpretação do *páthos* (sofrimento), ou seja, não toma o sofrimento como um objeto a ser observado, mas sim o direciona para o outro com a interferência da transferência (Labaki, 2012). A pesquisa com método psicanalítico transforma os objetos, os pesquisadores e os instrumentos de investigação.

Em razão do olhar do pesquisador sob o fenômeno investigado estar envolvido aos seus aspectos subjetivos, os dados analisados estão sempre vinculados à noção de solipsismo metodológico e alteridade. Iribarry (2003) discorre que o solipsismo se refere à uma experiência subjetiva rudimentar que se transformará em estabelecimento de conceitos, isto é, poderá formar um método de composição de conceitos. No momento em que se comunica o solipsismo, é necessário passar pelo assentimento do outro, da alteridade. A vinculação do pesquisador com esse outro (como o público e a banca examinadora), com base na crítica desta última, é o que edificará o trabalho metapsicológico de pesquisa.

A experiência do pesquisador a partir das entrevistas e dos questionários respondidos, pode ser vista como uma assimilação que se torna conhecimento. Ela é originada por meio da comunicação do pesquisador com os participantes, de sua averiguação e dos dados coletados (Iribarry, 2003).

1.3.2 Análise de Caso

A psicanálise, a começar com a sua noção de inconsciente e suas formações, procedeu uma quebra das concepções preexistentes de diagnósticos e de tratamentos psiquiátricos, abrindo novos horizontes para a psicopatologia. Na perspectiva psicanalítica, o sujeito do inconsciente passa a ser levado em conta no processo diagnóstico, ou seja, o sintoma e o sujeito estão entrelaçados. À vista disso, pondera-se que o sintoma é uma formação neurótica ou uma revelação do inconsciente (um estado de "céu aberto"), como acontece na psicose (Figueiredo, 2004).

Dando ênfase à psicopatologia e ao diagnóstico psicanalíticos, a construção de caso consiste no cerne da psicanálise, e isso por colocar o sujeito e suas produções em cena. Ela (a construção de caso) se diferencia do estudo de caso (Moura & Nikos, 2000; Figueiredo, 2004). Na sequência, discutimos o conceito de estudo de caso e, depois, a construção de caso para viabilizar o saber da separação metodológica.

O estudo de caso, conforme Stake (2011), é um método de pesquisa qualitativa simplista pois se propõe a observar apenas um ou poucos objetos de estudo, tal como um trabalho experiencial que, por se tratar de uma análise de experiências pessoais, como as de pessoas selecionadas para o estudo, busca quase sempre encontrar significados de determinadas situações ou fenômenos vividos. Embora seja conceituado como um método simplista, o autor afirma que, nesse modelo de estudo, é possível analisar de maneira mais criteriosa as experiências pessoais dos indivíduos estudados. Para realizar um estudo experiencial, a exemplo dos estudos de caso, é crucial estabelecer padrões que regularmente são baseados em vivências antigas e atuais dos indivíduos envolvidos.

No campo da pesquisa clínica, o estudo de caso diz respeito a uma estratégia metodológica resultante da apresentação de uma experiência, em que o terapeuta atribui uma situação de tratamento para operar a sua pesquisa. O estudo de caso serve como referência para a discussão de uma teoria contida na técnica que direciona à vivência terapêutica. Tem-se uma delimitação conceitual do objeto de investigação e, a partir disso, são escolhidos os fenômenos, temas ou questões norteadoras da pesquisa. As informações anotadas pelo pesquisador são padronizadas e responsáveis por fundamentar uma interpretação futura. Em suma, o pesquisador utiliza a teoria como atributo principal, sendo que ela servirá como suporte e referencial para o prosseguimento da hipótese de pesquisa (Moura & Nikos, 2000).

O estudo de caso expõe um relato apoiado na cronologia de fatos clínicos em que a história narrada ocorre através da evolução do tratamento do paciente. O registro do relato de caso e a discussão são utilizados como dados de pesquisa e analisados na etapa de análise de dados enquanto ferramentas metodológicas; por exemplo, a análise de conteúdo e de discurso (Moura & Nikos, 2000). Na circunstância do diagnóstico e da psicopatologia, como mencionamos no início deste subtópico, o estudo de caso se aproxima da anamnese por condensar um aglomerado de informações, de acontecimentos e procedimentos sequenciados com regras pré-determinadas, resultando em uma psicopatologia padronizada (Figueiredo, 2004).

Mesmo que a construção de caso também seja um método de pesquisa qualitativa e com possibilidade de se empregar um ou poucos objetos de estudo, tal qual um estudo de caso, julgamos que ela não é "simplista" tanto quanto Stake usou esse termo para descrever o estudo de caso. Na construção de caso, como o próprio nome já diz, ocorre uma construção cuja finalidade é dividir determinados materiais de cada caso para um trabalho conjunto, ou seja, o pesquisador psicanalista efetua uma conduta a partir dos elementos do discurso de cada sujeito. Posto isso, não é possível realizá-la por intermédio da interpretação (Figueiredo, 2004).

O caso não tem o mesmo significado de sujeito, na concepção psicanalítica (Pedrosa & Teixeira, 2015). Figueiredo (2004) produz uma análise da etiologia das palavras *caso* e *clínica* para fundamentar o significado da construção de caso como um método clínico de maior alcance dentro da psicanálise. A origem do termo *caso* vem do latim *cadere*, que significa cair; enquanto o termo *clínica* vem do grego *kline*, cujo significado é leito, no sentido de debruçar-se ao leito do doente. Verificamos que a construção do caso clínico na visão psicanalítica é relativa ao "(re)arranjo dos elementos do discurso do sujeito que 'caem', se depositam com base em nossa inclinação para colhê-los, não ao pé do leito, mas ao pé da letra" (Figueiredo A.C, 2004, p. 79). Trata-se de uma criação desempenhada pelo do discurso do sujeito, e que nos permite deduzir o seu campo subjetivo.

Dito de outra forma, a construção de caso tem como objetivo formar uma hipótese metapsicológica, apoiada na descrição da realidade psicológica do sujeito, executada por meio da análise de fatos clínicos localizados no discurso e no conteúdo do analisante. Já o estudo de caso, por sua vez, pode induzir do singular ao universal. Logo, a construção de caso concebe a singularidade de cada caso, a qual não é constituinte somente da experiência situada pelo paciente, mas também pelo pesquisador. Assim sendo, não é possível realizar uma generalização, já que é limitada às próprias particularidades (Moura & Nikos, 2000).

Na construção de caso, Fédida (1991) explana que o caso seria uma origem, uma competência de modificação metapsicológica, sendo próprio a um exercício de edificação. O caso, portanto, é construído e não apenas resultante de um relato, afinal, "não existe história de caso" (p. 220). Para a constituição da hipótese metapsicológica, faz-se necessário delinear a experiência do "estranhamento familiar" do analista. A construção contorna o enigma do caso que se organiza através da escuta do analisando pelo psicanalista. Este último é quem se direciona, posteriormente, ao supervisor de sua prática clínica. Muitas vezes, esse enigma é o propulsor da pesquisa psicanalítica (Silva, 2013).

Na construção metapsicológica, sobrepõe-se a marca do inconsciente, objeto da psicanálise, o qual é o repertório de significados emocionais do sujeito que estão associados ao desejo com a propensão de se expressar de modo consciente e, por conseguinte, ao ambiente. A fim de acessar os afetos inconscientes dos sujeitos em tratamento, Freud erigiu o método da psicanálise desde os estudos sobre a histeria, evoluindo a sua técnica por meio do estabelecimento dos principais norteadores clínicos: a transferência, a resistência, a associação livre (permitir o analisando falar sem ser interrompido) e a atenção flutuante (Silva, 2019).

O trabalho do psicanalista não é fazer com que o analisante rememore o que viveu e o que recalcou, mas sim fazer com que ele "construa" o que foi esquecido. Essa construção é a teoria do psicanalista em sua representação particular, fruto da escuta do analisando em seu tratamento. A construção é "a teoria e a memória do infantil em estado de linguagem, ou seja, em sua condição de constituição metafórica à escuta do paciente" (Fédida, 1991, p. 179).

Por intermédio do trabalho do analista explanado por Fédida, assimilamos que a construção de caso é um método de pesquisa psicanalítica empregado pelo psicanalista no processo de tratamento do paciente, e que se procede em decurso de registros de lembranças e dos fragmentos narrados pelo analisando. Amparado nisso, o analista examina sua prática e elabora sua práxis clínica. Na técnica psicanalítica, os conceitos frequentemente são reconstruídos e reorganizados para formar a teoria (Silva, 2013).

Sintetizando o discernimento entre o estudo de caso e a construção de caso, aquele apresenta de forma detalhada os conteúdos e os cenários, formando a história; e a construção de caso é resultado das interferências do psicanalista na direção do tratamento e daquilo selecionado em seu relato. Essa formalização da construção de caso não se refere a uma mera teorização formal, tampouco uma edificação do saber das problemáticas do paciente, mas em declarar os significantes do sujeito e suas elaborações mediante a análise (Figueiredo A.C., 2004).

O processo de construção de caso não se baseia puramente na teoria, pois envolve outros processos de ações para o seu desenvolvimento. Allonnes (2004) descreve cinco (5) passos essenciais para a construção de caso, e para os quais devemos nos atentar: 1) *limitação*: o fato que será considerado um dado para o estudo de caso, como por exemplo, quando um serviço de atendimento geral encaminha o paciente para um serviço especializado; 2) *seleção*: diversas modalidades de seleção, como a opção do olhar e a percepção do pesquisador, o qual elegerá os dispositivos que serão direcionados a um aspecto que o caso poderá desenvolver; 3) *naturalização* do dado: um discurso ideologista do pesquisador pode esconder o dado real; 4) *do descontínuo ao contínuo*: os dados agrupados são incompletos, causando faltas, buracos e lacunas de informações que são importantes, apesar de frequentemente desconsideradas pelo pesquisador. Apoiados nos elementos descontínuos, ele reconstitui a história do sujeito, destacando um perfil, uma patologia identificada, uma personalidade etc., que lhe permite racionalizar os dados da realidade de forma fragmentada e negligenciando os "buracos"; 5) *redução*: quando o caso é apresentado, ele fica reduzido e, com isso, perde a riqueza e a particularidade "redutível do vivido", em decorrência da necessidade da estruturação a partir de uma problemática e uma metodologia; 6) *o trabalho da escrita*: a escrita do estudo de caso como um resumo da problemática, reduz à uma objetividade baseada na teoria e induz sentidos que não são objetivamente notórios no caso analisado e estudado.

 A partir das orientações de Allonnes sobre o processo de construção de caso, devemos levar em conta os fenômenos da transferência e da contratransferência de cada caso, haja vista o fato de o pesquisador se dispersar ou se "iludir" ao limitar o caso com base nas descrições detalhadas dos dados da realidade, negligenciando as faltas, o enigma, os buracos das informações. De igual forma, também corre o risco de perder os detalhes e a singularidade com a delimitação dos dados que constituirão o caso, reduzindo-o. Neste ponto, cabe explanar que o inconsciente, atualizado por meio da transferência, não pode ser fixado para todos os tratamentos. O analista pode ser guiado pela onipotência de seu imaginário em relação à uma determinada organização psicológica, seja uma característica transferencial da histeria ou da fobia, por exemplo, que venha a se repetir nos diferentes casos recebidos. A partir disso, corre o risco de adotar a clínica do imaginário no lugar da clínica psicanalítica, já que esta é a clínica do real (Moura & Nikos, 2000).

 Na construção de caso, o analista precisa descobrir as implicações transubjetivas – a contratransferência como parte da experiência – que comunicam o analista sobre a sua compulsão à repetição e lhe apontam em negativo a posição de sua impossível resposta à demanda do paciente (Moura & Nikos, 2000). Nesse sentido, conforme Fédida (1991), a supervisão é uma viabilidade para construir o caso. De início, a análise de supervisão inaugura e forma o caso na psicanálise.

 É sempre preciso contar o caso, é por intermédio do relato que a intimidade da história ofertada pela análise pode ser garantida. Esse relato, por não haver interrupção temporal e descontinuidades, pode gerar meios de linguagem do figurável. Por um lado, o paciente procura em seu próprio discurso a impossibilidade de rememoração da sua história de vida e a cessação do seu esquecimento; por outro lado, o analista trabalha a contar com o próprio recalque na construção de "memória anacrônica", que se refere à formação de uma tópica psíquica para denominar os cenários dos fatos.

Há uma prevalência do aspecto da contratransferência na construção de caso, porque o caso é "[...] sempre uma construção realizada em supervisão baseado no mundo interno do pesquisador" (Silva, 2013, p. 42). O pesquisador exige se voltar para o seu próprio inconsciente através do seu processo analítico para criar condições de realizar a atividade metapsicológica precisa na construção teórica psicanalítica. No decurso do tratamento analítico e da supervisão do caso ocorre a transferência, tida como instrumento utilizado pelo pesquisador (Moura & Nikon, 2000). Com isso, a pesquisa psicanalítica objetiva promover um acesso de sentidos dos dados que o analista está estudando.

Conforme essa breve contextualização sobre a construção de caso e o valor de se utilizar o método psicanalítico no seu processo, julgamos importante respaldar teoricamente os atendimentos psicanalíticos na modalidade virtual, em virtude da necessidade de adaptar a pesquisa para esse modelo de atendimento no período da pandemia de Covid-19. É questionável se o atendimento psicanalítico on-line funciona. A nossa proposta foi embasar teoricamente essa possibilidade (atendimento on-line), empregando como principal referência Fábio Belo, professor adjunto de Psicologia da Universidade Federal de Minas Gerais (UFMG), Doutor em Estudos Literários pela mesma instituição, que publicou, em 2020, o livro *Clínica Psicanalítica On-line: breves apontamentos sobre atendimento virtual*. Nesta obra, o autor aponta de uma forma didática as reflexões do atendimento psicanalítico na modalidade virtual. Também utilizamos alguns artigos científicos recentes para referenciar essa temática.

A pandemia de Covid-19 oportunizou a passagem dos atendimentos psicanalíticos do consultório para o ambiente virtual, como uma condição imposta pelo contexto. Chermann (2022) alude que o ofício da psicanálise já não se limitava ao consultório desde o começo. Freud mesmo já revelava flexibilizações nesse sentido durante o período de tratamento dos pacientes, como: "sessões por cartas, por meio de andanças noturnas pelas ruas, comentários amistosos e participação na vida pessoal de seus pacientes eram hábitos praticados por ele" (p. 49).

Atualmente, vemos a psicanálise sendo aplicada em distintas instituições, recursos e lugares, demandando um desenvolvimento por parte dos analistas em consonância aos métodos para se adequarem a novas possibilidades prática. Para sustentar um tratamento psicanalítico on-line, é primordial que o analista atenda o método e a ética psicanalíticos, ou seja, deverá preservar ao máximo a possibilidade de se criar condições para a associação livre e a atenção flutuante (Souza & Siqueira, 2021). Em relação ao aspecto ético, é quando o analisando, ao interpretar o seu desejo inconsciente, pode se responsabilizar pela sua decisão ou escolha, e, como efeito da análise, proporcionar uma mudança de posição no que toca a transferência e o sintoma.

Belo (2020) comunica que a análise na modalidade virtual pode ser efetiva, mesmo que seja apenas por ligação telefônica, ressaltando que nem todos conseguem se adaptar à essa modalidade. Não obstante, considera-se que cada vez mais o uso da ligação telefônica é menos frequente, o uso do vídeo não é algo indispensável para a análise acontecer. O autor defende a ideia de que o analista deve oportunizar a disponibilidade da sua imagem e o analisando pode escolher deixar o vídeo ligado ou não. Alguns analisandos optam por aceitar o seu vídeo ligado, mas não olham diretamente para a imagem do analista no meio tecnológico, o que pode ser interpretado como ser acolhido, visto e reconhecido.

Existem alguns riscos da análise virtual, quais sejam: a perda de sigilo, dado que ficamos vulneráveis com a quebra de sigilo da sessão por *hackers* e pela possibilidade de gravações das sessões sem o consentimento dos participantes; a falha da conexão da internet, podendo ocorrer interrupções, *delay*, congelamento da imagem, entre outros. Além disso, há contraindicações de atendimentos na modalidade on-line, por exemplo, em casos de abuso ou violência virtual; crianças muito pequenas que ainda não verbalizam; um cuidado maior em casos de psicóticos muito graves e de depressões graves (Belo, 2020).

Na perspectiva psicanalítica também há aspectos negativos do atendimento on-line, denominados por Bratlkowski e Fedrizzi (2020) de ruídos: quando a ligação cai ou quando o vídeo trava ocasiona um "corte" na associação livre do sujeito, isso também interfere na escuta do analista; constantemente, o paciente recebe uma ligação ou notificações de aplicativos durante a sessão, intromissões que o analista não possui controle; perdas de momentos que são julgados produtivos para marcar o intervalo antes de iniciar o tempo de fala, o tempo de deslocamento ao consultório e o de espera na sala de recepção; a falha na conexão ou do sinal da chamada pode favorecer a resistência do paciente, fazendo com que oculte conteúdos valiosos em razão das interferências na associação livre; entre outros.

Apesar dos riscos e das contraindicações da análise on-line, há algumas vantagens desse modo de atendimento: nas situações em que o paciente mora longe do consultório do analista, comumente isso acontece em grandes cidades ou quando ele mora em cidade pequena, onde não há psicanalistas, ou até mesmo pacientes que residem em outro país, onde não têm psicanalistas disponíveis no local de morada que falem a sua língua materna; em situações pandêmicas com necessidade de isolamento social, doenças, imobilidade física e dificuldade de locomoção. O recurso tecnológico possibilita à psicanálise atingir esses lugares que seriam impossíveis, expondo a crença de uma psicoterapia e uma análise on-line como um apoio aos indivíduos que tenham essa dificuldade da distância (Belo, 2020).

Com relação ao *setting* psicanalítico na categoria virtual, Oliveira e Pena (2020) questionam se existe a transferência no atendimento virtual, uma vez que não há presença dos corpos (analista e analisando). Há psicanalistas e teóricos com posicionamentos completamente contrários, alguns defendem a oportunidade de transferência no virtual e outros não. Os autores aludem que o corpo na psicanálise é diferente do corpo do saber médico – o organismo –, em razão do corpo psicanalítico ser demarcado pela imagem, pelo sexo e pela fala. Assim, defendem a ideia de que não precisamos de um corpo no sentido de presença física e biológica para saber do sofrimento de um paciente, haja vista que o analista se faz presente na análise com suas palavras, todavia, é necessário que cada caso seja criteriosamente analisado em suas particularidades.

É possível mobilizar nossos afetos mesmo à distância, como acontece nas cartas de amor – recursos que mostram a estimulação dos afetos de amor e excitação sexual, por exemplo. "Quanto mais ausente o objeto, mais fantasias ele pode mobilizar" (Belo, 2020, p. 63). A distância possibilita jogos pulsionais que se desenvolvem na análise virtual, preenchendo o campo da transferência, e a distância é simplesmente um meio para a sua formação. Portanto, o atendimento psicanalítico on-line pode ser sustentado pela fantasia do sujeito atrelada ao virtual, permitindo, por esse viés tecnológico, a escuta da estrutura do desejo (Sousa & Siqueira, 2021). Isso, portanto, nos leva a sustentar a ideia de que existe transferência na análise on-line, bem como se efetua a contratransferência, porque o analista é um sujeito de desejo, mesmo que ele busque manter a neutralidade mediante a escuta flutuante.

Outro ponto a ser observado na análise à distância é a ausência do divã. Este surgiu como um fragmento do tratamento hipnótico utilizado por Freud. O pai da psicanálise não pretendia ser observado durante os atendimentos, justificando que suas feições poderiam gerar várias interpretações pelo paciente ao longo do seu relato (Freud, 1913/1996e).

O uso do divã é uma recomendação, mas não uma situação obrigatória. O divã é um recurso importante que registra a análise, também por causar no paciente uma redução dos estímulos externos. Quando está na posição deitada e sem ser visto pelo analista, isso lhe proporciona uma facilitação da associação livre. No momento em que a análise passa para a modalidade on-line, o uso do divã fica suspenso. Vale enfatizar que nestes casos, pacientes que já estavam em análise buscam realizar a sessão virtual na posição deitada, por vezes no sofá ou na cama de sua residência; e há também aqueles que não olham o analista pelo dispositivo tecnológico (Belo, 2020).

Após essa sucinta explanação da análise on-line, nos apoiamos na possibilidade de uma psicanálise à distância pois concordamos com a existência de elementos que viabilizam a transferência, a contratransferência, a associação livre e a atenção flutuante. Além disso, importante reiterar a condição do participante desta pesquisa ter sido meu paciente no passado, o que nos leva a crer que transferência pôde ser estabelecida nos atendimentos presenciais, facilitando a terapêutica analítica na modalidade virtual.

2

A IMAGEM PERDIDA

> *A imagem perdida*
>
> *Como essas coisas que não valem nada*
> *E parecem guardadas sem motivo*
> *(Alguma folha seca... uma taça quebrada)*
> *Eu só tenho um valor estimativo...*
> *Nos olhos que me querem é que eu vivo*
> *Esta existência efêmera e encantada...*
> *Um dia hão de extinguir-se e, então, mais nada*
> *Refletirá meu vulto vago e esquivo...*
> *E cerraram-se os olhos das amadas,*
> *O meu nome fugiu de seus lábios vermelhos,*
> *Nunca mais, de um amigo, o caloroso abraço...*
> *E, no entretanto, em meio desta longa viagem,*
> *Muitas vezes parei... e, nos espelhos,*
> *Procuro, em vão, minha perdida imagem!*
> *(Mário Quintana)*

2.1 A Velhice na Sociedade Ocidental

Neste tópico, interpelamos uma visão social do envelhecimento com o intuito de contextualizar essa temática na perspectiva histórica e social sob diferentes pontos de vista. Assim, a partir de autores especialmente da filosofia, psicanálise e antropologia, buscamos discutir sobre a visão atual do velho na nossa sociedade e realizar uma crítica da visão negativa do envelhecimento.

Para o desenvolvimento deste tópico, utilizamos como principais referências a psicanalista Delia Maria Catullo de Goldfarb, especialista em Gerontologia, pela sua contribuição teórica da leitura psicanalítica do envelhecimento nos seus livros publicados *Corpo, tempo e envelhecimento* e

Demências, ambos pela editora Casa do Psicólogo; a filósofa existencialista Simone de Beauvoir, em especial pela sua colaboração com os estudos da visão do idoso pela sociedade no livro originalmente publicado na França, *La Vieillesse*, em 1970, e com traduções em inglês e em português; a antropóloga Guita Grin Debert, pelos estudos notáveis sobre a construção social da velhice por meio do seu livro *A Reinvenção da Velhice*, que ganhou 42º Prêmio Jabuti Câmara Brasileira do Livro e 2º Lugar das Ciências Humanas e Educação; e o antropólogo Carlos Eduardo Henning, pela contribuição teórica acerca gerontologia LGBT+, o autor recebeu premiações e homenagens pelas suas publicações, como a menção honrosa no Prêmio Carlos Monsiváis (área de Ciências Sociais) da Seção de Sexualidades da *Latin American Studies Association* e prêmio POC Awards. A partir dessa contextualização, passamos a descrever a seguir alguns estudos dos autores mencionados.

O uso frequente de eufemismos para nomear a velhice – terceira idade, maduro, pessoa idosa, idade avançada, melhor idade etc. – não passa de uma tentativa falida para atenuar o peso da palavra "velho" (Goldfarb, 1998). As abundantes expressões criadas para substituir a palavra velho, seja "terceira idade" ou "melhor idade", caracterizam uma categoria social e não o indivíduo na sua singularidade. Recentemente, em julho de 2022, houve uma mudança da denominação do Estatuto do Idoso, passando a se chamar *Estatuto da Pessoa Idosa*. Essa nova norma pertence à Lei 14.423, oriunda do Projeto de Lei do Senado (PLS) 72/2018, do senador Paulo Paim (PT-RS), segundo o qual, a alteração da nomenclatura aconteceu por motivo do termo idoso ser considerado excludente (Baptista, 2022).

Sabemos que não é pela alteração da nomenclatura que o preconceito e a discriminação do ancião deixarão de existir. Por esse motivo, empregamos o termo velho e idoso ao longo deste livro, aspirando evitar o uso de eufemismo para nomear a velhice e quebrar a conotação negativa da terminologia. Na nossa cultura, o ser humano reiteradamente rejeita a morte, e tal rejeição se estendeu à repulsa dos velhos (Messy, 1999) justamente por estes anunciarem, pela imagem do corpo, a nossa finitude. Afinal, por que ninguém quer ser velho? Ser velho representa decadência, incapacidade física e psicológica na sociedade ocidental capitalista (Vilhena, Novaes & Rosa, 2014).

Falar sobre a velhice é uma quebra da conspiração do silêncio. Segundo Beauvoir (2018), a senilidade parece ser um tabu, como se fosse um segredo vergonhoso para a nossa sociedade. Até mesmo nas artes, a velhice é difícil de ser representada. Um exemplo disso aparece no texto freudiano *Leonardo da Vinci e uma Lembrança da sua Infância* (Freud, 1910/1996f), quando Freud apresenta a crítica de Muther em relação à pintura feita por Leonardo da Vinci de *Sant'Ana*, a mãe de Maria e avó do menino Jesus, por não retratar a figura da avó de Jesus como uma idosa, uma vez que Sant' Ana aparece como uma mulher mais jovem e com radiante beleza.

Não somente na arte a velhice é difícil de ser representada. Nos escritos, Beauvoir discorre que há inúmeras literaturas sobre a infância, a adolescência e a mulher, contudo, sobre a velhice as histórias ainda são muito escassas. Essa limitação bibliográfica específica da velhice também se estende à psicanálise, como brevemente discutido na introdução deste livro. Assim, a ausência de literaturas e o saber precário sobre a velhice podem ser resultados de um olhar parcial construído na atuação de cada profissional e fomentado por preconceitos extremamente penetrados na cultura (Goldfarb, 1998). Os hábitos, os usos, os defeitos e o temperamento do velho são descritos como características gerais da categoria social, fazendo com que os jovens projetem uma imagem da velhice de maneira ameaçadora, inviável de representação de um ideal atingível em algumas civilizações e culturas (Messy, 1999).

Com base nisso, do que realmente falamos quando nos referimos à velhice? Para tentar responder a essa pergunta, Goldfarb (1998) realizou outros questionamentos que nos auxiliam a refletir sobre os múltiplos tipos de velhos no nosso contexto social:

> Do velho reivindicativo que briga com todo mundo e por tudo, ou do velho passivo que aceita seu destino sem reclamar? Do velho engajado, ativo e divertido, ou do outro deprimido e solitário? Daquele que vive em família ou do que foi depositado em um asilo? Da velha elegante que passeia nos bairros nobres, ou da faxineira que ainda ajuda a criar os netos? Do velho que trabalha a nosso lado ou daquele que renunciou a lutar? Dos que renunciaram à sexualidade ou dos que reivindicam seu direito ao prazer? Dos que vemos na fila do banco ou no banco da praça? Da velha "bruxa"? Do velho "sábio"? Do doente? Dos poderosos ou dos marginalizados? (p. 2)

Em verdade, estamos falando de todos os velhos que são pessoas conhecidas na nossa cultura. Desse modo, reportamo-nos ao idoso na sua singularidade e à velhice enquanto categoria; mas, antes de tudo, estamos falando do velho que reside em nós mesmos e do idoso que pertence à nossa família. Ao lidar com a velhice enquanto "outro", estamos, ao mesmo tempo, falando da nossa própria velhice, dos tantos velhos que poderemos ser, de uma velhice que desejamos ter e também da velhice que tememos. Cada vivência do processo de envelhecimento é singular.

Não é tarefa fácil descrever a velhice quando se trata da nossa espécie, pois consideramos o envelhecimento um privilégio do ser humano devido à criação humana de recursos tecnológicos e medicamentosos e à evolução da medicina, que favorecem a extensão da vida. De acordo com Beauvoir (2018), a velhice é um fenômeno biológico, dado que o organismo do ser humano velho possui certas especificidades. Além disso, a velhice provoca consequências psicológicas, já que determinados comportamentos são vistos como particularidades do velho.

Como qualquer outra faixa etária, o estatuto da velhice é imposto pela sociedade na qual o idoso está inserido. Desta forma, o velho não é somente atingido na dimensão biológica, mas é perpassado também pela dimensão cultural. Beauvoir (2018), a esse respeito, expõe que a velhice não é uma situação estática, mas antes consequência de um processo, ou seja, o processo de envelhecimento está conectado à noção de mudança. Cabe pontuar que essas transformações no processo de envelhecimento são da ordem da realidade dos fatos, vista pelas alterações do corpo (não somente modificações da aparência física no sentido estético, mas o desgaste do corpo, que se evidencia nas idades mais avançadas e que pode acarretar vulnerabilidade e fragilidade do ancião, ficando mais suscetível ao adoecimento, à fraqueza, à perda de funcionalidade, à potência sexual etc.). Essas alterações no processo de envelhecimento podem ser exemplificadas pelo discurso de alguns idosos entrevistados nesta pesquisa:

> *Fraqueza que dá, a gente não tem mais aquela força que nem de jovem.* (Roberto, 88 anos de idade).

> [Antes era melhor] *Melhor, nossa! A gente quando é novo é uma coisa, e quando é velho é outra... Muda até a fome, a comida, né?* (Joana, 84 anos de idade).

> *Nesse mundo tudo é modificado, não tem nada eterno e tudo se modifica. A gente nasce de um jeito e morre de um outro bem diferente, tudo é modificado.* (João, 83 anos de idade).

As modificações corporais atreladas à aposentadoria podem resultar não apenas em transformação da imagem física, mas também em alteração social do meio em que o sujeito que está inserido. Essas transformações da imagem, do corpo e do *status* social podem atiçar representações negativas e preconceituosas do idoso pela sociedade ocidental, seja pela perda do poder da aquisição do capital, pela perda da imagem jovem ou pela perda da saúde. Esse sentimento de depreciação do velho pode ser ilustrado pelos relatos de alguns idosos: "[...] *a gente vai definhando, né? Vai encolhendo."* (Pedro, 74 anos de idade); *"A gente fica com vergonha porque a gente não vale mais nada."* (José, 86 anos de idade).

Além da depreciação do idoso a partir do envelhecimento biológico, outro fator que pode desvalorizá-lo na nossa sociedade é a mudança do seu *status* social, cujo início é dado pela aposentadoria. Beauvoir (2018) assinala que os velhos, por não possuírem força econômica, não conseguem garantir os seus direitos. O ancião, sendo incapaz de prover o seu sustento, configura sempre uma carga para os mais jovens. A sociedade institui à grande parte dos idosos um nível de vida muito precário. Seguindo as considerações de Beauvoir, quando o ancião se aposenta e deixa de trabalhar, ele pode se sentir depreciado e, muitas vezes, ganha menos dinheiro do que antes e a quantia que recebe já não é mais produto do seu trabalho, enquanto alguns recebem a aposentadoria como esmola, como declara um idoso entrevistado: *"uma aposentadoria fraca."* (José, 86 anos de idade). Assim, é tido como decadência não ganhar a própria vida. É por meio do trabalho e do salário que o indivíduo constitui sua identidade. O aposentado perde sua posição na sociedade e sua dignidade.

Reputamos que essa visão da filósofa acerca das reações emocionais do velho frente à aposentadoria se insere no contexto capitalista. A condição de improdutividade e da dificuldade de acúmulo de capital fazem com que muitos aposentados sejam marginalizados e excluídos no sistema capitalista. A ideologia do capitalismo é a proclamação do consumo como um modo de garantir a nossa existência, influenciando inconscientemente (no sentido filosófico, fora da consciência) o nosso modo de pensar e agir. Nesse âmbito, perdemos a condição de sujeitos de direito social autônomos, tornando-nos consumidores-objetos (Lima, 2002). Aqueles que não conseguem corresponder de maneira afirmativa ao seguimento do capital, como a maioria dos velhos, acabam sendo marginalizados e excluídos, visto que os pobres, por falta de poder de compra, são notadamente excluídos do sistema.

Fundamentada na ideologia capitalista, pressupomos que o velho possuía um espaço nesse meio social, caso ele tivesse acúmulo de capital e bens materiais, o que lhe possibilitaria alcançar o "sucesso capitalista". Já no cenário neoliberalista, julgamos que não há lugar para a velhice, como se ela fosse proibida na nossa atualidade, uma vez que, nessa conjectura, tem-se a ideia de que o sujeito é empresário de si e se autoengendra por si só e não pelo laço social. No neoliberalismo, verificamos uma filosofia de exploração do sofrimento pela atividade laboral, o que nos retira o máximo de cansaço e nos fornece o mínimo de ameaça jurídica, um maior compromisso no projeto de trabalho com o mínimo de apego mútuo da empresa, transformando a vida num princípio natural em que cada relação precisa mostrar um equilíbrio e um parâmetro. Nessa conjunção, temos uma vida assimilada, governada e analisada tal qual o gerenciamento de uma empresa. Esse estilo de vida estabelece um modelo psíquico dentro do liberalismo, associando as circunstâncias ao propósito do sofrimento psíquico e de seu consecutivo tratamento (Safatle, Silva & Dunker, 2023).

A origem da lógica do ser humano como empresa pode ser hipotetizada pela valorização da ciência, a datar do século XVII, que veio a definir o que é homem e o que ele deve fazer, atribuindo-lhe um lugar de produtividade e consumo, e advindo uma nova narrativa científica com objetivo de remarcar a dimensão humana. Esse novo ser configura o "homem-empresa" ou "sujeito empresarial" (Dardot & Laval, 2016, p. 322), ocasionando novas formas de subjetivação com características do funcionamento psíquico competitivo, de relação e práticas cotidianas. Essa figura "homem-empresa" possui uma subjetividade voltada à atividade que precisa ser cumprida, evidenciando um sujeito ativo que precisa se dedicar totalmente à atividade profissional. Com isso, constitui-se a ideia de um indivíduo unitário que se debruça unicamente a si mesmo, na intenção de proporcionar uma realização pessoal. A pessoa trabalha para a empresa como se trabalhasse para ele mesmo, formando uma gestão de um novo sujeito.

A competição brutal neoliberalista faz com que os sujeitos fiquem vulneráveis às condições de fracasso e de perda de valor, podendo se sentir envergonhados por isso. (Dardot & Laval, 2016). Com isso, compreendemos que o envelhecimento na nossa contemporaneidade corre o risco de ser eliminado, já que o velho não consegue competir nesse mundo empresarial de si mesmo, em especial nos casos em que o idoso não tenha uma rede de apoio implacável. Ao ser desqualificado e marginalizado pelo meio social, o velho poderá vivenciar a sensação de estranhamento (não somente no que concerne a si mesmo pelas modificações do corpo) em relação ao ambiente externo, podendo se sentir não pertencente e não essencial. Esse fenômeno é denominado por Mendonça e Souza (2020) de *desrealização*.

Tal noção de exclusão e desvalorização do idoso é demarcada na história da sociedade ocidental. Firmado nisso, apresentamos um breve resgate histórico da temática do envelhecimento com base nos estudos realizados pela antropóloga Debert (2020), os quais foram expostos no seu livro *A Reinvenção da Velhice*, e do qual também nos utilizamos para exibir uma perspectiva crítica da visão negativa do envelhecimento posteriormente. A antropóloga versa que, até pouco tempo, a velhice era encarada nas sociedades industrializadas a partir de uma perspectiva de perda de *status* social, pois foi quando obteve a eliminação da segurança econômica e as relações se retraíram entre as gerações na família. Os idosos eram colocados como uma carga para o Estado e para a família, contrariando a "Idade de Ouro", em que os velhos eram qualificados como pessoas com sabedoria e com experiências, sendo respeitados pela sua família e pela comunidade.

Na década de 1970, houve um aumento do número de pesquisas sobre a velhice. Na visão da sociedade industrializada, considerava-se a importância da experiência do idoso, tomando como hipótese que esse vivido era partilhado (experiências vividas eram comuns ou os problemas eram semelhantes) no sentido de homogeneização da velhice. Tal proposta levava à ideia de diminuição da desigualdade étnica, de classe e raça. Nesse período, surgiu a gerontologia como área específica de estudos. A produção acadêmica, nesses anos, se atentou às modificações da velhice e do processo de envelhecimento ao longo do século XX. Essas alterações foram explicadas por Debert a partir de estudos realizados por pesquisadores, como Guillemard (1986) e Ariés (1983), no contexto da França, de 1945 até a nossa atualidade.

No período de 1945 a 1960, a velhice era compatível à pobreza, ensejando a conotação de precariedade através da generalização das aposentadorias. Nos anos de 1959 a 1967, a imagem da velhice foi submetida à uma transformação, deixando a implicação de pobreza do velho e passando a vê-lo como um potencial consumidor. Sustentada na ideia de marginalidade e solidão do ancião, houve a criação de novas práticas, como o incentivo ao lazer, descanso e atendimentos especializados de saúde. Nesse cenário, a aposentadoria passava a ser vista como um recurso para o idoso se tornar consumista, sobressaindo a concepção de terceira idade.

Já no último período, denominado de "pré-aposentadoria", a idade cronológica para a aposentadoria passa a ser reavaliada. A velhice é percebida tal qual um momento em que o trabalho é ilegítimo. Nas palavras de

Debert (2020, p. 76), "aposentadoria precária ou desemprego é a condição de uma parcela cada vez mais expressiva dos indivíduos que estão na faixa etária anterior àquela da aposentadoria propriamente dita". Dito de outro modo, a aposentadoria não consegue garantir a qualidade de vida de muitos idosos por motivo da limitação da renda, passando-se a reavaliar a idade para se aposentar.

De acordo com Ariès, aconteceram três alterações radicais da velhice nas classes médias e burguesas da França. No século passado, julgava-se o período da velhice como rompimento de atividades e alteração do estilo de vida, em que costumes e vestimentas eram modificados, e estas últimas utilizadas de forma padronizada, dificultando a identificação precisa das idades das pessoas (nessa época, a pessoa a partir dos 40 anos de idade era considerada idosa).

Na segunda geração, nascidos nas últimas décadas do século XIX, a velhice era designada de *geração do progresso*, com horror ao envelhecimento dos pais. Carregava-se a ideia de que poderia ter uma velhice sem empecilhos com o apoio dos recursos da vida moderna, como carros e elevador; isso porque, antes, os idosos com idade mais avançada não conseguiam descer escadas e sair de casa, pois não tinham meios tecnológicos para se deslocarem. Nesse momento, a aposentadoria passa a ser recusada por representar uma perda de posição social.

Por fim, na terceira geração, nascidos entre 1910 e 1920, transcorre-se a valorização da aposentadoria. Foi instituída uma visão positiva da terceira idade, com vistas à ampliação do mercado para os idosos e à formação de profissionais especializados em idades avançadas. As atividades criadas para atender a esse público, como a Universidade para a Terceira Idade, estimularam a segregação do velho (em contraposição, diversos estudos apresentam uma visão positiva dessas atividades para idosos).

Importante ponderar que o processo de envelhecimento nos países desenvolvidos, a exemplo da Europa como um todo, é um fenômeno que aconteceu primeiro se comparado aos países em desenvolvimento, o que justifica a existência de mais estudos sobre o envelhecimento nesses países ditos de "primeiro mundo". No Brasil, o processo de envelhecimento é considerado recente, caracterizado sobretudo por movimentos sociais no percurso de construções de políticas de saúde ao idoso. Em 1960, o Serviço Social do Comércio, que tinha uma direção assistencialista para os idosos, foi inaugurado. Em 1980, houve uma substituição do assistencialismo pela

Constituição Federal do Brasil, tendendo a garantir os direitos de cidadania dos anciões e originando as pensões e as aposentadorias. Posteriormente, a Política Nacional do Idoso, a partir da Lei nº 8842 sancionada em 1994, e a Política Nacional de Saúde do Idoso pela Portaria nº1395/1999 do Ministério da Saúde, que aspira à promoção do envelhecimento saudável, foram instituídas (Veras & Oliveira, 2018).

Ao longo da história, observamos indícios de mudanças da visão do idoso, as quais incessantemente eram permeadas por conotações preconceituosas e discriminatórias na sociedade. O Relatório Mundial de Envelhecimento e Saúde (Organização Mundial da Saúde, 2015) afirma que a idade avançada não implica em dependência. Isso nos mostra a existência de muitos estereótipos em relação aos idosos, que reiteradamente promovem discriminação da idade, a exemplo da ideia de que os velhos são dependentes ou são um fardo. O preconceito ligado à idade é intitulado de *etarismo, idadismo, ageísmo* (termo em inglês *ageism*, criado por Robert Butler, em 1969), responsáveis por gerar a discriminação dos idosos e causar a sua marginalização social (Castro, 2017).

Marques (2011), ao abordar as atitudes etaristas, as explica a partir de três fatores essenciais: os estereótipos, representados pela categoria social do idoso, qualificando-a como um grupo homogêneo de atributos negativos, como doenças e incapacidade; o preconceito, o qual pode ser expresso por atitude idadista de sentimento de desprezo ou tipo disfarçado de piedade voltada às pessoas idosas; e a discriminação, que por sua vez agrega comportamentos ou atos discriminatórios quanto ao velho. Junto disso, podemos citar o *viejismo,* termo que se refere ao preconceito do próprio idoso (autopreconceito), muitas vezes considerado mais avassalador que o preconceito externo (Mendonça & Souza, 2020). Nesse universo ageísta, não deixamos de citar os preconceitos e discriminações existentes na sociedade sobre os idosos LGBTI+ (Lésbicas, Gays, Bissexuais, Transgêneros e Intersexuais). O processo de envelhecimento e a velhice são condições de risco que atravessam os marcadores sociais da diferença.

O velho pertence à uma raça, a um país, a um vínculo institucional, a um grupo de pessoas em um determinado cenário e com objetivos específicos. Ele é um ser social, enquanto a "terceira idade" é categorizada como um grupo social baseado na faixa etária. O grupo *terceira idade* frequentemente é compreendido como o "velho universal". Henning (2017), ao citar o antropólogo Lawrence Cohen, aponta que para este último o "velho universal" é o aposentado do sexo masculino. O autor ainda acrescenta nessa classe o velho heterossexual e cisgênero, definido como um apropriado e coeso heteronormativo entre a identidade de gênero singular e o sexo determinado no nascimento (por exemplo, nascer com a genitália masculina e constituir identidade do gênero masculino).

Com base nisso, contemplamos os aspectos interseccionalistas do idoso para fundamentar a importância da singularidade de cada sujeito. A interseccionalidade é um termo criado em 1989 por Kimberlé Crenshaw (teórica feminista dos Estados Unidos), e que diz respeito aos marcadores sociais da diferença, entre eles gênero, sexualidade, raça, classe social etc. Seu marco simbólico foi o manifesto *Combahee River Collective*, realizado em 1977 por feministas negras e lésbicas, em Boston (EUA), que defendiam uma luta contra a opressão sexual das mulheres e criticavam outros estilos de desigualdades, como racismo e o de classes sociais (Henning, 2015).

Embora a interseccionalidade tenha sido originada por demandas femininas e antirracistas, o vocábulo foi difundido para todos os registros sociais que afetam comumente a minoria social, como os idosos e a população LGBTI+, com críticas à supremacia hierárquica branca, heterossexual e privilegiada (Alves & Araújo, 2020). Os estudos, principalmente estadunidenses, sobre o envelhecimento e a velhice de lésbicas, gays, bissexuais e transgêneros podem ser nomeados de *"gerontologia LGBT+"*, e encontram-se constituídos em quatro momentos (Henning, 2017).

No primeiro momento, durante a década 1960 até a segunda metade da década de 1970, as pesquisas feitas nos Estados Unidos e no Reino Unido difundiram uma perspectiva com afirmação e constatação dos estereótipos negativos do processo de envelhecimento *gay*. Nessa circunstância, as imagens dos homens homossexuais eram de isolamento, de muitas perdas (sociais, físicas e estéticas), preconceitos dentro do contexto LGBT+, de depressão, entre outras. Nesse cenário, também progredia a ideia de que o envelhecimento dos homens homossexuais era mais acelerado em comparação aos homens heterossexuais, resultando em muitas críticas (mais recentes) a respeito dessa hipótese (Henning, 2017).

O segundo momento da gerontologia LGBT+ foi qualificado por críticas e desconstrução dos estereótipos negativos – *gay positive*. Os estudos exibiram traços positivos do envelhecimento gay, entre a década de 1970 e começo de 1980, buscando quebrar a imagem do *old queer* triste e sozinho.

Essa perspectiva do envelhecimento também recebeu críticas por "forçar a felicidade" dos gays e lésbicas, considerando a experiência de discriminação ao longo da vida dos homossexuais (Henning, 2017).

O terceiro momento da gerontologia LGBT+ foi demarcado por pesquisas de uma variedade de questões e análises empíricas a partir da década de 1980. Nesse momento, o foco voltou-se para o envelhecimento de lésbicas e ainda de forma acanhada para o envelhecimento de bissexuais (aquele que sente atração sexual por homens e mulheres) e transgêneros (pessoa que não se identifica com o gênero socialmente designado com base no sexo biológico) (Henning, 2017).

No quarto momento, no fim da década de 1990 até hoje, sobreveio uma modificação da literatura, deixando de lado as propostas dos estudos anteriores e inaugurando estudos sobre as práticas de intervenções gerontológicas. Por conseguinte, a preocupação voltou-se à criação de políticas públicas e de projetos educativos acerca da temática (treinamento de profissionais da saúde para atender as necessidades específicas dos idosos LGBT+), dispondo explicar e defender os direitos civis, entre outros.

Devemos desconstruir a heteronormatividade ao negar a força da normatização das identidades, dos sexos e dos gêneros. Na perspectiva de Preciado (2022), é imprescindível uma crítica ao binarismo de contrato sexual heterocêntrica, como hetero/homo, mulher/homem, não biológico/biológico. O autor discorre que no nosso mundo há uma divisão técnica entre a reprodução facilitada pela pílula e a heterossexualidade, apesar desta última ainda ser tida como originária e inata da reprodução sexual. Além disso, há uma exaltação de próteses, cirurgias e hormônios que viabilizam a transição de gênero. Não obstante, verificamos uma padronização de gênero que estabelece a imposição política para qualquer desenvolvimento de sua competência.

A partir das leituras de Preciado, percebemos que o filósofo censura o modelo de relações binárias. Observamos um posicionamento que ele designa de "contrassexualidade", a partir do qual busca analisar a sexualidade como tecnologia e os elementos do sistema sexo-gênero chamados "mulher", "homem", "transexual", "homossexual", "heterossexual" como máquinas, aparelhos, produtos, próteses, fluxos, redes. Os órgãos sexuais não possuem existência em si, são frutos de uma tecnologia avançada que qualifica o cenário e obtém sua significação (relações sexuais), e são usados como atributos, seguindo a lógica da "natureza", ou seja, da heterossexualidade.

Nesse mesmo sentido, Butler (2022) executa uma crítica à questão da identidade do movimento feminista, justificando que não há unicamente uma identidade de dimensão metafísica, mas múltiplas. A lógica da política pressupõe a existência de uma identidade para a construção de interesses políticos, pela qual se elabora uma atuação política. Segundo a autora, é necessário que a mulher subverta a sua identidade (de mulher) para que ocorra a sua libertação. Assim, Butler contrapõe a teoria estruturalista, questionando a oposição binária entre gênero e sexo como disposição da natureza, além de questionar a inscrição da sociedade e da cultura na definição de gênero e sexo, entendendo este último como um grupo social edificado e o gênero como uma categoria ativamente produzida.

No Brasil, notamos um desenvolvimento nos estudos sobre o envelhecimento, as identidades de gênero e sexo e práticas sexuais, pesquisas sobre a homossexualidade feminina e envelhecimento. Com a interseccionalidade de classe, gênero, sexualidade e idade, observamos que os aspectos do envelhecimento são diferentes para cada sujeito, ou seja, a experiência do processo de envelhecimento é singular. Os preconceitos e as discriminações do idoso também dizem respeito ao marcador social raça/cor. A desigualdade entre negros e brancos ainda é significativa no cenário atual, em que verificamos a distinta presença de negros na televisão brasileira, na política, em cargos de chefia em empresas e mesmo em produções acadêmicas brasileiras (Zago, 2021).

O racismo é uma hierarquização de raças, em que o branco é colocado como superior e insere o outro no lugar de inferior (Villas Boas, 2021). No Brasil, os negros foram trazidos das regiões da África, no século XVI, para o trabalho escravo nas fazendas (Nogueira, 2021; Souza, 2021). Mesmo após a abolição da escravatura, com a Lei Áurea em 1888, as discriminações para com os negros não cessaram e, inclusive, encontram-se estruturadas e estendidas até os dias atuais. A libertação do negro não representou o seu acesso à classe trabalhadora em razão da ausência de apropriação do trabalho qualificado para o processo industrial, mas significou um abandono pelos donos das fazendas, tornando-o um peso e uma margem na estrutura social.

A pessoa de cor é sucessora do passado histórico, constituindo uma memória social que se atualiza mediante o preconceito racial. Este, muitas vezes, se expressa de forma mascarada na contemporaneidade, repercutindo no indivíduo negro a sua composição de sujeito social. Dessa maneira, no enquadramento social, o corpo negro possui uma corrente de significados de dimensão negativa, fazendo com que esses significados sejam introjetados pelos indivíduos de cor (retomamos essa temática mais adiante). Cada um gerará uma construção psíquica singular, podendo se suceder em negação da própria imagem (Nogueira, 2021). A discriminação da cor é um estado interseccional articulado ao sofrimento como experiência, que é parte formadora da invisibilidade e do sistema colonizador que produz conflito, marginalização, opressão, preconceito, entre outros. O sofrimento como produto do racismo normalmente não é nomeado e se destina à pobreza.

Até recentemente, o racismo brasileiro estava mascarado pela democracia racial, em virtude do elevado nível de diferentes etnias existentes no nosso país, diversificando-se do racismo dos Estados Unidos, por exemplo. Esse fator brasileiro torna o sofrimento ligado ao racismo muito mais difícil de se discutir. O Brasil ainda não se decolonizou, é como se estivéssemos parados no tempo (Dunker, 2021).

O preconceito é algo complexo. Ele não atinge o negro apenas na dimensão sociológica, mas também na proporção psíquica, a qual não pode ser tocada e vista. O corpo é o centro de todas as nossas identidades, "de raça, de etnia e de cultura, de sexo ou de gênero, de classe social, de religião ou de nacionalidade" (Munanga, 2021, p.25). Não se trata somente de um corpo morfológico, mas cheio de representações, desejos, visão de mundo etc.

De acordo com a noção de racismo, conjecturamos que o idoso negro (ou melhor, a idosa negra) pode sofrer mais preconceito e discriminação não simplesmente pela idade avançada, como também pelo sexo, pelo gênero e pela cor da pele. Assim, vale ponderar que a velhice é atravessada por marcadores sociais que afetam a identidade e o Ideal do Eu do sujeito (identificação com os substitutos dos pais e com os ideais coletivos, resultantes do narcisismo secundário (Laplanche & Pontalis, 2001).

O envelhecimento se dirige para além do despertar da transitoriedade humana, e o modo como ele é visto possui influência do olhar da sociedade e da cultura devido aos padrões, exigências e valores estabelecidos na atualidade. Portanto, o processo de envelhecimento excede as alterações biopsicossociais, afirmando suas especificidades demarcadas pela posição da classe social, pelas condições socioculturais e econômicas da pessoa na comunidade.

2.2 Crítica ao Discurso Pessimista do Idoso

Neste ponto do texto, buscamos realizar uma crítica ao discurso pessimista do velho. Para a fundamentação teórica, nos baseamos na visão da psicanalista Ângela Mucida (2018), membro da Escola de Psicanálise do Campo Lacaniano, e autora do livro *O Sujeito Não Envelhece*, indicado ao Prêmio Jabuti em 2005, na área de Psicologia e Educação. Também empregamos novamente a autora Debert (2020), a quem recorremos na intenção de expor o discurso gerontológico no Brasil. Principiamos com a análise de Mucida sobre a percepção negativa da concepção de velhice e, em seguida, delineamos a apreciação de Debert.

Mucida (2018, p. 27) faz uma crítica à perspectiva negativa do conceito de velhice. Isso porque há uma confusão entre "velhice e doença" ou "velhice e decrepitude". A autora aponta que a obra *A Velhice*, de Simone de Beauvoir (já utilizada como referência no tópico anterior), anuncia uma dificuldade de configurar a representação de idoso, visto que a pesquisa intensa realizada pela filósofa por procedimento de dados históricos e etnográficos consiste apenas numa tentativa de construção da concepção de velhice, tornando difícil a sua definição.

Beauvoir não executa a distinção entre as noções de envelhecimento e de velhice, de modo que sua obra evidencia uma visão pessimista do velho, expondo "o real em cena na velhice e os efeitos da cultura sobre a velhice" (Mucida, 2018, p. 27). Como resultado, a filósofa define dois destinos para a velhice: uma categoria social e, para cada pessoa, um destino particular. Apontamos que a velhice é definida conforme a época e a cultura, portanto, os significantes que tentam inscrevê-la são os que recairão sobre os sujeitos, influenciando em seus efeitos. Assim, o mal-estar de cada época terá repercussões sobre o sujeito. Mucida (2018, p. 55) propõe que "a velhice pode ser um significante que representa o sujeito para outro significante: aposentadoria, terceira idade, menopausa, do que a ele se associa na cadeia discursiva própria para cada sujeito". São significantes que por si só não significam nada, mas passam a adquirir sentido quando se inscrevem na corrente discursiva de cada pessoa. Assim, entendemos que a velhice também é descrita e construída por discursos.

Com base nas noções levantadas por Mucida, entendemos que as representações negativas associadas ao idoso (incapacidade, limitação, doença, fragilidade etc.) enquanto categoria social estereotipada são significantes que constituem sentido no discurso dos indivíduos, o qual possui influência do nosso meio cultural ocidental. Nesse contexto, esses discursos que descrevem a velhice poderão produzir impactos no psiquismo de anciões, causando sofrimento psíquico.

Mucida também critica a interpretação pessimista da velhice do psicanalista Messy, autor do livro *A Pessoa Idosa Não Existe* (referência que empregamos neste livro). O sentido de velhice para Messy é a "ruptura brutal de equilíbrio entre perdas e aquisições". Mais uma vez a velhice é tomada de forma negativa pela "ruptura brutal", apesar de não se referir à idade cronológica, haja vista a possibilidade de se atingir uma idade avançada sem passar pela velhice.

A autora também expôs a opinião negativa da velhice na concepção Ferencziana (apresentada mais adiante), argumentando a ausência de plasticidade dos processos psíquicos em pessoas com mais de 50 anos de idade. Nessa disposição, verificamos que Freud também tinha uma leitura pessimista ao mencionar o problema de análise com idosos, assunto este discutido no tópico 4.2 *Da Gerontologia a Freud: a questão do tempo*.

A crítica quanto à resenha negativa do idoso efetuada pela psicanalista não nega o reconhecimento das perdas implicadas na velhice, já que não seria possível passar pela vida sem admitir o real das perdas. A autora assume que o tempo implica em efeitos sobre o sujeito. É preciso definir a velhice articulada ao enlaçamento do real[23], imaginário[24] e simbólico[25]. Apesar das perdas na velhice, não deixamos de frisar que o desejo não possui idade cronológica.

Um exemplo de perda correlacionada à velhice é a condição de deixar de trabalhar quando o idoso se aposenta. Embora a aposentadoria não seja sinônimo de velhice, leva-se em consideração que ela resulta no encerramento de um determinado laço social e provoca marcas importantes no sujeito. Alguns indivíduos assimilam o fim da atividade laboral como o encerramento da vida ativa, podendo suscitar sentimentos arrasadores ou

---

[23] O real é definido como "impossível" para Lacan (1901-81/1998), denotando algo que não é acessado e compreendido. "Pois, quanto ao real, não importa que perturbação se possa introduzir nele, ele está sempre e de qualquer modo em seu lugar...sem conhecer nada que possa exilá-lo disso" (p. 28).

[24] Segundo Lacan (1901-81/1998), o imaginário é formado por imago, a qual primordialmente era imago do corpo da mãe, que tinha como finalidade proteger o sujeito de uma falta e projetar a imagem para outros objetos ou imagens. Contudo, não é ilusório, uma vez que proporciona o material para a ideia. Lacan aborda sobre o imaginário: "por ver que não é visto, desconhecer a situação real em que ele é visto não vendo. E o que é que ele não vê? Justamente a situação simbólica que ele mesmo soubera ver tão bem, e onde eis que agora é visto vendo-se não ser visto." (p. 34).

[25] O simbólico pode ser representado pela experiência psicanalítica, a qual opera por meio da linguagem para oferecer o desejo do sujeito sua intervenção simbólica (Lacan, 1901-81/1998).

permitir desenvolver atividades sublimatórias significativas. Já o aposentado é tido como um significante de repercussões negativas, estando vinculado à inutilidade e à morte do desejo (Mucida, 2018).

Na perspectiva de Debert (2020), observamos uma crítica ao discurso gerontológico brasileiro e que em muito se aproxima da postura de Mucida, especialmente no tocante à contraposição da leitura pessimista do velho. Para a antropóloga, os gerontólogos do Brasil modificam a velhice em uma questão política ou em sugerir práticas que estimulam um envelhecimento bem-sucedido. Para fundamentar seu posicionamento, ela exibe quatro elementos de sua crítica.

O primeiro elemento é o discurso de que a transformação demográfica (crescimento da população idosa) aumentará os gastos públicos para cuidar das necessidades dos idosos. Debert delineia a opinião de Simões (1995), para quem a declaração sobre a catástrofe da crise anunciada pelos custos da aposentadoria é parte do discurso empenhado em validar uma aflição teórica-acadêmica sobre a velhice, ou impor ações vigentes com o objetivo de arquitetar um envelhecimento bem-sucedido.

O segundo elemento é a crítica ao sistema capitalista, que constitui a ideia de que o idoso é desvalorizado por não trabalhar e rejeitado pela família e pelo Estado, ou seja, ele é marginalizado nesse sistema de produção. Complementamos essa crítica de Debert ao estendê-la ao cenário neoliberal, no qual não há um território para o idoso compor a imagem de empresa de si mesmo e de indivíduo unitário enquanto realização pessoal, sem depender dos outros. O nosso julgamento consiste no questionamento dessa ideologia de indivíduo que se engendra por si só, uma vez que nos assimilamos enquanto sujeitos a partir do enlaçamento social, assunto que trataremos no capítulo 3. *O Sujeito da Psicanálise*.

O terceiro elemento é uma crítica à cultura brasileira por valorizar o jovem e o novo, criando a ideia de uma não valorização da ascendência e sem ligação com recordações do seu passado, mostrando pela apresentação gerontológica que os velhos não possuem importância na sociedade. E por fim, a última crítica está articulada ao Estado. Houve uma diminuição dos membros da família com a modernização dos países capitalistas e, no caso do Brasil, somou-se a incapacidade do Estado de resolver as questões cruciais da maior parte da população, colocando os anciões em condições vulneráveis. Esse último elemento se tornou uma condição essencial para a disposição da imagem do idoso em uma posição de sofrimento.

Debert (2020) discorre que a narrativa gerontológica pode ter contribuído para as políticas voltadas aos velhos. A seu ver, desde 1980, a velhice e as questões envolvidas no processo de envelhecimento têm ganhado espaço na sociedade brasileira. A autora cita que muitas pesquisas realizadas mais recentemente denotam uma contraposição da imagem da velhice (idoso excluído e frágil) ostentada pelo discurso gerontológico, como expomos na sequência.

Há diferentes pesquisas realizadas com anciões, sendo uma delas a pesquisa de Tornstan (1992 citado por Debert, 2020), que manifesta duas problemáticas do idoso: *perspectiva da miséria* e *fonte de recursos*. A primeira (perspectiva da miséria) enuncia uma alteração da imagem do idoso. Na época de Ouro, os velhos eram valorizados e ativos em uma família extensa e essa imagem passa a ser transformada com a modernização/industrialização, trazendo a ideia de um ancião marginalizado, sem reconhecimento dos seus valores, com perda do *status* social. Essa visão do idoso permanece até os dias atuais pela alegação gerontológica, que segundo Debert, consistem num modo de sensibilizar o poder público e a sociedade para a pertinência do desenvolvimento de pesquisas e propostas para o envelhecimento populacional bem-sucedido.

A perspectiva da *fonte de recursos* retrata o estudo de Tornstan (1992) com idosos na Suécia, enunciando que os anciões têm uma imagem muito mais positiva da sua condição do que aquela exibida pela suposição teórica da gerontologia (imagens negativas do idoso). O estudo revela a existência de um bom nível de interação social, muitos deles conseguem manter contato constante com os filhos. As pesquisas também enfatizam uma contrariedade no que diz respeito ao discurso gerontológico da aposentadoria, por pressupor que esta causa efeitos negativos no velho (trauma por deixar de trabalhar, perda de identidade e da estabilidade psicológica). Notamos, diante desses estudos, a experiência do envelhecimento a partir de uma conformação positiva, dado que muitos idosos são ativos e com capacidade de adaptação a mudanças sociais, quebrando o mito da miséria e da solidão desse público. Amparada nessa perspectiva, cria-se uma imagem de idoso com um novo ideal de produtividade.

Debert também aborda algumas pesquisas brasileiras, como a de Barros (1981) e a de Peixoto (1995), incluindo suas próprias investigações. Esses estudos já declaravam que a situação dos idosos não era tão catastrófica como aquela exteriorizada pelo enunciado gerontológico, sobretudo as mulheres de classes populares, por exemplo, que participavam ativamente de bailes, viagens e atividades realizadas em grupo. A antropóloga expõe outra pesquisa, a de Neri (1991), para quem a atitude dos jovens em relação aos mais velhos não é tão negativa quanto se supõe; a autora salienta a importância de eliminar preconceitos, mitos e estereótipos relativos ao idoso.

A antropóloga Goldenberg (2022) também evidencia uma visão positiva do envelhecimento ao comentar acerca da "bela velhice". Com base na sua pesquisa realizada junto a idosos, ela alude tanto os ganhos quanto as perdas no envelhecimento, especificando-os nos sexos. Assim, o medo das mulheres consiste geralmente na perda da visibilidade social a partir da transformação do corpo e da aparência; enquanto os ganhos giram ao redor da liberdade por serem elas mesmas e por terem uma valorização das amizades que estão associadas a cuidados, auxílio e intimidade. O receio dos homens é a ocasião da aposentadoria, da perda da potência e da independência física; e os ganhos estão relacionados à valorização dos afetos, como os vínculos familiares, uma vez que passaram grande parte da vida adulta se dedicando ao trabalho e na velhice passam a se dedicar à família.

Além de pesquisas, várias reportagens anunciam os idosos a partir de uma imagem positiva, os apresentam enquanto pessoas independentes dos filhos e dos familiares, que desempenham múltiplas atividades prazerosas e de lazer nesse período da vida. A mulher idosa também é elucidada de maneira otimista em algumas dessas reportagens, sendo uma pessoa livre dos compromissos sociais da fase adulta e com possibilidades de realizar suas satisfações pessoais (Debert, 2020).

A imagem favorável do velho também é mencionada em estudos acerca dos mercados consumidores, que salientam um aumento dos idosos na participação de propagandas publicitárias e para as quais essa faixa etária consiste em um consumidor alvo, pois são pessoas com mais tempo livre, sem tantas despesas básicas e com seguridade da renda pela aposentadoria. Desse modo, o ancião ganha uma nova imagem, adquire maior poder de consumo, além de não se sentir velho. Muitos velhos continuam trabalhando e fazendo projetos de vida para garantir sua seguridade, cuidando de sua saúde e frequentemente são vaidosos.

A mídia apresenta os idosos de forma ativa, lúcidos, comprometidos e capazes de lidar com os preconceitos e discriminação praticados pelo Estado e pelos políticos, exigindo uma reformulação da imagem do velho pela narrativa gerontológica (Debert, 2020). Em resumo, há indícios de que antes os velhos eram retratados pelos textos literários como solitários, retraídos, à espera da morte, o que reiterava uma imagem sombria dessa faixa etária. Já nos dias de hoje, a imagem do ancião foi transformada, passando a ostentar uma experiência recheada de atividades prazerosas.

O discurso gerontológico brasileiro esconde os aspectos positivos da velhice, favorecendo a imagem de uma velhice como doença. Muitas vezes, apresenta uma posição permeada pelo incentivo de adoção de estratégias para combater a decadência e a deterioração da velhice. É treinado pela burocracia estatal, que objetiva diminuir os gastos com saúde e educar o público idoso a cuidar do corpo, e como consequência, os profissionais acabam por estimular novos mercados para as indústrias do rejuvenescimento.

Apesar de notável o movimento de gerontólogos em querer dar autonomia ao velho, em especial com relação a seus direitos, com a intervenção do método de "dar voz aos idosos", podem transformar esse discurso de direito de escolha em uma obrigação e dever numa sociedade brasileira já hierarquizada. Dar voz aos oprimidos é o novo modo de tornar os mais velhos culpados pelas suas fatalidades, segundo a antropóloga.

Ainda assim, não deixamos de reconhecer que os discursos gerontológicos trouxeram benefícios ao público idoso, pois fizeram com que a sociedade brasileira se sensibilizasse com as demandas articuladas ao envelhecimento e à aposentadoria. Todavia, essa convicção discursada pela gerontologia gera o aumento de estereótipos da velhice, delimitando esse momento como um período de dependência e passividade, que demandas políticas voltadas para o idoso, já que este é atrelado pela concepção de pessoa abandonada pela família e pelo Estado. A mesma ideia repercute na suposição de que o velho não é capaz de ganhar visibilidade e novas imagens.

Se o idoso fosse não tão miserável quanto é representado por alguns autores do estudo do envelhecimento, não existiriam tantas tentativas de golpes com aposentados. De acordo com uma pesquisa da Federação Brasileira de Bancos – Febrahan - (Melo, 2020), houve um crescimento de 60% de tentativas de golpes financeiros com idosos no início da pandemia da Covid-19.

No mesmo cenário de pandemia, também houve a dependência da aposentadoria do idoso de diversas famílias, seja em razão do desemprego ou pela morte de um membro responsável pela renda familiar. A pesquisa realizada por Camarano (2020) a partir de um levantamento de dados de famílias brasileiras que dependem da renda do aposentado como estratégia de sobrevivência, apontou que 20,6% do total de domicílios (71.326,3 domicílios) dependia de mais de 58,7% da renda do idoso, e 18,1% do total dos domicílios dependia totalmente desta renda.

Com base nessa breve exposição das análises e estudos realizados sobre os idosos, vislumbramos uma perspectiva negativa e uma positiva do velho. Apesar de o inconsciente desconhecer o tempo cronológico, ainda assim existe uma leitura da velhice associada a variados aspectos negativos, como a dificuldade do tratamento psicanalítico com essa faixa etária específica, por exemplo. No próximo capítulo, desenvolvemos a leitura psicanalítica de sujeito, e, em seguida, ampliamos a noção de envelhecimento, abordando o tempo, o corpo, a imagem, a morte, as perdas e os lutos.

3

O SUJEITO DA PSICANÁLISE

> *Dentre os grandes pensadores, escritores e artistas de todas as nações, escolheu aqueles a quem considerou dever o melhor do que ele fora capaz de alcançar em deleite e compreensão da vida.*
>
> (Sigmund Freud)

Iniciamos este capítulo com o conceito de sujeito a fim de situar e introduzir as concepções fundamentais psicanalíticas. O intuito aqui é responder posteriormente se o sujeito envelhece para a psicanálise e se existe envelhecimento subjetivo sem a temporalidade inscrita no inconsciente. Para tanto, neste capítulo, apresentamos a epistemologia da metapsicologia e a noção da formação do aparelho psíquico e da constituição subjetiva, conceitos psicanalíticos essenciais.

3.1 Descentramento do Eu e da Consciência: o Inconsciente

A psicanálise discorda do conceito de sujeito elaborado pela teoria filosófica radical, contrapondo a ideia do centramento do Eu e da consciência, e da leitura baseada na interiorização e no intimismo, propondo o descentramento do sujeito junto ao inconsciente (Birman, 1997). O cogito cartesiano coloca o Eu em uma zona da verdade – *"Penso, logo sou eu"* – e o cogito freudiano apresenta o Eu em uma zona oculta – *"Penso onde não sou, portanto sou onde não penso"* – (Lacan, 1901-81/1998, p. 521).

O cogito cartesiano e o cogito freudiano expõem concepções distintas, uma vez que este último considera o inconsciente enquanto um novo objeto. Nesse contexto, reiteramos que Descartes, filósofo francês e criador do pensamento cartesiano, pensava um Eu como um indivíduo original – sujeito da ciência –, ao passo que Freud acreditava em um Eu engendrado – sujeito do desejo (Garcia-Roza, 1985). Assim, com o cogito freudiano, a psicanálise provocou uma "ferida narcísica" para a humanidade, ao retirar a consciência e o Eu do psiquismo como o centro, e inserir neste lugar central o registro do inconsciente. Assim, o Eu passou a ser entendido como não autônomo no funcionamento psíquico, pois pertencia ao inconsciente e à pulsão, responsáveis por dominar o sujeito do psiquismo. Já a consciência e o Eu seriam apenas uma modalidade da existência do ser psíquico (Birman, 1997).

A psicanálise se distanciou do discurso filosófico da concepção de sujeito com a teoria do Eu, originada em *Introdução ao Narcisismo* (1914), e discutida mais adiante no subtópico 3.3.1 *Desamparo Fundamental e Formação do Eu*. Antes da elaboração dessa teoria do Eu, o ponto de vista de descentramento do psiquismo do consciente até então não havia sido totalmente efetivado, tendo tardiamente a sua complementação conceitual. Esses fundamentos do descentramento do Eu e da consciência foram integrados aos textos freudianos: *Psicologia das Massas, Análise do Eu* e o *Eu e Id*.

Além da cisão conceitual de sujeito com a filosofia, a psicanálise rompeu com a psicologia do Eu por atribuir ao Eu "uma instância neutra, autônoma e livre de conflitos" (Birman, 1997, p. 29). Nesse cenário, o Eu não era delimitado por uma exigência erótica, portanto, poderia ser um meio primordial de aporte vital e social, possibilitando a adaptação do indivíduo ao ambiente social. Tão logo a definição clássica freudiana de sujeito interrompeu definitivamente com a ideia de autonomia e da superioridade da razão do Eu, passando a considerá-lo (Eu) da ordem sexual.

A noção da retirada do Eu e da consciência como centro foi exposta por Freud (1900/1996g) quando este afirmou que o inconsciente era a essência da vida psíquica e o campo mais abrangente (sendo o campo menor o consciente). O Eu era reputado como uma autêntica realidade psíquica em seu modo mais íntimo e desconhecido, como também era a realidade do mundo externo. Mostrava-se incompleto pelos dados da consciência, tal como o mundo externo também não aparecia por completo, limitando-se pela captação dos nossos órgãos sensoriais.

A revolução do pai da psicanálise foi a criação de um psiquismo inconsciente, fazendo com que o sujeito não se limitasse ao consciente. Com a proposta da hipnose, a psicanálise reconhecia a existência de representações inconscientes para além do registro da consciência. Isto posto, Freud contrapôs a ideia filosófica da consciência como o ser do sujeito e o seu alicerce, atribuindo ao inconsciente a noção do ser do psiquismo (Birman, 1997).

O termo inconsciente era identificado como "o caos, o mistério, o inefável, o ilógico etc." (Garcia-Roza, 1985, p. 170). A psicanálise não conceituou o inconsciente "abaixo" do consciente, mas o considerava um sistema psíquico. Nessa condição, processava-se uma conjectura de que havia uma divisão do sujeito na dimensão estrutural, fundamentado na ideia de que as formações inconscientes ultrapassariam a área da patologia mental e mostrariam uma experiência psíquica regular (Birman, 1997). As cisões do psíquico e do sujeito foram representadas pelo sistema psíquico do inconsciente (Ics) e do pré-consciente/consciente (Pcs/Cs) (Garcia-Roza, 1985), conforme a primeira tópica freudiana. Com isso, o mestre de Viena exprimiu que essas variadas categorias de representações mentais (Ics, Pcs/Cs) se tratavam do *descentramento* do sujeito.

O inconsciente é um "lugar psíquico" e não um lugar anatômico. O que localizamos nessa área são representações psíquicas da pulsão. Essas significações podem ser segmentadas em palavras e coisas, sendo que o inconsciente é formado por "representação de coisas" e o pré-consciente e consciente são constituídos pelas palavras e pelo afeto. Nesse sentido, o inconsciente e o consciente são estabelecidos substancialmente pelo simbólico. Ao fazer uso da linguagem, nós disponibilizamos essa entrada no simbólico e a divisão da subjetividade. Não obstante, a linguagem consiste na ferramenta do consciente e não do inconsciente (Garcia-Roza, 1985).

Conforme abordado previamente, o inconsciente não fica abaixo do consciente, ele também não se trata de uma segunda consciência, pois se exibe nas falhas descontínuas do campo da consciência. Isso se deve, em grande parte, ao processo das instaurações inconscientes, exemplificadas pelos atos falhos, os sonhos, os sintomas, os lapsos etc. Na leitura psicanalítica, a consciência não é contínua, mas descontínua; o que faz com que o inconsciente se revele de modo temporário, apesar de contínuo na área que falha a consciência (Birman, 1997). Embora o inconsciente se mostre de guisa temporária na consciência, o processo do sistema inconsciente é atemporal, ou seja, não possui uma organização no tempo; ao passo que a referência do tempo está vinculada ao sistema consciente. No inconsciente nada pode ser obstruído e nada pode ser considerado antigo ou abandonado, uma vez que os desejos inconscientes são, a todo momento, ativos (Freud, 1900/1996g).

Portanto, a atemporalidade do inconsciente é um conceito primordial para embasarmos a noção do sujeito idoso para a psicanálise, levantada mais adiante no Capítulo 4. *Velhice e Psicanálise*. Isso porque, na leitura psicanalítica da velhice, acontece no idoso o desencontro entre a atemporalidade do inconsciente e o corpo que envelhece no tempo cronológico, levando a um descompasso entre a imagem inconsciente do corpo e a imagem do corpo real.

3.2 Constituição do Aparelho Psíquico: a Metapsicologia

Iniciamos esse tópico desenvolvendo a epistemologia da metapsicologia, ou seja, o que norteia a construção teórica da metapsicologia. Para tanto, elencamos como base os textos primários do pai da psicanálise e os comentários a esse respeito firmados por Birman (2003; 2021). A escolha deste autor para tecer as discussões da constituição do aparelho psíquico para Freud, deu-se em virtude da sua grande produção resultante de ampla pesquisa sobre o conceito de sujeito em psicanálise, e que obteve, inclusive, o Prêmio Jabuti na categoria Psicologia e Psicanálise, com a obra *Sujeito na Contemporaneidade*, publicada pela Editora Civilização Brasileira, em 2013. No mesmo ano, Birman também recebeu o Prêmio Sérgio Buarque de Holanda na categoria Ensaio Social com a mesma obra.

Ao produzir um aparato teórico coerente e sólido dos conceitos psicanalíticos, principalmente da metapsicologia e da pulsão, Freud pretendia conquistar o reconhecimento da psicanálise como ciência, já que, à época, ela era tida junto ao rol das ciências naturais julgadas como "representantes teóricos" incontestáveis. O mestre de Viena argumentava que não se poderia exigir da psicanálise a pretensão teórica de cientificidade, não sendo diferente para outras demandas de ciência.

Dessa forma, todas as ciências foram confeccionadas até delimitarem seus conteúdos cruciais e seus procedimentos metodológicos. A partir das disciplinas de química, física e biologia, das quais Freud compôs a sua base epistemológica, foi possível consolidar as concepções fundamentais da psicanálise, perpassando por erros e acertos supremos. Com base nisso, a cientificidade da psicanálise não poderia ser requerida, assim como não se exigiu o mesmo de outras ciências, também formadas historicamente com erros e acertos (Birman, 2021).

A grande questão da cientificidade da psicanálise, evidenciada por Birman (2021), era a crítica de Carnap, filósofo alemão que defendia o positivismo lógico sobre a verificação empírica da teoria, colocando a psicanálise próxima à filosofia, fundamentada em princípios metafísicos e sem possibilidade de medição. As noções da teoria metapsicológica freudiana também não eram comensuráveis empiricamente, e acabavam sendo julgadas como metafísica. Apesar de não comprovar a cientificidade da psicanálise, Freud insistiu em afirmá-la, elaborando o texto *As pulsões e seus destinos* (1915/1996h), numa tentativa de argumentação da cientificidade da metapsicologia e da psicanálise.

Um dos motivos da metapsicologia não poder ser verificável em dados empíricos se deve à sua ausência de um lugar anatômico (por não se localizar anatomicamente), tal como não é viável descobrir corporalmente o inconsciente, como abordamos no tópico anterior. Em concordância com Garcia-Roza (1985), o texto freudiano *O Projeto de uma Psicologia Científica* (1895) foi uma tentativa do pai da psicanálise de elucidar o funcionamento do aparelho psíquico, sem utilizar noções anatômicas, ou seja, abdicou a anatomia a fim de firmar a constituição de uma metapsicologia.

No entendimento de Birman (2021), Freud não era empirista nem positivista na lógica específica do termo. A seu ver, uma ideia é, antes de ser colocada em prática científica, uma presunção subjetiva para organizar o cenário dos acontecimentos, que também seria incompreensível e irreconhecível sem o intermédio dos pensamentos abstratos. Somente na posteridade essas ideias abstratas se tornariam concepções essenciais do discurso científico de que se trata. No campo psicanalítico, Freud propôs alterar as ideias abstratas que havia elaborado inicialmente, transformando--as em conteúdo da metapsicologia. Assim, a teoria da pulsão se destacará como o conceito essencial da metapsicologia, assunto que trataremos com mais detalhes no subtópico 3.2.1 *Os Destinos da Pulsão*.

Adiantamos a definição de pulsão para tomarmos como base a concepção de metapsicologia enquanto uma proposta de ciência da psicanálise, feita pelo mestre de Viena. Freud (1915/1996h) define a pulsão como um estímulo sobreposto à mente. Esse fomento pulsional origina-se do próprio organismo e não provém do mundo externo, manifestando-se na forma de uma necessidade. A satisfação dessa necessidade acontece quando há uma modificação adequada da fonte interna de estimulação. Os sentimentos desagradáveis estão relacionados a um aumento do estímulo (desprazer) e os sentimentos agradáveis são relativos à uma diminuição (prazer) (Freud, 1920/1996i).

Freud (1915/1996h) declarou que a pulsão era um conceito localizado entre o mental e o somático para explanar a representação psíquica das forças advindas do interior do organismo que atingem a mente, "como uma medida da exigência feita à mente no sentido de trabalhar em consequência de sua ligação com o corpo" (p. 127). O campo pulsional diz respeito a um funcionamento singular de cada indivíduo, que se articula às esferas somáticas e psíquicas. A pulsão, portanto, é entendida como um conceito metapsicológico e não fisiológico, embora a teoria metapsicológica se fundamente pelo discurso da fisiologia do sistema nervoso para explicar as definições de excitação e do sistema reflexo. No momento em que Freud contrapõe a excitação fisiológica, a pulsão é inserida na concepção metapsicológica, porque a eliminação de uma necessidade não acontece apenas pela ação reflexa, já que ela persiste por via de uma força contínua, mostrando que pode haver outros meios de regulação para satisfazer sua condição (Birman, 2021).

Pautado na noção da existência de outros meios de satisfação da pulsão para além ação reflexa, Birman (2021) explica que as excitações pulsionais não podem ser reguladas completamente pelo descarregamento e pela ação reflexa, uma vez que ocorre a geração de desprazer em razão do aumento da potência formada pelas forças contínuas no interior do organismo. Por isso Freud chamou o psiquismo de "aparelho" ou "aparelho psíquico", buscando provar a insuficiência da ordem vital (dificuldade de domínio das excitações pulsionais pela impossibilidade de serem reguladas pelo aparelho nervoso), e o configurando tal qual um suplemento, pois possui conexão com o organismo para controlar a deficiência vital.

A finalidade do aparelho psíquico é reduzir o desprazer e restituir o prazer por intermédio do princípio de constância, que se trata da regulação da descarga de energia acumulada (satisfação). As excitações pulsionais promovem uma mudança radical na estrutura da vida, e de igual forma auxiliam no desenvolvimento biológico do ser humano e na evolução da espécie. Diante da formação dos conceitos da metapsicologia e da pulsão, Freud chegou à noção de pulsão de modo formal, refinado e concentrado. Ao pontuá-la tal qual uma definição de limite, localizada entre o psíquico e somático, ele considerava a pulsão não oriunda nem do registro psíquico, tampouco do somático, mas antes o próprio limite: ela está entre os dois registros. Isso levou à concepção de que a pulsão não pertencia ao discurso da psicologia nem da biologia, sendo acima de tudo um conteúdo metapsicológico. Sem o conceito de pulsão, a metapsicologia poderia ser alterada para uma nova área do saber psíquico (Birman, 2021).

Essa ponderação de Birman (2021) de que a pulsão não é biológica nem psicológica, pode ser justificada pelo argumento de que a psicanálise não é uma psicologia e sim uma metapsicologia, pois a leitura do psiquismo realizada pela psicanálise vai além da perspectiva da psicologia. A psicologia é descritiva e não propõe um sentido para a experiência psíquica, tal como acontece na psicanálise. Esse sentido metapsicológico pode ser explanado pelo morfema da própria palavra. O prefixo *meta,* de metapsicologia, indica que a visão psicanalítica do psiquismo transcende a leitura da psicologia (Birman, 2003). Esse prefixo de origem grega significa *além de,* justamente porque Freud pretendia ir além da psicologia no que se refere ao cerne do *consciencialismo,* ou seja, este (consciencialismo) considerava o psiquismo inscrito na consciência.

Importante expor que a expressão "metapsicologia" é um neologismo por se tratar de uma palavra nova e desconhecida, nunca antes empregada por vieses filosóficos e científicos. O termo foi distinto por Freud para declarar o discurso psicanalítico, a fim de mostrar sua especialidade teórica. Nesse sentido, a metapsicologia apareceu para afirmar hipóteses teóricas e embasar a psicanálise, exibindo uma compreensão diferente da psicologia. Seu caráter inovador propõe uma nova leitura do psiquismo com a proposta de aparelho psíquico, utilizando-se dos procedimentos conceituais e metodológicos específicos da psicanálise (Birman, 2021).

A proposta freudiana de psiquismo constitui-se para além dos registros da consciência e do Eu. Foi muito mais abrangente que isso porquanto do reconhecimento da existência do inconsciente como campo primordial, assunto já exposto anteriormente. Dessa forma, o aparelho psíquico se formaria no inconsciente, ficando a consciência e o Eu submetidos a ele, bem como ordenaria uma nova disposição de representação (natureza de qualidade) e de intensidade (natureza de quantidade), concebendo os processos psíquicos (Freud, 1920/1996i).

Ligado à compreensão de psiquismo na psicanálise, o aparelho psíquico se dividiu em diversas e díspares localizações, entre conflitos e intensidades, forças e investimentos que movimentariam esses espaços psíquicos, além de edificarem desconformidades e variadas relações. O aparelho psíquico possui três dimensões: *tópica* (espaço), *dinâmica* (conflito de forças) e *econômica* (intensidade), responsáveis por motivar uma divisão psíquica e um conflito, além de proporcionar o descentramento do sujeito, os registros do Eu e da consciência para assinalar o inconsciente.

O delineamento tópico do psiquismo ocorreu na primeira tópica freudiana, efetuada por intermédio da ordenação do campo teórico das obras *Interpretação dos Sonhos* (1900), *O Recalque* (1915) e o *Inconsciente* (1915). Por meio da teoria das localizações psíquicas ou topográficas, o recalque originário formaria uma cisão do psíquico entre pré-consciente/consciente e inconsciente. Essas localizações de representações estariam inseridas em uma dinâmica da qual seriam aplicadas economicamente. Nessa conjectura, o inconsciente seria regulado pelo princípio de prazer (busca a satisfação e evita o desprazer) e o pré-consciente/consciente seria regulado pelo princípio de realidade (adia a satisfação, perpassando de forma temporária o desprazer como um meio para obter o prazer) (Freud 1920/1996i). À vista disso, o inconsciente seria demarcado pelo sexual e pela perversidade polimorfa e o consciente seria circunscrito pela autoconservação do sujeito (Birman, 1997). A questão metapsicológica da segunda tópica freudiana encontra-se melhor discutida na sequência, 4.2.1 *Destinos da Pulsão*.

A cisão do psiquismo e o seu conflito são oriundos da defesa e do recalque. Freud (1915/1996j) afirmou que, a partir de observações de neuroses de transferências, o recalque não era um mecanismo de defesa que estava vigente desde o princípio. Sobre isso, Birman (2021) declara que o recalque apareceu quando houve a divisão delimitada entre a ação consciente e inconsciente, tendo como objetivo o movimento para distanciar algo inconsciente e mantê-lo afastado.

O conceito de recalque definido por Freud (1915/1996j) acontece em duas fases. Na primeira, chamada de *recalque primitivo*, ocorre a negação do acesso do representante psíquico da pulsão no consciente, gerando uma fixação dele (representante), que permanece imodificável enquanto a pulsão mantém uma conexão com ele (representante). A segunda fase do recalque se traduz pelo recalque propriamente dito, em que "afeta os derivados mentais do representante recalcado, ou sucessões de pensamento que, originando-se em outra parte [e] tenham entrado em ligação associativa com ele" (p.153). Em virtude dessas ligações, tais ideias passam a ser recalcadas, seguindo a mesma direção do primeiro recalque. O recalque, pois, é tomado como uma pressão posterior por existir algo previamente recalcado que estava preparado para receber aquilo antes recusado pelo consciente.

Por conseguinte, o recalque somente intercede junto ao representante pulsional com o auxílio do sistema psíquico consciente. Ele possui um funcionamento individual e móvel e não acontece somente uma vez, da mesma forma que não apresenta resultados imutáveis. Essa mobilidade do recalque pode ser expressa por intervenção dos traços psíquicos do estado de sono, o ímpar para se fazer possível a formação dos sonhos (Freud, 1915/1996j). O conceito de recalque encontra-se descrito com mais detalhes no subtópico 3.2.1 *Os Destinos da Pulsão*.

Segundo essa breve contextualização da epistemologia da metapsicologia, entendemos ela enquanto uma forma de interpretar o psiquismo a partir dos conceitos de sentido e significação, e tal captação só se faz possível por meio de uma ideia de um mundo de sentido e de seus aspectos. Portanto, a psicanálise se trata de um saber fundamentado na interpretação. Encontramos essa interpretação psicanalítica em *Interpretação dos Sonhos* (Freud, 1900/1996g), em que os sonhos seriam formações psíquicas constituídas de sentido. Sonhar possui representação de algo, que não se refere apenas a uma causa do movimento cerebral, nem de uma alucinação. Para Freud, o sonho é um modo de evidenciar a existência do inconsciente, pelo qual se exibe o desejo como primazia (Birman, 2021). O método de interpretação da psicanálise se constituiu pelo deciframento, em que houve a assimilação de que as composições inconscientes são enigmas a serem decodificados pelo sujeito com a ajuda do trabalho analítico (Birman, 2003).

Na sequência, debatemos o conceito da metapsicologia, elencando, em especial, as concepções de pulsão e de recalque. Ainda nos apoiamos nos comentários de Joel Birman, com o adendo das considerações de Marion Minerbo, membro efetivo e analista didato da Sociedade Brasileira de Psicanálise de São Paulo (SBPSP), que recebeu, em 2015, o prêmio Durval Marcondes, no XXV Congresso Brasileiro de Psicanálise. Também nos utilizamos dos comentários de Luiz Alfredo Garcia-Roza, recém falecido em 2020, e cuja grande importância encontra-se atrelada às sistematizações acadêmicas da metapsicologia freudiana, tendo recebido, em 2006, o título de professor emérito da Universidade Federal do Rio de Janeiro no Fórum de Ciência e Cultura.

3.2.1 Os Destinos da Pulsão

Descrevemos teoricamente a concepção de pulsão com a finalidade de, posteriormente, realizarmos uma assimilação do corpo no processo de envelhecimento. Isso se justifica, pois a psicanálise pondera que o corpo possui uma dimensão libidinal ou erogenizada, sendo o âmago dos conflitos pulsionais, diferentemente do corpo anatômico. Além disso, o conceito de pulsão se articula às possibilidades de saída psíquica do sujeito idoso face à realidade do corpo vulnerável, da proximidade da morte e dos lutos, podendo sobressair a pulsão de morte (desligamento da realidade ou a destrutividade) ou a pulsão de vida (religiosidade e projetos de vida de curto prazo, por exemplo).

Declaramos neste ponto do trabalho a importância do corpo para a psicanálise como garantia da sua existência, em razão das reminiscências que se situam nele e que possuem ligação com um depósito libidinal. Estas encontram-se expressas na consciência por intermédio do afeto (Mendonça & Souza, 2020). Assim sendo, o idoso se recordará da sua história de vida a partir de marcas corporais vivenciadas.

Como apontado anteriormente, a definição de pulsão é um conceito-limite por confluir a fronteira entre o corpo e o somático. Ela é a base mais relevante e complexa da investigação psicanalítica; é a matriz de excitação interna, sendo modelo de todas as forças que se principiam no interior do corpo se difundem para o aparelho mental (Freud, 1920/1996i). A pulsão possui um representante psíquico de motivação no corpo, o qual lhe exige um trabalho psíquico oriundo da conexão entre corpo e alma (Saroldi, 2021), assim como retém um traço mitológico por ser colocada como a divisão entre o físico e o psíquico, que não é do nível consciente nem do inconsciente, mas constitui um modelo de ideia e de afeto (Garcia-Roza, 1985).

Freud insere a pulsão próxima da visão biológica do "instinto", de acordo com Saroldi (2021). Entretanto, o instinto distancia o ser humano da satisfação contínua das necessidades fisiológicas e dos objetos da realidade externa que condiz plenamente com as demandas internas. A noção de instinto, no período das teorias sexuais de Freud, era definida como um comportamento herdado no sentido de reprodução da espécie, relacionando-se à ideia de requerimentos inatos com efeitos adaptativos (Garcia-Roza, 2008a).

A concepção de pulsão se diferencia de instinto, embora existam traduções do vocábulo *Trieb* que dificultam a distinção desses termos. A palavra *Trieb* (impulso ou pulsão), empregada por Freud em *Além do Princípio do Prazer* (1920), apresentou controvérsias de tradução, posto que os vocábulos traduzidos para as línguas inglesa e francesa provocaram leituras diferentes. Os ingleses e americanos utilizam o termo *instinct* (instinto) e nas traduções brasileiras mais recentes, com a influência da psicanálise francesa, aplicou-se a expressão pulsão (*pulsion*) (Saroldi, 2021).

Notamos que a distinção entre pulsão e instinto se delimita pela representação psíquica de origem somática da pulsão, a qual possui movimento contínuo e se discrimina também de "estímulo" (excitações apartadas de origem externa). Portanto, o que define a pulsão entre si é o seu envolvimento com as suas origens somáticas e seus alvos, sendo a fonte da pulsão um seguimento excitatório em um órgão do corpo e o alvo instantâneo composto pelo aplacamento desse estímulo orgânico (Freud, 1905/1996k). Assim, a pulsão possui um sentido metapsicológico, e o instinto se aproxima de uma noção fisiológica.

A pulsão é regida por pressão, finalidade, objeto e fonte. Notamos que a pressão funciona como um "motor" na medida que considera a quantidade de força ou imposição de atividade por ela caracterizada. A finalidade, pois, consiste na busca por satisfação, que pode ser efetuada pela exclusão da condição de estimulação na fonte da pulsão (inibição). Contudo, podem haver outros meios de satisfação, a exemplo da descarga das excitações, a qual acontece de forma parcial em virtude das exigências para se viver em sociedade, provocando a renúncia ou adiamento da satisfação.

Já o objeto é o meio pelo qual a pulsão consegue alcançar a sua finalidade, não sendo absolutamente algo estranho e podendo ser uma parte do corpo do sujeito. Entretanto, o objeto não é fixo, o que viabiliza sua transformação ao longo do tempo. Por fim, a fonte pode ser entendida como um seguimento somático que se sucede ao corpo, no qual o estímulo é demonstrado na vida mental por uma pulsão (Freud, 1920/1996i). A finalidade da pulsão se articula junto ao processo psíquico primário e secundário. Nesse contexto, há processos nervosos distintos que expõem em comum os procedimentos espontaneamente móveis que atuam no sentido da descarga. Diferente do sistema pré-consciente ou consciente, o inconsciente expressa os investimentos descomplicadamente movidos, transportados e condensados (as representações inconscientes se condensam em apenas uma representação) (Laplanche & Pontalis, 2001). Assim, os processos psíquicos primários são achados no inconsciente, opondo-se aos processos psíquicos secundários, que atuam na vida de vigília regular (Freud, 1920/1996i).

A dessemelhança entre o sistema primário e secundário consiste na ideia de que o funcionamento psíquico opera de modos distintos; tratam-se de concepções fundamentais da teoria psicanalítica. Esses sistemas são exibidos de duas maneiras de energia psíquica: "livre" ou "móvel", quando ocorre a descarga de maneira direta (princípio de prazer), tal como acontece no sistema inconsciente; e "ligada" ou "quiescente", cuja descarga é lenta ou dominada (princípio de realidade), assim como se desenrola no sistema pré-consciente/consciente (Freud, 1900/1996g).

Com essas formas de funcionamento psíquico – processo primário e secundário –, Garcia-Roza (1985) expõe que o Eu tem duas funções: defesa e inibição. O processo primário é frequentemente expandido por mecanismos de condensação (investimento de várias ideias inconscientes em uma só ideia) e deslocamento (de uma quota de afeto de uma ideia inconsciente para outra). O fluxo de energia se regula pelo princípio de prazer e desprazer, visando a realização do desejo mediante os sonhos, a associação livre e os sintomas, por exemplo. Já o processo secundário se caracteriza pelo funcionamento que opera a ligação da energia psíquica, seguindo o princípio de realidade, pelo qual ocorre o adiamento da descarga por efeito da aptidão de pensar (Minerbo, 2014), seja por intermédio da vigília, linguagem, raciocínio ou atenção (Garcia-Roza, 1985).

Articulamos o processo primário e secundário ao período da velhice, sendo que o primeiro é configurado pela pulsão de morte (segunda tópica freudiana, discutida mais adiante), e se expressa pela evitação do idoso à frustração e ao sofrimento, colocando a tensão em estaca zero com a retirada da identificação objetal, do deslocamento, da condensação, do isolamento[26], da regressão, da demência, da insanidade e da morte. Já o segundo é representado pela pulsão de vida (segunda tópica freudiana), que se caracteriza pelo investimento do idoso em objetos, a partir dos quais cria laços sociais e constrói sua história e memória.

Prosseguindo com o conceito de pulsão, entendemos que suas finalidades pulsionais buscam escoar seu investimento, os quais referem-se especialmente a impulsos repletos de desejos. A ideia que simboliza a pulsão pode se tornar consciente, mas a pulsão nunca pode se transformar em objeto da consciência. Se a pulsão não é capturada por uma ideia ou não é revelada como um estado afetivo, não conhecemos nada sobre ela (Freud, 1915/1996h). Com base nisso, a pulsão é entendida como uma força que atua no psiquismo, impondo conexão, domínio das sensações e da subjetivação de potência pulsional (Birman, 1997).

A captação do representante pulsional acontece no consciente, no sentido topográfico e dinâmico dos processos mentais, sendo aquele que percebe as excitações derivadas do mundo externo, bem como os sentimentos de prazer e desprazer oriundos do interior do aparelho psíquico. O pré-consciente é colocado no limite entre o interior e o exterior, direcionando-se para o mundo externo e com contornos em outros sistemas psíquicos (Freud, 1920/1996i).

---

[26] Isolamento é um mecanismo que defesa que se caracteriza pelo isolamento do pensamento ou do comportamento, desligando-se de outras relações de pensamento ou com o resto da existência do indivíduo (Laplanche & Pontalis, 2001).

Ao longo do desenvolvimento teórico da pulsão, Freud realizou alguns ajustes conceituais, conforme o aprimoramento conceitual do tema. Ele efetuou o primeiro dualismo pulsional, em 1910. Preliminarmente, o conceituou a partir da divergência entre as pulsões e o conflito psíquico, apresentando a oposição entre a autoconservação e a sexualidade. Isso, segundo Birman (2021), foi o que originou a obra *Três Ensaios sobre a Teoria da Sexualidade* (1905); posteriormente, houve uma pequena locomoção conceitual, em 1910, a partir da obra *A perturbação psicogênica na visão da concepção psicanalítica*, em que Freud passou a adversar as pulsões do Eu e as pulsões sexuais.

Observamos, portanto, esse deslocamento teórico do registro da autoconservação para a marca do Eu. Verificamos que o conflito psíquico se determinaria entre o registro do Eu e o da sexualidade, sendo que a referência da autoconservação estaria encorpada ao espaço do Eu. Assim, as pulsões do Eu também seriam sexuais. Seguindo o desenvolvimento teórico da pulsão, Freud (1915/1996h) delimitou os possíveis destinos desta: a reversão em seu oposto, o recalque e a sublimação. A reversão em seu oposto tange à alteração da atividade para a passividade. Por exemplo, o sadismo-masoquismo e a escopofilia-exibicionismo, e a reversão do seu conteúdo, como a modificação do amor em ódio.

Outro destino da pulsão é o recalque. É importante frisar que o termo *Verdrängung* (repressão ou recalque), na obra freudiana, anuncia mais de um sentido. Algumas traduções do vocábulo para o português enunciam a expressão *repressão* e outras mostram o termo *recalque*, sendo este último considerado o mais adequado, pois é o que possibilita o entendimento da constituição do aparelho psíquico. No começo, o mestre de Viena utilizava a palavra *Verdrängung* como recalque e defesa, os quais tinham significados parecidos (Paiva, 2011).

A diferença entre os vocábulos repressão e recalque, em consonância com Garcia-Roza (2008a), é o fato de o primeiro (a repressão) ser um processo decorrente de uma ação sobre uma pessoa proveniente de uma consequência externa; enquanto o segundo pertence a um processo interno, ou seja, do próprio Eu. O autor acrescenta que o termo *recalcamento* apresenta um outro sentido, em que consiste nos processos interno e externo. Este seguimento externo pode se desenrolar a partir de uma censura, como a lei, que pode ser consciente, mas também pode ser realizada pelo recurso de uma interiorização do âmbito censurador, que pertence à ordem inconsciente.

Um dos textos iniciais sobre o recalque foi *A Interpretação do Sonho*. Freud (1990/1996g), nesta obra, definiu os sonhos como atos psíquicos que possuem uma força impulsionada por um desejo que procura se efetivar. Os sonhos não são reconhecidos como desejos, e isso em razão da censura psíquica e do fato de o conteúdo ser muitas vezes ímpar e absurdo. Ainda mais, o esquecimento do sonho pode estar relacionado à uma censura psíquica.

O ato psíquico é elucidado pelo mestre de Viena como vinculado à uma ordem de uma ideia, e que se manifesta em duas fases. Na primeira fase, ele é inconsciente e, caso seja censurado, não poderá se mover para a segunda fase, ou seja, será recalcado e permanecerá inconsciente. Do contrário, quando não há censura, passará para o sistema consciente, mas ainda não de forma consciente, apesar de apresentar um potencial para se tornar. Este último denominamos de sistema pré-consciente, envolvido por aspectos do sistema consciente (Freud, 1915/1996j).

Nessa conjectura de censura do inconsciente, o sistema inconsciente é vivo e capaz de avanço, podendo manter relações com o pré-consciente, além de influenciar e ser influenciado pelo pré-consciente. Na consciência, o montante dos processos psíquicos se mostra no controle pré-consciente. A maior parte do sistema pré-consciente origina-se do inconsciente, e uma parte desse sistema pode ser censurada antes de se transformar em consciente, e a outra pode se alterar em consciente, porém sem censura (Freud, 1915/1996j). Dito de outra forma, o inconsciente tem acesso à consciência mediante o pré-consciente, de modo que o processo excitatório sofre algumas modificações nesse seguimento. O desenvolvimento dos sonhos está correlacionado aos pensamentos oníricos delegados ao pré-consciente, sendo que a força impulsora dos sonhos é proporcionada pelo inconsciente.

Freud só descobriu o fenômeno da defesa, um dos pilares da teoria psicanalítica, quando deixou de utilizar a técnica da hipnose. Foi a partir desse momento que o conceito de recalque começou a ser demarcado (Garcia-Roza, 2008a). A defesa surge na configuração de uma censura do Eu diante de uma ideia ameaçadora, expulsando-a da consciência. A defesa e o recalque não são iguais, embora o pai da psicanálise os tenha divulgado no texto *A Psiconeuroses de Defesa* como quase semelhantes, a defesa é uma expressão mais abrangente, que alude ao movimento de proteção do Eu contra representantes ameaçadores (Garcia-Roza, 1985). Ela é vista como um anteparo contra excitações pulsionais (fonte interna) e também pode ser um aparato psíquico contra quaisquer excitações intensas (interna ou externa) no sentido geral do termo. A defesa não se confunde com recalque, porque este se estende apenas a um processo interno (Garcia-Roza, 2008a), como mencionado anteriormente.

Desde a apreensão do inconsciente como um sistema desvinculado do pré-consciente/consciente, nota-se que o conteúdo inconsciente é o produto do recalque. O sistema pré-consciente/consciente (processo psíquico secundário) funciona como uma instância crítica do sistema inconsciente (processo psíquico primário), fomentando o impedimento das representações da instância inconsciente, podendo apresentar traço de ameaça ao acessar o pré-consciente/consciente (Garcia-Roza, 2008b).

Posteriormente, Freud substitui essa oposição entre pré-consciente/consciente e inconsciente pela discordância entre o Eu e o recalcado, sendo que o recurso defensivo se mostra contra uma lembrança ameaçadora. Essa defesa se formará através da tentativa de acesso do inconsciente ao consciente em procura de satisfação. A censura acontece do processo do inconsciente para o pré-consciente/consciente que contrapõe o seu objetivo, ou seja, a satisfação do desejo inconsciente pode gerar insatisfação, em virtude das exigências do pré-consciente/consciente.

O desejo se mantém inconsciente devido à censura, o qual pode retornar de outras maneiras, como por intermédio de sintomas ou sonhos. Esse processo é o recalque, em que o conteúdo recalcado insiste em se expressar no consciente, buscando se ligar ao pré-consciente/consciente para conseguir descarregar a sua energia (Garcia-Roza, 2008b).

Freud (1915/1996j) denomina de *retorno do recalcado* as formações substitutivas e os sintomas por não serem resultados do próprio recalque. Acrescenta-se a isso, as formações substitutivas e os sintomas são variados e numerosos, tendo em comum com o recalque "uma retirada da catexia de energia ou da libido, quando lidamos com instintos sexuais" (p. 159). Para a psicanálise, os sintomas são substitutivos de um encadeamento de processos e de desejos, em que por procedimento do recalcamento ocasionam uma recusa da descarga (inibição) através de um movimento psíquico suscetível da consciência (Freud, 1905/1996l).

A negação[27] é um exemplo de substituição em nível elevado do recalque. No inconsciente, há conteúdos investidos com variações de força. As intensidades dos investimentos podem ser deslocadas, como ocorre no

---

[27] Negação é um mecanismo de defesa do sujeito ao negar desejos, pensamentos e sentimentos que lhe pertence (Laplanche & Pontalis, 2001).

fenômeno do *deslocamento*, quando uma ideia pode transferir todo o seu contingente de investimento; e o processo de *condensação* pode tomar todo o investimento de diversas outras ideias.

No processo de envelhecimento, as substituições do recalque podem acontecer de forma recorrente. O sujeito idoso, ao se deparar com a fragilidade do corpo, com a noção da aproximação da morte e com as perdas reais e simbólicas (perda de entes queridos, perda da funcionalidade, perda do *status* social etc.) pode negar a sua realidade frustrante, apresentando esquecimentos frequentes como forma de se afastar dessa realidade difícil ou mesmo quando esta venha tornar-se intolerável, ele pode padecer, a exemplo dos casos de demência[28].

Interpretamos os sintomas da demência, como os esquecimentos dos fatos mais recentes, as lembranças do passado de forma repetitiva, a perda da censura e a dificuldade de reconhecer o mundo externo, como uma forma de substituição de desejos inconscientes. Por isso, o idoso demenciado pode manifestar o inconsciente de modo desvelado como vemos na psicose, já que esses sintomas podem ser entendidos como uma satisfação dos desejos inconscientes que acontecem pela via do processo primário, pois a energia psíquica fica "livre" e "móvel", propiciando a descarga de modo direto (princípio de prazer).

Retomando a teoria do recalque, esta é melhor delineada nos artigos da metapsicologia, *O Recalque* e o *Inconsciente*. Freud (1915/1996j) conceitua o inconsciente como resultado de um processo de recalque, cujo conteúdo recalcado evita se tornar consciente. Para se fazer consciente, há a necessidade de uma transformação ou tradução da ideia inconsciente, que pode se viabilizar através do trabalho psicanalítico. Além disso, existem conhecimentos conscientes que ficam em um estado de latência, permanecendo temporariamente inconscientes; ou seja, o inconsciente latente é capaz de se tornar consciente. Em consequência, tudo que é recalcado é inconsciente, mas nem tudo que é inconsciente é recalcado (Freud, 1923/1996d).

O recalque pode barrar uma pulsão, dificultando-a de se transformar em um representante afetivo. Nesse âmbito, notamos que o sistema consciente, em regra, possui a função de administrar a afetividade, também admitir a sua mobilidade, permitindo verificar a função das ideias substitutivas no estabelecimento da maneira com que a doença se instalou. (Freud, 1915/1996j).

---

[28] Desenvolvemos a compreensão psicanalítica da demência no próximo capítulo 4. *Velhice e Psicanálise*.

A divisão do domínio simbólico do sujeito (consciente e inconsciente) acontece pelo recalque, em que uma parte fica reclusa (não possui acesso à fala e não há acesso ao consciente), e dificulta a ligação da imagem à palavra. O recalque não exclui o inconsciente, pelo contrário, concebe-o. Ele existe a partir da divisão entre pré-consciente e inconsciente, quando o sistema psíquico está formado mediante o desenvolvimento do aparato psíquico (o sujeito não nasce com o aparato psíquico pronto).

Não há recalque antes da cisão da subjetividade, por conseguinte, ele origina a divisão psíquica e a opera. "Esse aparente paradoxo é resolvido pela distinção que Freud estabelece entre o *recalque original* ou *primário* (*Urverdrängung*) e o *recalque secundário* ou *recalque propriamente dito* (*eigentliche Verdrängung*)." (Garcia-Roza, 2008a, p. 177).

Para finalizar, o último destino da pulsão é a sublimação. Esta pode ser entendida pelo escoamento de excitações hiperintensas, oriundas de variadas procedências da sexualidade que se destinam a outros domínios, como desempenho de atividades artísticas (Freud, 1905/1996k). A sublimação é a "pulsão de objetivo inibido", em que se desdobra sua satisfação de modo parcial. Ela tem uma função egoica capaz de sublimar as pulsões sexuais e agressivas, fazendo uso de investimentos de objetos culturais, como trabalhar, praticar, esportes, fantasiar e brincar, possibilitando formas de prazer distintas da descarga (Minerbo, 2014). Assim, trata-se de um movimento que envolve a libido do objeto, que por sua vez, acessa a satisfação a partir de um objeto não sexual, mas não se refere à substituição do objeto sexual. A satisfação pode se estabelecer tanto por intermédio do objeto sexual quanto do objeto não sexual (Garcia- Roza, 2008a).

Ferenczi (1919/2011a) versa que, no processo de envelhecimento, advém a diminuição da capacidade sublimatória do idoso em consequência do narcisismo, provocando o empobrecimento libidinal direcionado ao mundo externo e fazendo com que o velho, muitas vezes, reduza o interesse social e familiar. Embora ocorra esse declínio sublimatório, Mucida (2018) acredita que a sublimação é um meio do idoso lidar com o real, mesmo que ele não consiga sustentá-lo completamente por ser muito aflitivo. A sublimação é um processo articulado à libido objetal e não à libido do Eu, e isso por ser admitida como uma das saídas da pulsão e não uma constituição do Ideal do Eu (os ideais da vida adulta podem ser tornar mais difíceis de serem alcançados na fase da velhice).

As atividades de prazer para os idosos entrevistados deste estudo podem ser consideradas sublimatórias, e são exemplificadas nas falas a seguir:

Hoje em dia o prazer que eu tenho é tratar os passarinhos. Eu saio na janela, chamo eles, assobio, eles vêm lá para mim jogar arroz. Eles comem coisas que nós não comemos lá em casa, eles comem. É pombinha, é canarinho, todos né, é direto. (Pedro, 74 anos de idade).

Até hoje, eu gosto de plantar, eu gosto de olhar o milho crescendo, você vai lá, arranca uma espiga, duas ou três, cozinha, saboreia, planta um feijãozinho, colhe esse feijão, pepino, a patroa faz aquelas compotas nos vidros, a gente come... (Roberto, 88 anos de idade).

No momento, eu tava fazendo crochê, costura, arrumo uma roupa, costura uma roupa, fazer calça, fazer... só que agora...mas sei fazer, e adoro costurar. Agora para fazer crochê eu gosto de fazer daquele puxa-saco. (Benta, 96 anos de idade).

Percebemos que, a partir desses trechos, as atividades sublimatórias desempenhadas pelos idosos estão articuladas a investimentos libidinais voltados para os exercícios que são socialmente aceitos, como cuidar da natureza (animais e plantas) e produzir arte (artesanato).

É interessante, neste ponto, desenvolver brevemente a teoria da libido para sabermos a composição da segunda dualidade pulsional elaborada pelo pai da psicanálise. Freud (1920/1996i) alega que a origem da libido é o Eu, ao reportar que, no processo de introversão, acontece a retirada da libido do objeto, que passa a ser dirigida para o Eu (narcisismo) durante a pesquisa do desenvolvimento libidinal infantil, concluindo que o Eu é o reservatório da libido que se estende aos objetos. Posto isto, o Eu se depara com o seu lugar entre os objetos sexuais, formando uma posição de frente entre eles.

Observamos que a teoria da libido é essencial para debater o envelhecer, em razão de que muitos idosos, frente à atualização da angústia de castração, das alterações da imagem, das limitações físicas ou mesmo do adoecimento, retiram a libido objetal e a direcionam para o próprio Eu, demarcando o narcisismo. Esse processo não é considerado patológico à medida que o velho consiga redimensionar o Ideal de Eu, de acordo com as exigências da realidade. Em outras palavras, esse movimento introspectivo do idoso, que marca o narcisismo, pode oportunizar um processo de organização interna (elaboração psíquica). Quando ele consegue realizar o trabalho de luto de variadas perdas e mudanças que traçam a velhice, a partir do afrouxamento do Supereu que possibilita flexibilizar o Ideal de Eu em direção à realidade, ele pode adaptar os seus planos ou projetos de vida conforme as limitações físicas e o tempo de vida que lhe resta, ou seja, passa a pensar no possível e não mais no ideal a ser almejado, recriando o Ideal de Eu.

Fazendo menção novamente à teoria da libido, a oposição entre pulsão do Eu e pulsão sexual cai por terra, e isso em razão de parte da pulsão do Eu ser libidinal e as pulsões sexuais atuarem no Eu, passando da tonalidade qualitativa para topográfica. Em consequência dessas descobertas, o mestre de Viena delimita a teoria das pulsões, partindo da oposição entre pulsão de vida (amor ou afeição) e pulsão de morte (ódio ou agressividade). Em suas palavras, "a origem de um instinto é uma necessidade de restaurar um estado anterior de coisas" (Freud, 1920/1996i, p.68), deduzindo que muitos processos que calham na vida mental independem do princípio de prazer, sendo que este serve às pulsões de morte.

A primeira teoria das pulsões de Freud apontava o conflito psíquico entre as pulsões sexuais e as pulsões do Eu, as primeiras reguladas pelo princípio de prazer e as segundas pelo princípio de realidade (Birman, 1997; Minerbo, 2014). Mais tarde, uma nova interpretação foi realizada por Freud acerca do conflito psíquico, em *Introdução ao Narcisismo,* de 1914, em que o conflito passa a se suceder pelo arranjo entre *libido do Eu* e *libido do objeto*, e, portanto, a sexualidade estaria em todos os segmentos.

Em *Além do Princípio do Prazer* (1920), o pai da psicanálise delimita o dualismo pulsional como base essencial do conflito psíquico – oposição entre pulsão de vida e pulsão de morte. Posto isso, as pulsões sexuais, as pulsões do Eu e as pulsões de autoconservação estariam no campo da pulsão de vida (Birman, 2021). Na segunda tópica, em 1923, Freud alterou as denominações dos registros psíquicos, mas sustentou o mesmo fundamento conceitual do conflito enquanto preceito. Dessa maneira, o Eu se manteve na sua antiga posição e o Supereu – censurador do Eu (Laplanche & Pontalis, 2001) – passa a ser um meio de inibição do desejo (Birman, 2003).

O pai da psicanálise realizou uma diferenciação entre a pulsão de morte e a pulsão de vida, associando a pulsão do Eu à lógica da morte e a pulsão sexual à lógica da expansão da vida, ou seja, a autoconservação do sujeito (Freud, 1920/1996i). Para ele, a pulsão de morte tem como objetivo direcionar a vida biológica à condição inanimada, enquanto a pulsão de vida age no sentido de preservação da vida, tomando como suposição que as duas pulsões se misturam e são vinculadas (Freud, 1923/1996d). Com a construção do conceito de pulsão de morte, Freud mostrou que a pulsão é sempre de morte, a qual se interessa por uma força que aspira a quietude total. A fim de que a pulsão seja modificada, ela precisará fazer ligações com objetos e se inscrever no âmbito das representações para formar um ciclo pulsional, isto é, ela exigirá do outro para compor os seus destinos no psiquismo.

A regulação do aparelho psíquico pode ocorrer pelo movimento do princípio de nirvana (propensão do aparelho psíquico de se colocar em estaca zero ou diminuir o mais possível a excitação interna ou externa (Laplanche & Pontalis, 2001), e pelo princípio de prazer/desprazer, gerando a passagem do além do princípio de prazer para o seu registro econômico (Birman, 1997).

Levando em conta que a pulsão é sempre de morte (e transcende o princípio do prazer), articulamos a pulsão ao amor e ódio. O amor se constrói pelo investimento objetal que forma as relações com as pulsões anteriores. O ódio é oriundo das pulsões de autopreservação e originado pela aversão do Eu narcísico no vínculo com o mundo externo, manifestando-se no modo de reação de desprazer motivado pelos objetos. O amor e o ódio se misturam. Se a ligação com o objeto for rompida, o ódio pode aparecer no lugar do amor, ocasionando a transformação do amor em ódio. No sentido constitutivo, o ódio surge primeiro que o amor (Flanzer, 2016).

Além da segunda teoria da dualidade pulsional, o pai da psicanálise, na segunda tópica, também tratou da composição do aparelho psíquico em Id, Eu e Supereu. O Id é centro pulsional da subjetividade, fixado no corpo biológico. Sob a perspectiva econômica, condiz com o depósito incipiente da energia psíquica, limiar das pulsões de vida e pulsão de morte. O Id (um "isso") pode ser percebido pelo sujeito a partir de forças singulares e selvagens, fazendo-o agir, impulsionar e desejar. No sentido dinâmico, o Id entra em confronto com o Eu e o Supereu, pertencendo ao inconsciente na primeira tópica. Nesse contexto, o inconsciente era formado por representações recalcadas e as pulsões estavam localizadas entre o somático e o psíquico, externas ao aparelho psíquico. Na segunda tópica, ele passa a ser tomado como recipiente da pulsão, e se insere no interior do aparelho psíquico. O Id não justapõe o inconsciente, já que os segmentos do Eu, que são responsáveis pelos mecanismos de defesa, também são inconscientes (Minerbo, 2014).

Garcia-Roza (1985), ao discutir a obra *Além do Princípio de Prazer* (1920), expõe que neste texto encontramos o momento da viragem entre as tópicas. Todavia, não representa o rompimento com a primeira tópica, em razão dos conceitos formulados da primeira se manterem proveitosos na segunda. Os conceitos de Eu, Id e Supereu, criados em 1923, não têm como objetivo substituir os conceitos de consciente, inconsciente e pré-consciente. Consequentemente, o que acontece a datar de 1920 está mais para uma locomoção temática do que uma reformulação da teoria. Para Garcia-Roza (1985), Freud entendia que uma parte do Eu conectava-se à consciência e a outra parte seria o inconsciente, não se tratando apenas "no sentido descritivo, mas também no sentido dinâmico" (p. 205).

A contar com a noção dos conceitos tópicos de Eu, Id e Supereu, efetuamos uma compreensão metapsicológica do processo de envelhecimento. Em virtude do sentimento de finitude típico do idoso, Mucida (2018) pressupõe que ocorra um conflito entre Eu e o Id, dado que o Eu, por ter uma função organizadora e mediadora entre o Id e o Supereu, consegue integrar a percepção do mundo interno e do mundo externo, e, por conseguinte, reconhece a nossa finitude. Já o Id, por ser composto por conteúdos inconscientes – e no nosso inconsciente não há o reconhecimento da morte, pois acreditamos ser imortais – não conhece a nossa finitude, originando uma tensão entre o Eu e o Id.

A partir das vicissitudes da pulsão e suas locomoções temáticas ao longo do desenvolvimento da teoria freudiana, percebemos que o conceito de inconsciente passa por alterações no percurso da obra de Freud. Garcia-Roza (2008a) alude que, inicialmente, o pai da psicanálise se dedicou ao âmbito da topografia do inconsciente e, em 1915, se debruçou no envolvimento entre o inconsciente e as pulsões. Na obra de 1923, *O Eu e o Id*, o inconsciente permanece como uma posição psíquica determinada e identificada com o recalcado.

A partir do conceito de pulsão e suas vicissitudes, podemos realizar uma leitura do envelhecimento. Isso porque, conforme o avançar da idade, ocorrem alterações pulsionais, como mudanças das relações entre a pulsão de vida e a pulsão de morte, pois o idoso pode apresentar mecanismos de defesa diante da realidade dolorosa, além de poder sobressair as manifestações da pulsão de vida ou de morte, como ódio voltado para o mundo externo ou interno ou desligamento da realidade ou encontrar meios de prazer em consonância com a realidade do corpo. De igual forma, acontecem atualizações do narcisismo, como o narcisismo senescente, visto que o idoso precisa de um mínimo de investimento narcísico para sobreviver, ficando a libido limitada na velhice.

3.2.2 Sujeito do Inconsciente

Aqui debatemos sobre o sujeito do inconsciente e, em seguida, a sua constituição para apoiarmos teoricamente o entendimento psicanalítico da velhice mais adiante. Supondo que, o nosso inconsciente despreza a morte e o tempo cronológico, acreditamos que essa condição pode interferir na percepção do envelhecimento de alguns anciões e, por esse motivo, muitos não se sentem velhos. Contudo, o idoso, ao se deparar com o real da imagem do corpo que o espelho lhe devolve, pode lhe incitar a percepção da proximidade da morte, fazendo com que cada sujeito encontre uma resolução ou uma saída psíquica para lidar com essa realidade dolorosa e difícil, resultado do desencontro entre o corpo pulsional e o corpo biológico.

O diferencial da psicanálise é admitir a singularidade de cada sujeito idoso, dado que cada um resolverá o seu conflito psíquico da sua maneira, podendo ser pela via do adoecimento, da sublimação, da regressão narcísica, da melancolia, entre outras. Para alguns anciões, essa resolução não demandará uma grande quantidade de energia psíquica, apesar de esta não poder ser mensurada. Nesse caso, conseguem se adaptar ao corpo em processo de transformação, em razão dos seus desenvolvimentos do Eu. Possivelmente conseguem internalizar o objeto bom (essa temática é explicada posteriormente), fazendo com que sobrevivam aos ataques do meio externo, como a desvalorização das suas imagens pela sociedade ocidental, não se desorganizando e nem desestruturando (o Eu). Por isso, eles conseguem aceitar as modificações nessa fase da vida de uma forma natural e sem um custo de energia psíquica.

Para outros velhos, a saída do conflito psíquico gerado entre a não temporalidade do inconsciente e a realidade do corpo pode suceder em um grande dispêndio de energia psíquica, ocasionando os mecanismos de defesas mais primitivos pela via da regressão e do narcisismo. As transformações corporais podem fazer com que o sujeito do inconsciente seja atualizado, como explanamos adiante.

Birman (1997) comunica que o conceito de sujeito se baseia entre dois polos – pulsão e cultura. A teoria psicanalítica não se reduz ao discurso teórico da biologia e da sociologia, mostrando sua inovação epistemológica. O sujeito do inconsciente é uma construção simbólica e desejante que se esboça entre as extremidades da pulsão e da cultura, sendo que o conceito de pulsão fundamenta as concepções de recalque e de inconsciente. À vista disso, o sujeito do inconsciente é um dos destinos da pulsão, compondo-se no psiquismo fundado pelas vicissitudes das pulsões: retorno sobre o próprio corpo, transformação em seu oposto e sublimação, como abordado no tópico prévio.

O sujeito do inconsciente é demarcado pelo conflito que não se pode evitar, posto pela condição da formação da sua subjetividade e que se sustenta em um corpo, dado que este não é da ordem biológica, mas sim do *corpo pulsional*, o qual é caracterizado pela sua singularidade. Birman (1997) reporta que o discurso psicanalítico não é instituído pela causalidade nem pela cientificidade, aproximando-se do discurso da ética e da estética. O autor denomina de *categoria estilo* as teorias da literatura e da arte, não sendo consequente do discurso científico. O psicanalista realiza uma crítica ao discurso da ciência na circunstância ocidental, justificando que ela propõe a universalização dos conteúdos, acendendo uma interrupção dos limites simbólicos e a omissão das autorias.

Acrescenta-se a isso a *categoria estilo,* a qual se aproxima da caracterização da singularidade do sujeito, exibindo um valor diferencial e uma individualidade de uma obra e de um autor. Nessa conjectura, a psicanálise é uma classe do saber que se interessa pela particularidade do sujeito como objetivo essencial, tomando como base o eixo teórico de ordem ética e estética. No enquadramento da ética, considera-se o sujeito na sua unidade e na sua diferenciação ao se deparar com a *lei da proibição do incesto* e com a *experiência da castração* (discutidos mais adiante). Esses comedimentos são estruturantes para o sujeito, constituindo-o enquanto *registro do desejo*. No entanto, o sujeito se forma e se reforma constantemente no sentido da economia do narcisismo, evidenciando um alicerce de ordem estética na sua composição. A regulação da *estese do narcisismo* exprime a fronteira crucial para a formação e reformulação do sujeito do inconsciente. Em suma, este se distinguiria pela sua singularidade e pela sua qualidade específica (Birman, 1997).

Nessa conjectura, o sujeito idoso, ao se deparar com o corpo que falha, com as perdas significativas e com a noção de finitude, passará por constantes atualizações da economia narcísica, demarcando o *narcisismo senescente ou terciário*, como foi denominado por Mendonça e Souza (2020). Nesse âmbito, o narcisismo exigirá reformulações do sujeito do inconsciente de forma particular, posto que havendo o afrouxamento do Supereu, poderá ocasionar uma flexibilidade no Ideal de Eu em direção à realidade, possibilitando o trabalho de luto da juventude. Assim, o Eu se tornará menos defendido; ou seja, por meio da resolução do complexo de castração, o idoso pode assumir a sua fragilidade e a sua finitude, portanto, o seu Eu poderá ficar menos ameaçado pelo envelhecimento.

Em congruência com Mendonça e Souza (2020), o *narcisismo senescente* aparece a partir de uma necessidade do idoso "de uma internalização de uma nova imagem de si que seja compatível com a imagem atual que a realidade espelha" (p.147). Alicerçado nisso, associamos essa modalidade de narcisismo a um modo saudável de adaptação do velho no corpo em transformação, tal como articulamos ao conceito de envelhescência que é discutido mais adiante no tópico 4.5 *Envelhescência*.

3.3 Constituição do Sujeito

Após expormos a construção teórica da metapsicologia freudiana do aparelho psíquico, desenvolvemos, a partir desta teoria, a formação da subjetividade do sujeito na leitura psicanalítica. Para atingir esse propósito, discutimos os conceitos de desamparo, narcisismo, fases do desenvolvimento libidinal e formação do Eu, que são primordiais para o entendimento do envelhecimento na perspectiva psicanalítica.

3.3.1 Desamparo Fundamental e Formação do Eu

A evolução da noção de desamparo na teoria freudiana ocorreu de forma sucessiva, mostrando que, nos primórdios das obras de Freud, ela estava associada à fragilidade do bebê e à dependência do outro para a sua sobrevivência. Em seguida, apareceu de modo reestabelecido na teoria da angústia e na formação dos ideais e do Supereu. Posteriormente, o pai da psicanálise elegeu o desamparo, no final de sua vida, como o sentimento de desproteção do humano, demandando da religião a sua compensação. Por fim, no texto *O Homem Moisés e o Monoteísmo*, de 1939, surgiu a necessidade de encarar o desamparo, reconhecendo a existência da falta no humano (Pereira, 1999).

Empregamos a noção de desamparo fundamental neste subtópico a fim de sustentar a teoria da constituição do sujeito e articulá-la no próximo capítulo ao envelhecimento. Acreditamos que o desamparo infantil reaparece na velhice quando o idoso atualiza a angústia de castração, decorrente das perdas, dos lutos, do corpo fragilizado, do adoecimento e do medo da morte. Ele pode se sentir desprotegido, assim como sentiu sem proteção na sua primeira infância, quando o Eu era prematuro e insuficiente.

O desamparo fundamental é definido pela impotência do bebê humano, porque ele depende do adulto para sobreviver. Sem o adulto, a criança fica desamparada e morrerá. Nos *Três Ensaios sobre a Teoria da Sexualidade*, Freud (1905/1996k) relatou a importância dos cuidados maternos ou do seu substituto para a sobrevivência do infante, colocando em destaque a erogenização (inserir qualquer parte do corpo como origem de uma excitação sexual) (Laplanche & Pontalis, 2001) do organismo infantil a partir desses cuidados. O outro materno ou seu representante será essencial para a entrada do bebê no mundo simbólico, primordial para a formação do sujeito (Birman, 2003).

Diferente dos animais, o ser humano possui uma vida intrauterina com tempo menor, acarretando uma incapacidade para a vida após o nascimento. A criança fica em um estado de fragilidade frente às ameaças do mundo externo e, por esse motivo, depende de um adulto responsável pelos seus cuidados (Garcia-Roza, 1985). O desamparo é sinalizado pelo infante através do choro, como Freud (1895/1996m) evidenciou no *Projeto de uma Psicologia Científica*. O choro demanda algo à mãe, revelando sua insuficiência vital e o seu desamparo original para possibilitar o recebimento de cuidados adequados para que a vida biológica promova a formação de um aparelho psíquico. O bebê depende do aparelho psíquico materno para a sua sobrevivência e para compor seu próprio aparelho.

A representação materna é colocada como o outro para o infante no início da vida, em virtude do seu desamparo. O aparelho psíquico materno tem como função capturar as excitações pulsionais provenientes do organismo do bebê, com intuito de regular essas excitações incômodas. Ele (aparelho psíquico) realiza a conexão da excitação pulsional com um objeto que favorece a redução do desprazer do bebê e crie a experiência da satisfação para este (Birman, 2021).

A dependência da criança do aparelho psíquico materno para a regulação dos estímulos (o bebê não é capaz de regular os estímulos sozinho) pode ser exemplificada pela fome (estímulo externo), carecendo do auxílio de outra pessoa que oferte o alimento para amenizar a tensão. Esse movimento de diminuir a tensão interna oriunda de uma necessidade é o que cede lugar à *experiência da satisfação*. Quando essa mobilidade da condição de demanda se repete, aparecerá um impulso psíquico de forma instantânea que buscará reinvestir na imagem mnêmica do objeto, resultando na repetição da satisfação primária.

O desejo é esse impulso que busca a satisfação, a recidiva da percepção seria sua conquista, tratando-se de uma imagem mnêmica do objeto e não obrigatoriamente o aparecimento do objeto real, que gera uma alucinação. O infante não é capaz de realizar uma diferença entre objeto real e alucinado. A formação do *Eu* (da primeira tópica) se dá a partir do momento em que o bebê começa a distinguir o objeto real e o alucinado. Baseado nisso, o objeto de desejo, em Freud, se refere a um objeto perdido, ou seja, trata-se de uma falta (Garcia-Roza, 1985).

Os traços mnésicos estão relacionados às primeiras inscrições psíquicas delineadas pelos episódios primordiais que se registram na memória afetiva antes da existência do funcionamento representacional. A memória, na leitura psicanalítica, é uma experiência multifacetada por não condizer com uma simples reprodução de eventos passados, e sim de experiências apossadas e modificadas em nuances emocionais de prazer, desprazer e dor. O cuidado materno – ou de uma figura representativa da mãe – que alimenta, cuida, vincula e dialoga com o bebê se insere em uma gradação afetiva, na qual será, posteriormente, significada (ou não) pelo exercício psíquico da criança.

Memórias afetivas como tom de voz, cheiro, imagens e determinadas palavras compõem o centro para a formação das *imagos* e das fantasias inconscientes. Imago é o objeto como parte da estrutura psíquica, sendo que a (imago) materna é a mãe, como foi experienciada e internalizada, com base no que o sujeito captura de outros objetos e inclusive da própria mãe real. Diferente do objeto externo, o interno é uma experiência ou fantasia inconsciente de um objeto real situado no interior do Eu. O desenvolvimento integral do eixo objetal é o que constituirá a estrutura psíquica chamada de *objeto do desejo*, responsável por possibilitar ao sujeito interagir com o mundo em busca de prazer (Minerbo, 2014).

Esses conteúdos mnêmicos da infância são recalcados, mas na fase idosa comumente retornam, tornando-se atualizados devido às regressões narcísicas como um modo de encobrir a dor da aproximação da morte. Nessas regressões, o idoso pode exibir uma idealização da sua infância, num retorno do Eu Ideal (ideal de imortalidade e uma ideia de onipotência) ou de um reinvestimento em objetos, como a figura materna, que tinha o papel de proteção na primeira infância, trazendo à tona esses conteúdos mnêmicos infantis tal qual uma realidade primitiva alucinatória, que revela os conteúdos inconscientes anteriormente recalcados.

O desamparo original ressurge em outros momentos da vida, em razão de ser principiado desde o primórdio do bebê (o outro proporciona a sua satisfação) e se repetir para o universo adulto. O desejo é introduzido nesse mesmo âmbito da expressão do desamparo e da impotência (Pereira, 1999). O prazer é inaugurado na primeira infância a começar pelas funções biológicas, como exemplificado pela satisfação do bebê quando mama e sacia a fome (necessidade biológica), e se satisfaz eroticamente (erotismo oral). A prática de mamar pode parecer simplesmente algo instintivo, mas quando inibida por relações patológicas precoces pode dispor de bebês anoréxicos. Isso dependerá do vínculo da mãe com o corpo do bebê, uma vez que a própria sexualidade materna envolve essa tarefa e registra proporções de prazer possíveis (Minerbo, 2014).

Segundo Minerbo (2014, p. 158), "pode-se dizer que o bebê, com o leite, 'mama' as representações inconscientes da mãe sobre o prazer/desprazer que o ato de amamentar desperta nela". Essas representações serão instauradas no inconsciente do infante e darão o início ao centro simbólico para a interpretação daquilo que concebeu ou não prazer. Pressupomos que as formas que os objetos materno e paterno podem atingir no corpo da criança e o modo pelo qual o psiquismo infantil modificou esses estímulos sensoriais e psíquicos são estabelecedores da futura vida erótica do sujeito, levando em conta que o desejo é sempre singular.

De acordo com a conexão entre os objetos parentais e o corpo do bebê, correlacionamos essa questão à influência da sexualidade do adulto no cuidado do dia a dia do bebê. A sexualidade do cuidador responsável impacta no processo de tratamento e no contato com o corpo do infante, sendo que o corpo da criança se insere no interior da trama sexual do adulto de guisa desviada e inconsciente. O cuidado tem um sentido para além da conservação da vida do infante, possui também um sentido sexual de ordem inconsciente e confuso para o adulto e para criança. O desamparo do bebê na dimensão inconsciente está envolvido com a sua condição de passividade e sem viabilidade de se defender da sexualidade do adulto (Pereira, 1999).

Em consonância com a concepção de desamparo fundamental, correlacionamos a dependência do bebê humano do outro (adulto humano) ao conceito de narcisismo, em que o corpo e o sujeito se formam por via do alicerçamento no outro. Não há sujeito realizável sem o outro. O Eu se compõe a partir do outro tanto por não ser originário quanto pela paralisação introdutória da autoconservação, bem como se forma pelo investimento das imagens parentais no organismo da criança, transformando o autoerotismo em narcisismo (Birman, 1997).

O Eu ganha corpo na teoria psicanalítica no texto *Sobre o Narcisismo*, de 1914. Freud (1914/1996n) descreve o narcisismo com base em Näcke (1899) e Elis (1928), realizando uma analogia do tratamento do próprio corpo com o cuidado do objeto sexual. O autor corrobora que há um investimento libidinal original do Eu – narcisismo primário – e, mais adiante, parte desse investimento é destinado a objetos – narcisismo secundário.

Nesse contexto, o pai da psicanálise estabelece uma diferenciação entre libido do Eu (investimento libidinal direcionado para a própria pessoa) e libido objetal (investimento libidinal direcionado para o objeto). Quanto mais investimento ocorre em uma, mais se esvazia em outra, como acontece com o indivíduo apaixonado que retira parte da sua libido para destiná-la ao objeto; outro exemplo é quando uma pessoa adoece por uma doença orgânica ou sente dor, retira o interesse libidinal dos objetos de amor e retorna para o próprio Eu, deixando de se interessar pelo mundo externo e passando a se concentrar na dor ou no sofrimento.

O embotamento narcísico é comumente manifestado nos casos de adoecimento na velhice, em razão da perda fisiológica provocar no idoso a quebra do tabu da imortalidade. Diante da percepção da aproximação da morte, o idoso pode se defender pela via da regressão narcísica, abdicando das coisas do mundo externo e ocasionando o empobrecimento libidinal direcionado ao meio externo.

O estudo sobre o narcisismo é um dos conceitos mais importantes da psicanálise para o entendimento das concepções psicanalíticas; nele estão separadas as concepções de libido objetal e libido do Eu, assim como tem-se a definição de Ideal do Eu. O Eu Ideal tem sua feição baseada no narcisismo primário (pré-genital – condição prematura em que a criança investe a sua libido nela mesma) e o Ideal do Eu se direciona ao âmbito diferenciado, produto da concorrência entre o narcisismo e o reconhecimento da origem parental (narcisismo secundário – retorno da libido ao Eu que estava ligada aos objetos). A partir do Ideal do Eu, introduzimos o outro, momento da passagem do imaginário para o simbólico (Garcia-Roza, 1985).

O desenvolvimento do Eu é resultado do distanciamento do narcisismo primário, o qual acontece pelo deslocamento da libido para o Ideal do Eu imposto pelo externo, sucedendo na satisfação da realização desse ideal

(Freud 1914/1996n). Quando o narcisismo primário é bem formado, o Eu não se sentirá continuamente ameaçado em sua integridade, mas mesmo assim poderá anunciar problemas relacionados ao narcisismo secundário, que por sua vez depende das identificações realizadas mediante a passagem do Édipo (Minerbo, 2014). Este conceito encontra-se melhor desenvolvido no próximo subtópico, 3.3.2 *Fases do Desenvolvimento Psicossexual Infantil*.

No estudo da velhice, consideramos que, além do narcisismo primário e do secundário, há um terceiro modelo de narcisismo: o senescente (como referimos no subtópico 3.2.2 *Sujeito do Inconsciente*), o qual se caracteriza pela retirada necessária de libido objetal para direcioná-la ao Eu. Tal ação molda uma nova constituição de Ideal de Eu, de desejos e de um novo Eu mais flexível, em especial quando o idoso consegue realizar o trabalho de luto de perdas que demarca a velhice.

O Eu psicanalítico não possui o mesmo significado do Eu da psicologia clássica, como dito previamente, pois o Eu da psicanálise não diz respeito à totalidade do sujeito e não se aproxima da posição cartesiana da verdade. O Outro com O maiúsculo é colocado na posição de corrente significante (unidade que representa a falta) (Bezerra, 2018), em que nasce o sujeito. Por ser de uma ordem inconsciente e simbólica (constituída pela linguagem), discerne-se do outro com o minúsculo que se aproxima do sujeito absoluto e consciente (Garcia-Roza, 1985).

Freud descreve o sujeito por intermédio das concepções de pulsão, inconsciente, realidade psíquica e repetição. As inscrições das primeiras marcas registradas no indivíduo ocorrem por parte do Outro, as quais não se perdem e constroem um repertório que será utilizado como meio de aproximação para outros traços. Dito de outra forma, o sujeito não denota determinações de fases evolutivas, isso porque, ao longo do seu desenvolvimento, estabeleceu registros que não podem ser apagados ou abandonados (Mucida, 2018).

Com base na concepção de Eu psicanalítico, podemos considerar que o psiquismo do idoso poderá ser afetado pelas alterações do corpo real. Mesmo que o tempo cronológico seja desconhecido pelo inconsciente, este poderá ser impactado pelas perdas e lutos que demarcam o envelhecimento. A noção de tempo para a psicanálise diz respeito ao tempo subjetivo como um recurso de entendimento do nosso psiquismo com base na atemporalidade do inconsciente. Esse tempo subjetivo é constituído pela memória afetiva, pelas vivências e marcações significativas. Posto isso, o pensamento não envelhece e a libido não morre, o que se altera no caminho é o direcionamento da libido a novos objetos e o ajustamento ao meio; já o corpo físico envelhece, exigindo transformação das manifestações do inconsciente e do desejo. Discutimos com mais detalhes essa temática no tópico *4.2 Da Gerontologia à Freud: a questão do tempo.*

Recuperando a teoria do Eu psicanalítico, a formação do Eu se procede antes mesmo da introdução da linguagem, na dimensão da relação imaginária do estado especular. Essa composição do Eu pode ser exemplificada pelo estádio do espelho de Lacan (1901-81/1998). Na Conferência de 1949, Lacan abordou o estádio do espelho como a formação do Eu. A seu ver, o bebê (de seis a dezoito meses) reage com movimentos quando se olha no espelho, sendo essa reação caracterizada como um espetáculo cativante, compondo a noção de corpo imaginário.

O estádio do espelho pode ser compreendido como uma identificação, isto é, a modificação gerada no sujeito quando ele admite uma imagem – imagos (representação inconsciente). Para as imagos, a imagem especular representa o princípio do mundo visível, envolvendo-se em uma posição espetacular, como na alucinação e no sonho, pela imago do próprio corpo, e pode expor características singulares, a falta ou suas projeções objetais. Tal estádio proporciona ao sujeito a captura do devaneio da identificação espacial, das fantasias decorrentes da imagem do corpo despedaçado até a sua totalidade e da identidade denominada de alienante, que demarcará o desenvolvimento mental (Lacan, 1901-1981/1998). Assim, essa passagem de Lacan possui uma função organizadora do Eu e da economia libidinal.

Em outras palavras, a fase do espelho é o momento em que a criança forma sua representação de unidade corporal (antes a criança tinha a vivência do corpo despedaçado) mediante a identificação da imagem do outro. No instante em que a criança se olha no espelho, passa a perceber que a sua própria imagem condiz com uma experiência do primeiro delineamento do Eu. A fase do espelho é dominada pelo imaginário, não sendo ainda o momento da constituição do sujeito, mas antes pertencendo apenas a um Eu especular.

Associamos a fase do espelho ao processo de envelhecimento; período intitulado por Messy (1999) de *espelho quebrado,* em razão do idoso construir uma imagem inconsciente do corpo que não corresponde à imagem que o espelho lhe devolve. Isso lhe proporciona uma reação de estranhamento, de não reconhecimento e não identificação da imagem do corpo real. O conceito de espelho quebrado está associado à quebra do Eu Ideal (perfeição narcísica).

Ao pensarmos novamente o conceito de formação do sujeito, importante lembrar que este ocorre momento da transição do imaginário para o simbólico, ou seja, por intermédio da linguagem. Através da linguagem, a criança se insere na cultura, no sistema simbólico e deixa de ter uma relação dual com a representação da mãe (imagem do outro com quem identifica e se aliena) (Garcia-Roza, 1985).

Na concepção de Minerbo (2014), a edificação da estrutura do Eu, nomeada de *eixo narcísico*, integra-se graças ao auxílio do progresso do Eu (entre seus limites e funções psíquicas) e do self (estrutura que possibilita o sujeito se envolver com ele mesmo, transformando-se em objeto de investimento libidinal; assim, o Ego mais o self constituirá o Eu), que se constará por meio de identificações. A completa formação do Eu provoca na viabilidade do estabelecimento da alteridade: "o outro é percebido como outro sujeito" (p. 155).

Na sequência, destacamos as fases do desenvolvimento psicossexual infantil como fundamentação da estrutura do Eu ou *eixo narcísico*, a fim de introduzir as posições subjetivas do sujeito, tidas enquanto primordiais para a construção teórica do envelhecimento.

3.3.2 Fases do Desenvolvimento Psicossexual Infantil

O idoso é um indivíduo que necessita ser compreendido a partir de sua dinâmica, ou seja, trata-se de um sujeito em sua fase pós-genital, da qual se espera, mas nem todos os anciões estão nela, e isso porque a atemporalidade do inconsciente e o fato do desenvolvimento psíquico não acompanham necessariamente a passagem do tempo. Por esse motivo, na psicanálise o conceito de desenvolvimento psíquico se torna relativo. Com base nisso, versamos a fundamentação teórica das fases do desenvolvimento infantil com o objetivo de, na sequência, realizarmos uma leitura da regressão, posição depressiva e narcisismo como possíveis saídas psíquicas ante às perdas e aos lutos vivenciados no envelhecimento.

Freud (1905/1996k) afirma a existência de demandas sexuais no ser humano e no animal, fazendo uma analogia entre a pulsão sexual e a pulsão nutricional (a fome). Assim como a pulsão nutricional tem a palavra *fome* como sua representante, a pulsão sexual terá no vocábulo *libido*. No ato sexual ocorre a descarga da tensão sexual e a eliminação temporária da pulsão sexual, da mesma forma que acontece na saciação da fome. A pulsão sexual (ou pulsão de vida na concepção da segunda teoria das pulsões) está presente na infância a partir de diversas fontes, contrariando o ponto de vista popular que acreditava na ausência de sexualidade na criança. Apoiado nisso, o pai da psicanálise desenvolveu a introdução da teoria das fases do desenvolvimento infantil por meio da organização sexual.

Na criança, a pulsão sexual não está vinculada ao ato sexual ou à reprodução, pois há algo sexual que não é genital e não possui ligação com a reprodução. Desse modo, na criança há uma característica não-sexual, sendo o seio materno o primeiro objeto do elemento oral. A satisfação erótica consistirá na sucção sensual em paralelo ao prazer da sucção nutricional, de modo que o bebê abandona o objeto externo e permuta para uma região do próprio corpo, transformando a pulsão oral em autoerótica. Isso também acontece nas pulsões anais e em outras pulsões erógenas (Freud, 1917/1996o).

São chamadas de *pré-genitais* as organizações da vida sexual, em que as zonas genitais até então não se tornaram a sua função dominante. A primeira organização *pré-genital* é oral ou canibalesca, sendo a boca a zona erógena que forma um exercício relacionado à nutrição. O propósito da atividade é a incorporação do objeto (introduz e mantém o objeto internamente no próprio corpo) (Laplanche & Pontalis, 2001) que, posteriormente, desempenhará um papel psíquico importante pelo recurso da identificação. O chuchar é um exemplo de uma ação sexual desvinculada da atividade da nutrição, em que se abdica um objeto do outro, substituindo-o pelo objeto localizado no próprio corpo (Freud 1905/1996k).

Conforme o desenvolvimento da criança, estabelece-se a abdicação do autoerotismo e uma compensação do próprio corpo por um objeto externo. Com a pulsão do prazer oral, o primeiro objeto de amor é a mãe, a qual futuramente se articulará ao *complexo de Édipo* (Freud, 1913/1996p). Com relação à fase oral, esta pode ser correlacionada à melancolia no período da velhice, entendida como um luto impossível diante das perdas e lutos associados ao envelhecimento (mudanças no corpo e na imagem, impotência diante da morte, perdas de entes queridos etc.). Na melancolia acontece a incorporação do objeto pelo Eu, caracterizando-se por uma escolha objetal narcisista. O Eu se identifica com o objeto perdido, tornando a perda objetal uma perda do Eu. Para Messy (1999), a melancolia, na velhice, é um estado de depressão de maior dimensão, em que o idoso encontra dificuldade para lidar com o vazio deixado pela perda dos seus objetos, como os entes queridos, identificando-se com esses objetos.

Resgatando o desenvolvimento psicossexual da criança, a segunda organização pré-sexual é a organização sádico-anal, em que não há a distinção entre masculino e feminino, mas sim entre ativo e passivo. Essa atividade é motivada pela pulsão de dominação por intermédio da musculatura do corpo (controle dos esfíncteres), fase circunscrita pela ambivalência afetiva (Freud 1905/1996k). Após a organização *pré-genital* infantil, passa-se para a organização *genital* em que há masculinidade, contudo, não existe feminilidade. A oposição instituída aqui está articulada à disposição do órgão genital masculino e o medo de ser castrado (somente na puberdade, a polaridade sexual corresponde ao masculino e feminino, sendo a vagina um local valorizado para o abrigo do pênis e que se insere no patrimônio do útero).

O menino percebe a diferença entre homens e mulheres, mas, a princípio, ele pressupõe que todos os seres humanos e os animais possuem o mesmo órgão genital, tal qual o dele. Até chegar o momento em que a criança descobre que o pênis não é uma propriedade comum de todos os seres vivos quando olha de uma maneira inesperada os órgãos genitais de uma irmãzinha ou amiguinha (mais adiante abordamos a perspectiva da menina). A reação do menino, em um primeiro momento, pode ser de rejeição da situação, acreditando que conseguem enxergar o pênis ou justificando que o pênis ainda crescerá; e em um segundo momento, a criança concluirá que o pênis foi retirado, ou seja, a ausência do pênis é efeito da castração (Freud, 1923/1996q).

Na fase fálica, o menino investe libidinalmente na mãe ou na representação desta e se identifica com a figura do pai. Os desejos pela genitora aumentam progressivamente, e o pai se torna um dificultador para conquistá-la, repercutindo o que Freud batizou de *Complexo de Édipo* (Freud 1921/1996r). O Édipo, como o próprio nome se refere, é oriundo da lenda grega do Rei Édipo, que mata o pai e se casa com a mãe Jocasta. Esta obra foi avaliada como imoral por conter o parricídio e o incesto com a mãe. O *complexo de Édipo* é visto como uma das mais significativas procedências do sentimento de culpa, o qual, muitas vezes, importuna os neuróticos e, além do mais, originou-se da religião e da moralidade, como foram declaradas no texto freudiano Totem e Tabu (Freud, 1913/1996p).

O complexo de castração se estabelece na fase da primazia fálica. Nesse contexto, a criança acredita que a perda do pênis está associada à uma punição. Logo, apenas algumas mulheres não são castradas, em especial as que ele respeita, como a mãe, que dispõe do pênis. Subsequentemente, quando a criança resgata a questão do advento e nascimento dos bebês, correlaciona a este fato que somente as mulheres podem gerar a criança e, nesse momento, as mães perdem o pênis (Freud, 1923/1996q).

Na menina o processo é diferente, o complexo de castração não se desenrola da mesma forma que o do menino, por conta da distinção morfológica. A menina, quando constata o pênis no menino, pode se sentir "perdendo" ao compará-lo com o seu clitóris, podendo originar o sentimento de injustiça e inferioridade. Ao longo do segmento, a menina aceita a castração como ocorrência concluída e o menino possui medo dessa possibilidade. A menina não compõe o medo da castração, mas antes pode caminhar nesse percurso até achar uma compensação simbólica para a sua falta por meio da obtenção de um filho, sendo este um presente do pai no *complexo de Édipo*. Em seguida, ela abandona esse complexo ao se dar conta de que o seu desejo não se concretizará. Assim, o desejo de ter um pênis e de ter um filho pela menina ficam investidos no inconsciente (Freud, 1924/1996s).

O pai da psicanálise reconhece que sua teoria do processo de desenvolvimento da menina é imperfeita, incompleta e superficial. Isso nos possibilita tecer críticas sobre essa teoria, posto que nem sempre a menina se sentirá inferior por não constituir o pênis, tal como o filho não será necessariamente o correspondente fálico da mulher. Neste cenário, podem ser encontrados outros meios alternativos, seja os investimentos objetais ou representantes, que venham a ocupar o lugar do objeto de amor como uma realização narcísica e social.

Na entrada ao complexo de castração, a criança aceita a castração e admite que as mulheres são castradas, encerrando as duas possibilidades de obter a satisfação do *complexo de Édipo*. Isso ocorre tanto para o menino (punição resultante) quanto para a menina (precondição). A satisfação do amor no *complexo de Édipo* é o que causaria o sacrifício da perda do pênis, colocando a criança em uma condição de conflito entre a importância narcísica ligada a esse órgão genital e o investimento libidinal dos seus objetos amorosos (pais). Usualmente, o que prevalece nesse conflito é o interesse narcísico.

Aliado a isso, podemos considerar que o complexo de castração reaparece no envelhecer, quando a mulher entra na menopausa e não pode mais engravidar e ter o filho como o correspondente fálico; ou quando o idoso ou a idosa se deparam com a redução da funcionalidade física com o avanço da idade, assim como quando adoecem e a doença pode ocasionar a percepção de finitude. Tal complexo pode modificar a dinâmica da libido, fazendo com que ela retorne às fases de desenvolvimento sexual anteriores (oral e anal, por exemplo), podendo ficar fixada. Tal processo demarca a regressão e o narcisismo de modo singular em cada ancião ou realiza o trabalho do luto das suas múltiplas perdas, como a fisiológica, a simbólica, a social e a financeira. No trabalho de luto, o idoso reelabora tardiamente a sua experiência do complexo de Édipo.

Lacan (1957-58/1999) complementa a teoria freudiana do complexo de Édipo quando estabelece nela três tempos do Édipo no desenvolvimento psicossexual infantil. O período pré-edipiano que compõe a relação dual da criança com a representação materna (perfeição narcísica – *Eu Ideal* – objeto de desejo da mãe) é considerado o 1º tempo do Édipo. O 2º tempo aparece após a inserção da figura paterna no cenário, sendo o momento da entrada do infante ao simbólico. Por fim, o 3º tempo é assinalado pela identificação da criança com a representação paterna e o encaminhamento para o encerramento do período edípico (Garcia-Roza, 1985). Os três tempos são explanados a seguir, conforme Lacan e a partir dos comentários de Garcia-Roza.

No primeiro tempo do Édipo, a criança procura satisfazer o desejo materno. O Eu do infante se identifica especularmente com objeto de desejo da mãe. E, para contentar a mãe, ele precisa ser indispensável e suficiente como um falo[29]. Nesse momento, a instância paterna é velada ou não aparece. O falo é localizado na mãe, onde a criança precisará encontrá-lo. Na condição da criança ser suficiente como um falo no primeiro tempo do Édipo (narcisismo primário), ela se identifica com a representação materna e se percebe como o objeto de desejo da mãe. Nesse cenário, a criança não possui um lugar de sujeito, mas o lugar de uma falta (complemento da falta materna). Embora o simbólico não esteja ainda inserido esse período, ele estará presente no imaginário mediante o discurso materno e dos adultos de seu convívio. Se a criança ainda não fala, os outros falam por ela. As necessidades da criança normalmente são captadas pela figura materna, responsável por ofertar códigos para as demandas do bebê (fome, frio, troca de fralda), que nada mais são que a linguagem. Assim, o simbólico está presente mesmo antes da obtenção da linguagem da criança (Garcia-Roza, 1985).

---

[29] Na teoria lacaniana, o falo não é uma fantasia, não é um objeto (parcial ou não, bom ou mau etc.), nem o órgão sexual (pênis ou clítoris) que ele representa. O falo é compreendido como um significante da falta-a-ser que pode revelar os mistérios do sujeito no processo analítico, podendo oferecer a razão do desejo. Pode encorpar o gozo na dialética do desejo (Lacan, 1962-63/2005).

No segundo tempo do Édipo há a instauração da Lei do pai, o qual, no sentido imaginário, é privador da mãe. Nesse processo, a criança se desliga do sujeito de sua identificação e associa-se ao surgimento da lei, já que a mãe depende do objeto que não é do seu desejo, mas é o objeto que o outro tem e ela não. Em outras palavras, a mãe possui uma lei que não a pertence; trata-se da lei do Outro, e seu objeto de desejo é possuído pelo Outro, cuja lei incube, oferecendo o ponto importante do Édipo (Lacan, 1957-58/1999). Este segundo tempo é demarcado pela entrada ao simbólico por meio da chegada do pai na cena edípica, ou seja, enuncia um pai privador da mãe do objeto fálico e a criança do seu objeto de desejo. No mito da horda do parricídio, existia o pai dominador das mulheres, violento e que expulsava os filhos da horda conforme eles cresciam. Este mito evidencia um pai interditor e terrível, assim como o pai no 2º tempo de Édipo. É por intermédio da privação que a criança tem a entrada na Lei do Pai e deixa o momento da perfeição narcísica (relação dual).

Com o acesso à linguagem, a criança abandona a posição de ser o falo para ter o falo. A castração realizada pelo pai concerne ao recalque do desejo da criança de se unir à mãe, e com a ajuda da linguagem esse desejo é dito, levando ao aparecimento do símbolo. É nessa ocasião que o Eu da criança pode ser formado e passamos para o 3º tempo do Édipo. Nesse terceiro ensejo, o pai não é mais a lei, mas o representante da lei (Garcia-Roza, 1985). O terceiro tempo diz respeito à saída do complexo de Édipo, o falo é dado a criança na condição de condutor da lei. O pai pode ofertar à mãe o que ela deseja, porque ele tem recursos para isso. O pai tem o falo, ele é real e potente. Essa identificação da criança com a representação do pai gera o Ideal do Eu, caminhando para o declínio do *complexo de Édipo* (Lacan, 1957-58/1999).

Laznik (2003) afirma que a terceira retomada do *complexo de Édipo* no processo de envelhecimento da mulher, no momento da menopausa, causa dois lutos de promessa da entrada do Édipo: impossibilidade de ter filhos como substituto do falo e a perda do corpo feminino e maternal como um todo, devido às alterações físicas, ao aumento do peso, à mudança da estrutura do corpo e ao desequilíbrio hormonal, tendo crescimento dos fenômenos da masculinização. Existe uma hipótese de que esse terceiro tempo edípico evidencia na mulher fantasmas incestuosos com o filho ou seu representante, causando sentimento de horror e, como consequência, ela se distancia do desejo sexual; situação que nomeamos de *complexo de Jocasta*, discutido no próximo capítulo.

Da teoria lacaniana, recuperamos as discussões do terceiro tempo do Édipo, em virtude das destituições do falo e da lei, momento em que se sucede a substituição da identificação da criança com o Eu Ideal (imagem da perfeição narcísica) para o Ideal de Eu. A criança passa a se identificar com a representação paterna, com o Supereu do pai e com a identificação do Ideal de Eu. A internalização da lei propicia à criança sua formação como sujeito, instante em que a ela "toma consciência de si mesma como uma entidade distinta e como sujeito é introduzida na ordem da cultura" (Garcia-Roza, 1985, p. 223).

Após o complexo, ocorre a sua dissolução e regressão, entrando no período de latência. A criança, desta forma, se afasta do *complexo de Édipo* mediante o abandono dos investimentos objetais, substituindo-os por identificações. Advém a introjeção da autoridade do pai ou dos pais no Eu da criança, formando o cerne do Supereu, que toma a severidade do pai e prossegue a proibição deste em oposição ao incesto, protegendo o Eu da regressão do investimento libidinal.

As identificações no campo do *complexo de Édipo* possuem uma parte desessexualizada e sublimada, e outra parte é vetada o seu propósito e modificada em "impulsos de afeição". Esse processo de dissolução do *complexo de Édipo* proporciona a proteção do órgão genital, distanciando a ameaça da sua perda, mas, ao mesmo tempo, adormece-o, retirando o seu exercício. Posterior a esse decurso, inicia-se o período de latência (Freud, 1924/1996s). O distanciamento do Eu na conjunção do *complexo de Édipo* foi denominado por Freud de recalque, embora este aconteça em grande parte por intermédio da atuação do Supereu. O recalque do complexo realizado pelo Eu persiste em uma condição inconsciente no Id, e expressa mais adiante sua consequência patogênica.

É importante denotar que a definição de Supereu se difere no período pré-genital e no período edípico, constituindo duas versões na teoria psicanalítica: Supereu pré-genital (arcaico), na teoria kleiniana, se inicia pela relação dialética entre o sadismo infantil (projetado nos pais e reintrojetado com um nível de violência e destrutividade equivalente ao pré-genital) e as falhas de continência e outras incoerências do objeto primário que resultem em ódio ou dor; e o Supereu, no período edípico, reproduz a introjeção e depois a identificação com o Supereu dos pais, e futuramente com as ordens oriundas da cultura (Minerbo, 2014).

Assente à teoria do desenvolvimento psicossexual freudiano, devemos enfatizar que o mestre de Viena formulou a sua teoria acerca do desenvolvimento sexual feminino e masculino em conformidade com a sua época. Há críticas em relação à teoria freudiana sobre a sua concepção de identidade masculina e feminina, intitulados de "normais", sendo a homossexualidade nomeada de "inversão". Embora Freud tivesse pressuposto que a masculinidade e a feminilidade não são delimitadas pela anatomia, devido a noção de bissexualidade do humano, ainda assim, conjecturamos que ele as definiu de acordo com o seu cenário social e cultural. Atualmente, com base nas teorias da contrassexualidade, verificamos que não há apenas uma identidade, mas múltiplas delas, derrubando a ideia da heteronormatividade como algo inato.

Freud não desenvolveu uma teoria sexual no envelhecimento e não descreveu a direção da libido nessa fase da vida. No envelhecimento, ocorre a retirada de parte do investimento libidinal dos objetos para direcioná-lo ao Eu do idoso, demarcando o narcisismo. Nesse processo, a libido regride às fases pré-genitais do desenvolvimento, caracterizando-se pelo erotismo anal, homossexualidade, exibicionismo (por exemplo, manifestado na demência senil) etc. (Ferenczi, 1919/2011a).

Segundo Mendonça e Souza (2020), há uma sexualidade pós-genital. Para as autoras, na velhice, ocorre o retorno do polimorfismo, caracterizando-se pela viabilidade do ancião empregar zonas erógenas secundárias para obter prazer sem a marca da perversão. Assim, no envelhecimento, a libido possui uma nova dinâmica para investir em objetos e relacionamentos, sendo que a energia libidinal fica livre da primazia do genital, podendo ser recomposta e reestabelecida com criatividade para a sua evolução. O ancião aprende a realizar ajustamentos adequados dos seus vínculos afetivos quando realiza o trabalho de luto da juventude, podendo se tornar um sujeito desejante e erótico que não se deprecia pelo preconceito social.

3.3.3 Formação das Subjetividades

Descrevemos as formações subjetivas para embasar as distintas saídas ou resoluções psíquicas do sujeito frente às mudanças ocorridas no envelhecimento (regressão, narcisismo, melancolia, posição depressiva ou elaboração psíquica), conforme a sua subjetividade, os mecanismos de defesa, história de vida, bem como o contexto social e cultural em que esse idoso está inserido.

Adotamos como referência a autora Marion Minerbo, médica e doutora em psicanálise pela Universidade Federal de São Paulo, autora do livro *Neurose e Não-Neurose*. Nesta obra, a autora desenvolve a teoria e a clínica da psicopatologia psicanalítica e os processos de constituição subjetiva na nossa atualidade, bem como aponta os desafios da clínica psicanalítica na contemporaneidade. Nos baseamos nessa obra pela riqueza da fundamentação teórica e clínica e pela escrita didática possibilitada pela psicanalista, facilitando a captação dos conceitos.

Ao debater a psicopatologia psicanalítica, Minerbo faz uma diferenciação desta da psicopatologia médica ou psiquiátrica. A psicanálise tange os modos de subjetividade e os contornos de sofrimento psíquico que lhes são fundamentais. Para tanto, ela emprega a terminologia *subjetividade* ao invés de *estrutura psíquica* ou *organizações psíquicas de personalidade* por considerar a singularidade do sujeito, particularidade do entendimento do mundo e a maneira de organização/desorganização perante sua percepção, constituindo o tipo subjetivo pelo simbólico. Essa assimilação do universo pelo sujeito é da mesma essência da cultura (relação mãe-bebê, grupo, família, civilização), da qual aquela subjetividade se compõe.

O sofrimento psíquico está associado ao delineamento como cada sujeito interpreta o mundo e a ele mesmo, e de que forma se organiza ou desorganiza frente a isso. A conexão patológica com o mundo pode se atualizar na relação transferencial com o analista. A transferência (atualização dos desejos inconscientes na relação analítica) (Laplanche & Pontalis, 2001) infere que o intrapsíquico se repete no vínculo com o analista, e também pode se apresentar em desiguais esferas (Minerbo, 2014).

Partimos das concepções da formação da subjetividade com base em Minerbo (2014), as quais se fundamentam nas fases do desenvolvimento psicossexual infantil freudiano. Para a autora, o desenvolvimento da libido objetal está conectado às posições subjetivas mais "regredidas", as quais ligam-se às pulsões parciais e às fixações pré-genitais. Em suas palavras, "o objeto do desejo é um objeto parcial a ser consumido oralmente, controlado analmente ou possuído falicamente" (p. 159). A psicanalista cita, no percurso do eixo narcísico, com base no *Manuel de psychopathologie psychanalytique*, de Patrick Juignet (publicado em 2001 pela Presses Universitaires de Grenoble), as fases do desenvolvimento do Eu: arcaico (do nascimento até 3-6 meses); individuação (dos 6 meses aos 2 anos); autonomização (2-4 anos), até este período o sujeito está em processo de divisão de seu objeto, tratando-se do narcisismo primário; por fim, a consolidação do narcisismo (4 anos até a adolescência), quando adquire o narcisismo secundário, momento em que a divisão do objeto acontece de forma total.

A fase arcaica (até os 6 meses) é o momento que o *protossujeito* e *protoobjeto* são fusionados (mônada narcísica ou organismo prematuro). Na individuação (6 meses a 2 anos), começa o rompimento da mônada narcísica e se introduz a abertura para o terceiro e para os outros objetos do mundo. Um exemplo de subjetividade de que não houve a separação sujeito-objeto é a psicose. Nessa fase, o psiquismo materno ainda tem a função de realizar o trabalho psíquico para a criança. Esta fase pode ser articulada à regressão narcísica do idoso, este pode constituir defesas psicóticas diante da ameaça da aproximação da morte (angústia de aniquilamento), das perdas e lutos associados ao processo de envelhecimento. Essas defesas podem se manifestar por meio de identificações não mortais, como alma (conforme a religião da pessoa) ou identificação com a criança eterna e onipotente, aproximando-se do Eu Ideal. Um exemplo de regressão psicótica é o caso da demência.

No início da fase da individuação acontece a identificação do revestimento do corpo pela vivência do espelhamento do próprio corpo da criança, estabelecendo o limite do Eu. A criança começa a perceber seu corpo separado do corpo da mãe, e passa a formar uma composição da sua imagem corporal. Nessa circunstância, o Eu tem o papel de manter esses limites íntegros, acionando os mecanismos de defesa contra angústia de aniquilamento (experiência subjetiva de estar sendo ameaçado de morte). Díspares funções são desenvolvidas devido ao amadurecimento neurológico, como a percepção de si e do mundo, a formação de sentimentos, os pensamentos próprios e os desejos. No entanto, o Eu ainda é frágil, necessitando do apoio do objeto para exercer algumas funções psíquicas.

A fase da individuação pode ser exemplificada pela frustração oral, em que o bebê percebe que o corpo da mãe é separado do seu, motivando as pulsões agressivas e colocando o objeto e o self em perigo. Como defesa, o self efetua a cisão do objeto, provocando a identificação do objeto amado e projetando o ódio para o interior desse objeto, que passa a ser odiado. Por fim, o psiquismo primário consegue regular as pulsões libidinais e agressivas por segmento dessa defesa (cisão).

O objeto passa ser vivido como arriscado e perseguidor, período que tange à posição esquizoparanóide. Para aplacar as angústias paranoides da criança, a mãe precisa retornar o seio como gratificação, fazendo a harmonização simbolizante a fim de possibilitar o reinvestimento do objeto e do self pelas pulsões libidinais. Assim, quando a fase oral é bem-sucedida, gera na criança o sentimento de segurança, esperança e otimismo, fazendo com que o mundo se torne acolhedor.

A fase da individuação pode ser relacionada à outra qualidade de regressão do velho, em razão deste se defender das ameaças de castração simbólicas mediante regressão às fases pré-genitais. Nessa conjectura da individuação, uma parte do Eu do ancião pode aceitar a finitude e a outra parte recusar a morte, evidenciando um Eu cindido.

Prosseguindo com as fases do desenvolvimento do Eu, a fase da autonomização (2-4 anos) é o momento em que a mônada está rompida e se estabelece a separação entre os dois psiquismos (mãe-criança), ficando o terceiro objeto porvir (podendo ser recusado ou odiado). A função dessa fase é adquirir a autonomia na associação com o objeto primário (apoio para conservar o psiquismo do sujeito organizado).

Na fase da autonomização, o Eu se separa do objeto, mas ainda se apoia nele. O objeto não pode se distanciar por muito tempo, pois o objeto bom não foi internalizado. Prevalece a angústia de separação (medo de não existir no psiquismo do objeto primário no período da ausência), que se caracteriza pelo receio do objeto ir e não voltar. Essa angústia de perda do objeto é traçada pelo medo da criança de que seu objeto não sobreviva aos seus ataques de ódio, dado que possui uma intensa ambivalência afetiva no envolvimento com objeto, com o qual possui dependência, demarcando a posição depressiva. Conforme o desenvolvimento da criança, essa angústia de separação passa a ser elaborada, adquirindo a capacidade de ficar só e criando símbolo para a ausência. Nesse momento, são desenvolvidos o princípio de realidade, o processo secundário e a simbolização.

A fase da automação do desenvolvimento do Eu pode ser articulada à posição depressiva comumente expressa no idoso, sendo manifestada pela regressão, a partir da qual o velho poderá manifestar o domínio do ódio ou o estado depressivo, por vezes pode ocorrer de modo temporário e com potencial para a sua reelaboração (posição depressiva). Essa fase se caracteriza pelo retraimento do ancião, fazendo com que reduza o contato com o mundo externo e aumente o contato com o interno (Mendonça & Souza, 2020). Nesta fase da autonomização, a fase anal, o prazer corresponde à expulsão e retenção das fezes, conciliada à viabilidade de submissão ao objeto e à atividade do sadismo e controle. Já no início da fase fálica, o prazer passa a se constituir pela manipulação do pênis e do clitóris. Nessa circunstância, a angústia é a de castração.

Junto do amadurecimento da criança, o processo de simbolização pode ser definido pela introdução inaugural do inconsciente da figura materna e, em seguida, das instituições que disponibilizam os símbolos para a criança interpretar o mundo, sempre apoiada na sua visão, o que lhe concede sentido para esses símbolos. A criança internaliza essas noções e pode formar novos símbolos depois; é o que chamamos de processo de subjetivação. Até fase da autonomização considera-se o período pré-edipiano. Desde o princípio da consolidação do narcisismo secundário (4-7 anos), permite-se o processamento da passagem pelo Édipo com a aquisição da identidade sexual (a partir de identificações de ambos os genitores), fazendo a abdicação do objeto edipiano. As relações objetais acontecem por interferência de parceria, de colaboração, da diferença e da complementariedade. Dessa forma, o outro é o objeto de desejo.

A criança se organiza psicologicamente ao redor da passagem do Édipo, que pode ser bem-sucedida. E, posteriormente, poderá desencadear o bloqueio edipiano caracterizado por regressões nas fases de fixação libidinal precedentes (oral e anal). Alicerçada na compreensão das fases do desenvolvimento do Eu, correlacionamos as regressões ao período da velhice, momento em que podem se desenrolar o retorno às fases libidinais anteriores, diante das várias perdas e lutos correlacionados à idade avançada que sucedem à reativação de vivências mais arcaicas, como a paranoia, até a alcançar a fase edipiana.

Partimos do pressuposto de que a formação do aparelho psíquico ocorre a partir das circunstâncias ambientais favoráveis, de modo que as falhas nesse processo originam a estagnação do desenvolvimento. A influência ambiental na nossa subjetividade se dá por meio de nossa ligação com os objetos; quando nos modificamos, internalizamos e nos identificamos por meio das relações objetais. A partir disso, o envelhecimento pode se desenrolar de forma harmônica, caso haja um ambiente suficientemente bom e acolhedor, viabilizando uma possível redução da ansiedade e dos mecanismos de defesa (Mendonça & Souza, 2020).

Minerbo (2014) denomina de *fisiologia da mente* os processos psíquicos de base que correspondem a forma pela qual o aparelho psíquico trabalha com as forças afetivas e elabora os estímulos que obtêm. O trabalho desses fomentos procede da presença (ou não) do escudo protetor ou paraexcitação, representando a prevalência do processo psíquico primário e do processo psíquico secundário, e o nível de desenvolvimento das funções realitária, simbólica, imaginativa, sublimatória e dos mecanismos de defesa, sendo brevemente descritas a seguir, conforme a autora indica.

A subjetividade psíquica que rege pelo anteparo no recebimento de estímulos internos e externos, e pela regulação das intensidades destes, protege o aparelho psíquico de invasões intensas de excitação. A paraexcitação protege o aparelho psíquico do trauma, o qual concerne o excesso de excitação que invade o aparelho psíquico, resultando em aniquilamento de ligação existente (ligações de representações que formam uma conexão pela qual o afeto possa se movimentar) que causa dor e desorganização do Eu, detendo realizar novas ligações. Portanto, no envelhecimento, as vivências de transformação do corpo, de perdas de entes queridos, do *status* social e da noção de finitude podem ser disruptivas, acarretando em perda de identidade do idoso e, consecutivamente, desorganização do seu Eu.

A função realitária é um dos modos de elaboração dos estímulos do aparelho psíquico. Ela tem a função de instituir o princípio de realidade e, quando este é bem estabelecido (como acontece no neurótico), o indivíduo percebe que o mundo (a realidade) não corresponde ao seu desejo. Assim, ele não confunde a realidade com a sua fantasia ou desejo.

Outra forma de elaboração dos estímulos pelo aparelho psíquico pode ocorrer por intermédio da função simbolizante, qualificada pela capacidade de originar símbolos e conferir sentido à experiência de si e do mundo pelo sujeito. Sem os símbolos, a vivência não pode ser elaborada, nem se tornar experiência subjetiva. A função simbolizante é introduzida pelo psiquismo materno, que se apresenta à criança como um centro para a simbolização.

A elaboração dos estímulos pelo psiquismo também pode ser realizada a partir da função imaginativa, quer seja a capacidade de originar imagens dando configuração aos movimentos psíquicos. A função imaginativa interpreta as disposições pulsionais no modo fantasioso, o qual se expressa na brincadeira, nos sonhos, no delírio, na alucinação e nas artes. O jogo *fort-a* do neto de Freud foi um desses modos de criação imaginativa, sem a brincadeira ele não originaria o símbolo para a ausência da mãe. A dinâmica do desejo e do investimento objetal com qualidade fálica baseia-se na função imaginativa.

Freud (1920/1996i) expõe o jogo *fort-a* a partir da brincadeira do neto de um ano e meio, que jogava um carretel de madeira segurando-o através de um cordão amarrado no objeto. Quando o objeto desaparecia do seu campo visual, o menino expressava "o-o-ó" e puxava o cordão, trazendo o carretel de volta, para o qual se expressava de maneira alegre: "dá", repetindo a brincadeira muitas vezes. O pai da psicanálise interpreta o jogo da criança como uma renúncia pulsional de deixar a mãe se afastar sem reclamar, compensando com o jogo o "vai e volta" dos objetos. Isso reproduz uma experiência desagradável (afastamento da mãe, por exemplo), mas a repetição do jogo produz prazer de outra ordem. A criança transforma a passividade da experiência para atividade da brincadeira através da modificação da experiência desagradável em seus jogos, vingando-se mediante sua substituição. Assim, associamos a dinâmica do desejo à função imaginativa e à substituição da mãe pelo método da brincadeira como símbolo.

O idoso, recorrentemente, precisará ser criativo tal qual o neto de Freud com a invenção do jogo *ford-a*, mas agora frente à realidade do corpo. O idoso deverá, com isso, redirecionar o investimento da libido em uma nova dinâmica, podendo investir em novos objetos e representações os recursos sublimatórios e um possível sentido de vida. Dessa maneira, o idoso realizará o trabalho de luto das perdas recorrentes da velhice, podendo as ressignificar e constituir ganhos com os novos investimentos libidinais objetais – ou algo que ocupe o lugar desses objetos. Nesse contexto, a sublimação também é um meio de elaboração dos estímulos pelo psiquismo, constituindo uma função do Eu capaz de sublimar as pulsões sexuais e agressivas por intermédio de investimentos de objetos culturais, como atividades artísticas e intelectuais.

Por fim, acrescentam-se os mecanismos de defesa como mais um recurso de defesa dos estímulos do aparelho psíquico, também fundamentais para assimilar as possíveis defesas no período da velhice. Levamos em consideração que a delimitação conceitual das modalidades de elaboração dos estímulos pelo aparelho psíquico é colocada de maneira didática para a captação das especificidades de cada função (realitária, simbólica, sublimatória etc.), uma vez que essas funções não acontecem de forma isolada.

3.3.4 Os Mecanismos de Defesa

O entendimento dos mecanismos de defesa é básico para a compreensão de regressão, de narcisismo e de posição depressiva por se tratar de defesas comumente associadas ao processo de envelhecimento. O conceito de mecanismo de defesa foi introduzido na teoria psicanalítica a partir do texto freudiano *As Psiconeuroses de Defesa* de 1894 (1996t). Antes mesmo dessa obra, Freud havia se dedicado a estudar as defesas psíquicas, contudo, não encontrou uma nomeação para esse processo. A criação da concepção de defesa na psicanálise foi originada nos estudos sobre o trauma psíquico (Silva & Fontenele, 2012). Tão logo, a defesa, no trauma, consistia em esquecer a lembrança traumática como um meio do sujeito se afastar do desprazer provocado em seu psiquismo, sendo esse seguimento avaliado como patológico pelo mestre de Viena.

O pai da psicanálise, ao estudar as defesas do Eu na histeria, como a "cisão psíquica", afirmou que elas se procederam pela retirada das representações das vivências insuportáveis da consciência e da memória do Eu, tornando-as inconscientes, embora esses conteúdos inconscientes pudessem retornar à consciência na forma de sintoma (Freud, 1906/1996u). Em outras palavras, a defesa é um combate do Eu contra os afetos dolorosos. James Strachey (1996) esclarece, no Apêndice A do texto de Freud *Projeto de uma Psicologia Científica*, de 1950, que a última definição de defesa elaborada por Freud aconteceu em 1926 em *Inibição, Sintoma e Angústia*, em que ele a descreveu como uma "designação geral para todas as técnicas a que o ego recorre nos conflitos que podem levar a uma neurose" (Freud, 1926/1996v, p. 158), substituindo a terminologia defesa ou os processos defensivos por recalque. Freud classifica o recalque como um método especial de defesa, descrevendo-o enquanto "proteção do ego contra as exigências instintuais" (p.159).

A teoria freudiana estabeleceu variados mecanismos de defesa, como "regressão, recalcamento, formação reativa[30], isolamento, anulação[31], projeção[32],

---

[30] Segundo Laplanche e Pontalis (2001, p. 200), a formação reativa é "atitude ou hábito psicológico de sentido oposto a um desejo recalcado e constituído em reação contra ele". Por exemplo, o pudor contrariando a disposição exibicionista.

[31] Anulação é um mecanismo de defesa em que o sujeito ignora pensamentos, gestos, palavras e atos passados como se não tivessem acontecido (Laplanche & Pontalis, 2001).

[32] A projeção é um mecanismo de defesa arcaico, como acontece em casos de paranoia, e constitui-se quando o sujeito dispersa de si e acha no outro (coisa ou pessoa), como desejos e qualidades (Laplanche & Pontalis, 2001).

introjeção[33], inversão contra o ego[34] e reversão[35]" (Freud, 1975/2006, p. 38). Mais tarde, Anna Freud, filha de Sigmund Freud, complementou o conteúdo de mecanismo de defesa do Eu ao escrever a obra *O Ego e os Mecanismos de Defesa* em 1975 (2006), acrescentando na defesa do Eu a sublimação.

Anna Freud (1975/2006) aponta para as diferentes defesas do Eu que podem ser levadas em conta na análise, como: a defesa contra a pulsão manifesta, como a resistência; a defesa contra os afetos; os fenômenos de defesa permanente; e a formação de sintomas. A primeira, a defesa contra a pulsão, é a resistência anunciada na análise; a exemplo da transferência das resistências, a qual pode ser difícil de ser vencida, pois se manifesta na forma de compulsão de repetição (ou seja, uma dimensão defensiva do Eu).

Outra proteção é a defesa contra os afetos, resultada do conflito entre o Eu e as representações do Id, uma vez que estas insistem em acessar o consciente. Quando o Eu luta contra as imposições das pulsões, o primeiro passo é tentar evitar os afetos, como "amor, nostalgia, ciúme, mortificação, dor e pesar acompanham os desejos sexuais, o ódio, a cólera e o furor nos impulsos de agressão" (Freud, 1975/2006, p. 29), transformando-os e destinando-os a outros modos de exibição. Conforme o período da vida e a organização psíquica do sujeito, o Eu encontrará as suas configurações de defesa, podendo serem estabelecidas por intermédio do deslocamento, inversão, recalcamento, entre outras.

No que diz respeito aos fenômenos de defesa permanente, podem ser entendidos enquanto proteções que imobilizam ou bloqueiam o sujeito em decurso de uma fixação, aparecendo por meio de fragmentos desse processo de defesa potente que ocorreram no passado e se dissociaram das circunstâncias atuais (conflitos entre afetos e pulsões). Por exemplo, "as atitudes corporais, como a rigidez, as peculiaridades pessoais, como um sorriso fixo; o comportamento hostil, irônico e arrogante" (Freud, 1975/2006, p.30), que se caracterizam como permanentes por demonstrarem uma "blindagem do caráter". O retorno da mobilidade do sujeito

---

[33] A diz respeito ao movimento do sujeito colocar de maneira fantasística os objetos e suas qualidades de fora para dentro (Laplanche & Pontalis, 2001).

[34] A inversão em seu oposto é um processo em que o objetivo da pulsão se modifica ao contrário, como passar da atividade para a passividade, do amor para o ódio, do voyeurismo para o exibicionismo etc. (Laplanche & Pontalis, 2001).

[35] Reversão ou retorno sobre a própria pessoa, conforme Laplanche e Pontalis (2001), é um processo em que a pulsão substitui um objeto realizado pelo próprio sujeito.

é possível pela identificação do princípio histórico desses fragmentos no processo analítico, algo particularmente trabalhoso em sucessão da operação defensiva do Eu de forma muito ativa.

A última defesa colocada por Anna Freud (1975/2006) no processo de análise diz respeito à formação de sintomas – um método de defesa especial detectado principalmente em neuróticos. Trata-se da luta do Eu contra as exigências pulsionais particulares. A autora exemplifica a ligação entre a histeria e o recalque; e a neurose obsessiva e os processos de anulação e isolamento. No caso da histeria, o sintoma é produzido a partir do recalque (o Eu expulsa da consciência as representações das pulsões sexuais) e, no caso da neurose obsessiva, o sintoma é resultado do movimento pulsional do devido enquadramento. O neurótico obsessivo consegue falar sobre as ideias pulsionais, mas sem a conexão dos afetos, trazendo esses conteúdos pulsionais de modo insignificante.

Associamos as defesas do Eu no processo analítico, que foram aludidas por Anna Freud com base na teoria de Sigmund Freud (1937/1996c), acerca do obstáculo de análise com pessoas idosas. Seria a adversidade analítica com pessoas de idade mais avançada efeito de defesas permanentes contra pulsão e afetos? Os idosos apresentam maior residência no processo analítico e conflitos pulsionais?

Freud justificava o seu posicionamento a partir da suposição de que havia casos de entropia psíquica pela limitação da plasticidade psíquica em alguns velhos. Isso dependeria da particularidade de cada sujeito. Conjecturamos que a resistência exibida no processo analítico, comumente manifestada em neuróticos, pode se apresentar em idosos de uma forma específica, por efeito do conflito causado entre o Eu – que percebe a realidade do envelhecimento do corpo e a finitude – e as representações do Id – que ignoram a morte, gerando diferentes modos de defesa.

Outro ponto que levantamos como questionamento é se a expressão "manias de velho" está articulada às defesas permanentes do Eu, como apego aos objetos ou aos bens materiais, teimosia, mau-humor ("velho ranzinza") etc. Muito provavelmente, os idosos que exibem essa "blindagem de caráter" já expressavam essa característica na fase adulta e por isso o termo "permanente" nessa modalidade de defesa.

A formação de sintomas seria outra defesa frequentemente presente nos idosos? Muitos anciões se queixam de dores, mal-estar e preocupação excessiva com uma parte do corpo. Seria uma queixa do corpo real que está envelhecendo ou a luta do Eu contra às representações pulsionais? Não fazemos essa dissociação. Talvez as formações de sintomas nos velhos estejam atreladas ao corpo que está em processo de desgaste fisiológico e, ao mesmo tempo, aos conflitos pulsionais presentes nos sujeitos.

Os mecanismos de defesa do Eu se anunciam de modos distintos, de acordo com o desenvolvimento do Eu. Anna Freud (1975) aborda que a sublimação é um exemplo de defesa que perpassa por deslocamentos do objetivo pulsional em consonância com as regras e normas sociais, que surgem somente com a existência do Supereu. O recalque também é uma defesa que exigirá a separação do Eu e do Id, em razão de se proceder pela expulsão das representações pulsionais da consciência, movendo-as para o inconsciente. Não obstante, a autora pondera que a regressão, reversão ou inversão, não dependem do estágio da estrutura psíquica.

Nesse sentido, Vailant (1971) contribui para a teoria das defesas, classificando-as em quatro níveis, conforme a maturidade do Eu: defesas narcísicas (nível I: projeção delirante, negação psicótica e distorção), defesas imaturas (nível II: projeção, fantasia esquizoide, hipocondria, comportamento passivo-agressivo e *acting-out*), defesas neuróticas (nível III: intelectualização, recalcamento, deslocamento, formação reativa e dissociação) e defesas maduras (nível IV: altruísmo, humor, antecipação e sublimação). O nível de defesa pode estar correlacionado ao distúrbio psicopatológico do sujeito. Para o autor, apesar dos mecanismos de defesa serem oriundos de casos patológicos, eles também estão presentes em sujeitos saudáveis, em razão do amadurecimento do Eu e de seu processo adaptativo à vida.

Os níveis de defesa neurótica de Vailant podem ter ligação à proposta de Anna Freud sobre a motivação para a defesa contra as pulsões nas neuroses de adulto. A autora considera que a angústia do Supereu é a propulsora das defesas nos adultos neuróticos (intelectualização, recalcamento, deslocamento e formação reativa, como foram classificadas por Vailant). Anna alude que quando o desejo pulsional tenta acessar à consciência com o auxílio do Eu para se satisfazer, é barrado pelo Supereu, apesar do Eu não se colocar como opositor. O Eu se posiciona como obediente ao Supereu, lutando contra o desejo pulsional por ordem deste.

Logo, trata-se de defesa motivada pela angústia do Supereu, sendo este autor das neuroses e que impede a conciliação entre o Eu e os representantes pulsionais. Nesse cenário, proíbem-se a sexualidade e a agressividade por serem colocadas como insociáveis, exigindo-se a renúncia da parte sexual e a evitação da agressão pelo sujeito, que são antagonistas da saúde mental. Por esse motivo, o processo analítico do adulto vai impor a estimulação da análise do Supereu. A redução das exigências do Supereu pode advir da amenização do conflito neurótico.

Correlacionamos a defesa do Eu contra as pulsões na fase adulta à fase do envelhecimento. As defesas dos neuróticos adultos se assemelham às dos idosos? Entendemos que não, embora seja um processo particular para cada sujeito. Levando em conta que alguns idosos não conseguem aceitar as perdas objetais, eles podem se identificar com os objetos perdidos e restabelecê-los novamente no Eu, ficando demarcada a melancolia que apresenta o Supereu com uma atuação de forma cruel na relação com o Eu (autorrecriminação). Desenvolvemos o conceito de melancolia no capítulo 4. *Velhice e Psicanálise*, em especial no tópico 4.4.1 *Luto, Melancolia e Depressão*.

Percebemos que os mecanismos de defesa são funções do Eu que se manifestam em ocasiões de formação de angústia. Além das quatro classificações de defesa de Vailand, Minerbo (2014) realiza uma delimitação dos mecanismos de defesa em neuróticos e não neuróticos, constituindo uma outra variedade de conteúdos de defesa do Eu. Para a autora, os mecanismos de defesa dos neuróticos são: angústia de castração e recalque. Já os mecanismos de defesa dos não neuróticos são: angústia de aniquilamento e fragmentação, angústia de separação e intrusão e defesas contra angústias primitivas.

A angústia de castração se edifica no período edipiano do receio de perder o falo a partir das ameaças do rival ou de seus representantes. O falo simboliza a potência para a realização parcial do desejo e da aquisição de prazer. Esse medo pode acontecer de modo demasiado, a ponto de o sujeito renunciar a sua própria potência e seu prazer, tornando a vida desinteressante (Minerbo, 2014). Como apontado previamente, a angústia de castração é uma defesa que, via de regra, reaparece no processo de envelhecimento articulada principalmente à percepção do idoso da sua finitude e ao sentimento de ameaça de perder a própria vida. Essa angústia também pode surgir na menopausa, na limitação do corpo, no adoecimento e na perda de entes queridos próximos.

Outra defesa é o recalque, principal defesa neurótica, que se procede pela separação entre o afeto e sua representação, convertendo estes em inconscientes. Ele se apresenta em recordações, desejos, imagens associadas à uma pulsão (sexual ou agressiva), em que a sua satisfação acarreta angústia de castração, mantendo esses representantes no inconsciente. O afeto que se desligou (da representação) se torna livre para realizar uma nova ligação (com outro representante), que sustenta uma conexão com a representação original e no momento fica recalcada. Esse novo vínculo pode ser investido de modo acentuado (contra investimento) para escapar da representação original.

Como consequência, há muitos moldes de negociações do sujeito com a angústia de castração: *sintoma* (elimina a angústia mediante uma saída de responsabilidade, sendo que o desejo é realizado parcialmente, sujeitando-se em parte ao impedimento); e *inibição* (elimina a angústia mediante o recalque abundante, assim, fica totalmente sujeito ao impedimento). No momento em que as duas modalidades não são possibilitadas, o sujeito fica angustiado, achando secundariamente razões para esse mal-estar.

A castração é uma experiência psíquica inconsciente que reaparece ao longo da nossa vida. As inúmeras negociações da angústia de castração também são reativadas no processo de envelhecimento. O idoso pode se defender da ameaça da proximidade da morte pelo desenvolvimento de sintomas; por exemplo, os esquecimentos recorrentes na velhice, dos quais podem ser substitutivos pelo desejo inconsciente, em que pode haver certa satisfação, impedindo de guisa parcial o aparecimento da angústia. Nos casos mais graves, como acontece na demência, a condição de "não ser" pode reativar a angústia de aniquilamento. O adoecimento, nessa conjectura, se torna um modo de impedimento completo da angústia, caracterizado pela subjetividade não neurótica.

No não neurótico, as angústias de aniquilamento e de fragmentação são assinaladas pela fusão com o objeto, sendo que este tem um papel de responsabilidade por grande parte do trabalho psíquico para assegurar a sua integridade. A ameaça da perda desse objeto acarreta a angústia de morte, denominada por Klein de angústia de aniquilamento e por Winicott de angústia de desintegração e agonia primitiva. A segregação entre a angústia de aniquilamento e a angústia de fragmentação é que nesta o Eu se mantém delicadamente integrado, correndo o risco de desorganização; enquanto naquela ainda há um Eu fragilizado.

Outro mecanismo de defesa do não neurótico é a angústia de separação e intrusão, que se referem ao medo de perder o objeto, sendo que aquele terá a função de apoio e este o receio de ser invadido pelo objeto e perder a sua autonomia. De igual forma, defesas contra angústias primitivas são variações em volta da angústia de morte: o sujeito pode se apegar fisicamente ou psiquicamente ao objeto quando é ameaçado pela angústia de morte (o indivíduo se apega ao objeto para não se desintegrar); as angústias primitivas também podem acionar as defesas de cisão ou clivagem (o Eu pode se dividir em duas partes: uma parte entra em contato com a realidade e a outra recusa, como uma forma de eliminar a angústia e escapar da fragmentação); na defesa da negação acontece a cessação da própria percepção do estado que motiva a angústia (como se a pessoa não tivesse visto, escutado e sentido nada); se o sujeito entra em contato com o prejuízo causado pelo objeto (real ou fantasia) pode denotar como defesas reparações maníacas, expondo atos excessivos; outro mecanismo de defesa é a recusa (percebe e recusa o que se percebe).

Frente à ameaça de morte, o idoso pode se defender pelo apego aos objetos, como um apoio para não se desintegrar ou mediante o domínio do ódio, o qual pode se apresentar de modo temporário. A clivagem é uma outra defesa que o idoso pode manifestar diante das angústias primitivas, da angústia de morte, em que uma parte do Eu recusa a morte e uma parte a aceita. A negação pode ser outro recurso de proteção psíquica que o idoso encontra para não lidar com a sua finitude, negando-a e podendo constituir reparações maníacas, comportando-se como se fosse jovem.

Os mecanismos de defesa de base de estrutura psíquica pertencem aos modos como o aparelho psíquico lida com as forças psíquicas. Eles fundamentam as noções de subjetividade neurótica e não neurótica, como também os modos de resoluções psíquicas que o idoso pode encontrar diante de perdas, das transformações do corpo e do *status* social, do adoecimento, noção da finitude etc. O psíquico do velho, quando subjetiva essas perdas e alterações, pode se desestabilizar, sendo convocado a realizar um trabalho de elaboração que pode acontecer ou não conforme os recursos psíquicos e o meio favorável. Diante dessas nuances, caminhamos para a finalização deste capítulo, abordando de maneira sucinta o tratamento psicanalítico, o qual também será retomado novamente no último capítulo deste texto.

3.3.5 Da Hipnose à Associação Livre

Buscamos introduzir de forma concisa o método psicanalítico com o objetivo de refletir, na sequência, a eventualidade da clínica com idosos na conjuntura hospitalar. Inferimos que os mecanismos de defesa enunciados pelo velho perante à percepção da sua finitude, das perdas e dos lutos e as resistências emitidas no seguimento de tratamento podem ser agravadores do processo analítico. Outro fator é o *setting* no contexto hospitalar, dado que não ocorre de modo tão controlado como no consultório particular, podendo ser outro empecilho. Para tanto, intencionamos dissertar, nesse primeiro momento, a posição do sujeito no tratamento psicanalítico, do método hipnótico à associação livre.

O saber psicanalítico é permeado pelo inconsciente, como foi descrito na introdução deste capítulo, ao qual torna-se possível o acesso a partir de um trabalho analítico. Portanto, há a necessidade de um método específico – neste caso, o método psicanalítico –, de um procedimento analítico e um meio de acesso – o psicanalista. O trabalho analítico consiste no método de associação livre, dispositivo freudiano que se trata de um artifício pelo qual é possível trazer à consciência do sujeito conteúdos inconscientes por via de atos falhos, lapsos de memória, chistes e sintomas, além de repetições e da transferência.

O método hipnótico adotado por Freud nos casos de histeria constatou que não existe o sujeito, pois os conhecimentos dos sintomas e suas etiologias transmitidos pela hipnose não eram apropriados pelo sujeito, mas pelo hipnotizador. Quando o pai da psicanálise abandonou a hipnose e adotou o método da associação livre, ele passou a considerar o sujeito, conjeturando que este tem um saber próprio dele e que os conteúdos inconscientes compõem esse saber e são manifestados pelos atos falhos, muitas vezes expressos na fala do analisando (Elia, 2010).

Desde o tratamento pela "cura da palavra" de Breuer, o mestre de Viena havia proposto que o psiquismo era um aparelho da linguagem no seu ensaio sobre afasia, de 1891. No trabalho com Breuer, Freud ponderou que o psiquismo não era apenas instituído pela linguagem, mas também envolvia o movimento de intensidades, sendo o aparelho psíquico composto pela relação entre representações e profundidades (Birman, 2021). Freud rompeu teoricamente com Breuer a partir da crença da sexualidade como aspecto primordial do aparelho psíquico. A sexualidade estaria atrelada aos traços psíquicos, bem como à circulação e intensidades psíquicas.

Além de passar a considerar o sujeito, quando Freud recusa a hipnose e introduz a associação livre, o novo método psicanalítico da época permitiu conhecer os mecanismos de defesa do sujeito (o aparecimento do sintoma é um ato de defesa, por exemplo), designados de resistências, em que o indivíduo se recusa a saber do seu trauma. Em outras palavras, ele não quer saber do seu desejo, pois este encontra-se vinculado ao trauma. Por conseguinte, o psicanalista, ao trabalhar com a resistência na análise, está levando em conta o sujeito (Elia, 2010).

Freud, no caso Dora[36], percebeu que a transferência não era somente uma fração "periférica" da prática analítica, mas se tornava o alicerce fundamental do método psicanalítico. Isso mostrava que a figura do analisando se posicionava em atos, no elo com a figura do analista, o que não conseguia colocar em palavras pelo método da associação livre. Apoiado nisso, o discurso freudiano passou a se focalizar na análise das resistências, evidenciando que elas poderiam ser superadas quando operadas em palavras (Birman, 1997).

A resistência e a transferência são elementos essenciais do trabalho psicanalítico. Com isso em vista, o pai da psicanálise, ao aplicar a associação livre, ponderou a resistência como algo a ser trabalhado. Já em relação à transferência, a definiu para além de um conceito, conforme aponta Elia (2010), uma ocorrência que constata o real na prática analítica e está interligada à resistência, em especial no momento em que o paciente associa livremente e logo surge um intervalo, uma quietude ou um buraco no percurso das associações que se ligam ao analista. Ela aparece porque estava em função da resistência. Em outros termos, "a transferência é uma atualização do inconsciente" (p. 27), pois atualiza o inconsciente presente na relação com o objeto.

A psicanálise sucede um desvio conceitual e metapsicológico, que desconsidera progressivamente a ideia de cura e se alinha a outro destino viável para a experiência analítica. Essa prática se originava na arte da interpretação, que se modificou, logo depois, em uma análise das resistências, desencadeando, por último, a inquisição da repetição (Birman, 1997).

Apoiada nessa noção de tratamento psicanalítico, realizamos uma revisão narrativa desse método no contexto hospitalar no último capítulo deste livro 5. *A Psicanálise no Hospital*, uma vez que esta pesquisa se procedeu no cenário de um hospital público.

---

[36] O caso Dora está descrito no texto freudiano *Fragmentos da Análise de um Caso de Histeria,* de 1905.

4

VELHICE E PSICANÁLISE

Deixem-Me Envelhecer

Deixem-me envelhecer sem compromissos e cobranças,
Sem a obrigação de parecer jovem e ser bonito para alguém,
Quero ao meu lado quem me entenda e me ame como eu sou,
Um amor para dividirmos tropeços desta nossa última jornada,
Quero envelhecer com dignidade, com sabedoria e esperança,
Amar minha vida, agradecer pelos dias que ainda me restam.
Eu não quero perder meu tempo precioso com aventuras,
Paixões perniciosas que nada acrescentam e nada valem.
Deixem-me envelhecer com sanidade e discernimento,
Com a certeza que cumpri meus deveres e minha missão.
Quero aproveitar essa paz merecida para descansar e refletir.
Ter amigos para compartilharmos experiências, conhecimentos.
Quero envelhecer sem temer as rugas e meus cabelos brancos,
Sem frustrações, terminar a etapa final desta minha existência.
Não quero me deixar levar por aparências e vaidades bobas,
Nem me envolver com relações que vão me fazer infeliz.
Deixem-me envelhecer, aceitar a velhice com suas mazelas,
Ter a certeza que minha luta não foi em vão: teve um sentido,
Quero envelhecer sem temer a morte e ter medo da despedida,
Acreditar que a velhice é o retorno de uma viagem, não é o fim,
Não quero ser um exemplo, quero dar um sentido ao meu viver,
Ter serenidade, um sono tranquilo e andar de cabeça erguida,
Fazer somente o que eu gosto, com a sensação de liberdade,
Quero saber envelhecer, ser um velho consciente e feliz!!!

(Mario Quintana)

4.1 A Velhice no Mal-Estar da Cultura

Iniciamos esta parte teórica com a contextualização do idoso inserido no campo social, cultural e individual. Logo após, realizamos uma revisão não sistemática da possível leitura psicanalítica da velhice por intermédio das noções de corpo, tempo, luto, entre outras. Buscamos expor neste tópico uma abertura da concepção psicanalítica de sofrimento humano e o mal-estar na cultura para entendermos a velhice nesse cenário.

Diferente da visão filosófica, na perspectiva psicanalítica, o sofrimento humano no envelhecimento não está articulado somente ao meio social e cultural, mas também à ordem psíquica. Esta é nomeada por Peres (1999) de "consciência infeliz", momento em que o ser humano constitui a percepção de que o rumo da sua vida não depende do mundo externo, senão dele mesmo. O sujeito pode se sentir culpado, insuficiente e incapaz de atingir seus ideais que estabeleceu para ele próprio como meio de liberdade (para a psicanálise o sujeito não é livre, pois o psiquismo é determinado pelo inconsciente). Atualmente, o indivíduo comumente fica mais enclausurado na sua perda do que nos seus ganhos.

Em termos psicanalíticos, o ser humano fica preso nos ideais que o estimulam, contudo, ao mesmo tempo, esses ideais o destroem – situação esta em que vive a luta entre o que realmente consegue alcançar e o que realmente deseja. O sujeito fica dividido entre Ideal do Eu e as viabilidades do seu Eu Ideal abalado, cisão que o coloca na formação e na expressão do seu narcisismo (Peres, 1999).

Embora o destino da nossa vida não dependa unicamente do meio externo, mas sim do nosso inconsciente, concebemos a formação do Ideal do Eu vinculada ao ambiente em que o sujeito está inserido, influenciando nas suas identificações com os ideais coletivos. Estes, por sua vez, podem se associar ao universo neoliberalista e aos significantes de uma cadeia discursiva permeada pelo social. Esse contexto deu vistas a um cidadão com direitos que não podem ser modificados; um ser econômico orientado pelos seus interesses, atiçando a mercantilização das relações sociais e a ideia de liberdade subjetiva. O sujeito produtivo é fruto da sociedade industrial. A ideia de produtividade está articulada à noção de construção de mais felicidade. Por isso, resultam em seres humanos produtivos e adestrados ao trabalho e inclinados ao consumo da lógica de prazer. Diante dessa noção de liberdade de escolhas e do funcionamento do gozo, a pessoa é convidada a trocar de casa, carro, de parceiro, de sexo, de identidade etc. (Dardot & Laval, 2016).

Nos dias de hoje, constitui-se a concepção de que a pessoa possui mais liberdade, como se tudo fosse possível, além do mais, perde-se a segurança por intermédio do medo de não condizer com o que ele próprio e o que os outros esperam dele, gerando o sentimento de impotência e insuficiência. Já que se pode tudo, isso causa insuficiência. A partir disso, existe um conflito entre a impotência e a culpa pelo insucesso que se efetiva em autorrecriminação. A psicanálise dirigirá seu olhar para esse sujeito culpado e inserido em um conflito de insuficiência face à sua liberdade. Não há garantia de felicidade e bem-estar, entretanto, o método oferece possíveis soluções e escolhas perante a própria verdade (Peres, 1999).

Frente ao sentimento de insuficiência, não deixamos de relacioná-lo ao modo de existência do ser humano na nossa contemporaneidade, uma vez que o neoliberalismo modificou tanto o capitalismo quanto as sociedades, tornando-se, além de uma política econômica, um sistema de normas que impacta o mundo todo e amplia o fundamento do capitalismo nos vínculos sociais e nas dimensões da vida, em especial por meio de delimitações de modelos de subjetivação. O resultado do neoliberalismo é a individualização (egoísmo social, recusa da redistribuição e da solidariedade), o que dificulta as ações coletivas em virtude da grande concorrência em todas as dimensões da vida (Laval, 2016).

No aspecto singular, o sentimento de insuficiência do sujeito também está atrelado ao desamparo fundamental (como foi explanado anteriormente no capítulo 3. *O Sujeito da Psicanálise*), em que o bebê depende do humano adulto (auxílio externo) para atender as suas necessidades e introduzi-lo às primeiras vivências de satisfação. Essa insuficiência aliada ao desamparado se trata de uma condição humana que se efetiva na ausência estrutural, da qual nossa posição de faltantes é caracterizada (Peres, 1999).

Além da prematuridade do Eu pela ausência de autossuficiência nos primeiros anos de vida e pelo risco da perda do objeto de amor, o desamparo ocorre pela ameaça da castração no período da fase fálica, situação em que o medo do Supereu é reinscrito em variadas formas e especificidades do perigo em jogo. O infantil reaparece na velhice na condição de desamparo (Mucida, 2018) em razão do ressurgimento da angústia de castração no idoso, que se atualiza face à percepção da finitude, estando em contato com perdas de entes queridos mais recorrentes e do corpo cada vez mais fragilizado.

O desamparo está vinculado ao narcisismo, uma vez que o sujeito se constitui pelas identificações para se concretizar em uma identidade. Devemos ponderar que o ser humano atual sofre de uma crise de identidade, o que leva à uma confusão dos papéis entre os gêneros (masculino e feminino) e uma perda de equilíbrio entre as idades (jovens querem posições dos mais velhos e os mais velhos querem ser mais jovens). Assim, a hierarquia se modifica (Peres, 1999).

Baseada na noção de desamparo e da ameaça de castração, o idoso pode se defender psiquicamente mediante a recusa da realidade frustrante (transformações corporais, cognitivas, perdas e lutos), expondo práticas maníacas e se comportando como jovem. Posto que se sentir jovem é uma forma de se afastar da noção da aproximação da morte. Esse estado maníaco pode se apresentar na melancolia[37], caracterizando-se por uma condição de triunfo do Eu e uma busca voraz por novos investimentos libidinais.

As saídas psíquicas frente à realidade dolorosa da velhice são diversas, sendo um processo muito singular para cada sujeito. Os sentimentos de desamparo e de impotência agregados ao modo de viver do sistema neoliberalista e capitalista podem fazer com que o sujeito adoeça. Resultado disso são as reações patológicas, como a depressão, a dependência do álcool, as toxicomanias, as violências domésticas, entre outras.

Junto das múltiplas reações e sintomas causados pelo modo de viver nos nossos dias atuais, o sistema neoliberalista favorece a expansão exacerbada das classificações psicopatológicas, de modo que muitos transtornos mentais passam a ser definidos como alterações meramente neuroquímicas. Ante ao exposto, há uma crescente medicalização dessas psicopatologias, favorecendo o aumento do mercado farmacológico. Os fármacos passam a ser consumidos ou ingeridos como marca. Assim, o ser humano contemporâneo consome para tentar suprir suas falhas e faltas.

Esse excesso de medicalização é muito presente no envelhecimento. Muitos idosos chegam ao nosso consultório ou ao serviço de atendimento com uma lista extensa de medicamentos, muitas vezes clínicos gerais ou diferentes especialidades médicas não psiquiátricas receitam psicoativos para idosos, mostrando frequentemente a delimitação de diagnóstico de depressão sem passar por um critério rigoroso de avaliação dos casos.

---

[37] A concepção de melancolia é desenvolvida mais adiante.

Se o indivíduo adulto é destituído da proporção de sentido na sociedade, para o idoso encontrar essa significação é mais difícil ainda. Talvez o excesso de medicação psicoativa dos anciões pode ser uma forma destes suportarem a vida nesse contexto. O sujeito passa a ser o seu próprio objeto que para não ser retirado de cena, passa a consumir amplamente para "ser alguém" no social. Isso inclui, por exemplo, a inteligência, o bom humor e a agilidade. Aqui tem-se a ilusão de gozar a partir do consumo de objetos (Teodoro, Simões & Gonçalves, 2019).

Fundamentadas nessa noção de consumir para existir, consideramos que o sofrimento humano possui influência do contexto neoliberalismo, porque este não se refere somente a uma teoria econômica (como mencionamos acima), a qual findou por facilitar a financeirização das empresas com a origem do capitalismo abstrato, em que o preço da marca pode sobrepor a relevância da produção; também não é só a resposta de uma valorização do consumo, como recurso de constituição de identidades e como referencial de delimitação de negócio; mas significou uma nova moralidade que designa a forma de sofrimento do neoliberalismo, sendo a depressão sua principal síndrome.

Nesse universo, o sofrimento deixa de ser um empecilho para o progresso das indústrias. Desse modo, pode-se exigir um maior rendimento e direcionamento do sujeito para elevar a sua execução de trabalho, balizando o cenário das políticas de sofrimento: "individualização, intensificação e instrumentalização" (Dunker, 2023, p. 182). O próprio sistema econômico atual coloca em risco a "subjetividade do recalque" para ceder a posição à "subjetividade do gozo" (p. 228). Esclarecemos que esse processo substitui as neuroses consideradas comuns por depressão e transtornos funcionais, como sexualidade, sono e alimentação, transtorno borderline e bipolar, tal como o pânico. Novos discursos de sofrimento se originam com a aparição social, evidenciando a individualidade exagerada do sofrimento psíquico tida enquanto causa do fracasso do trabalho, da narrativa e do afeto, como um embaraço próprio do sujeito. Nessa lógica, há uma valorização do futuro, da criação ou inovação de um mundo.

O que distingue o lugar de sofrimento do sujeito no neoliberalismo dos anos 1980 e dos anos 2008 é que, no primeiro, havia um discurso de proteção e restrição do sofrimento do trabalhador. Enquanto no segundo, ocorre a ideia de gestão do sofrimento, como se o próprio sujeito administrasse e gerenciasse esse sofrimento (Dunker et al., 2023). Nesse cenário, exigiu-se do ser humano, não apenas do idoso, a adoção de estratégias de sobrevivência narcísica associadas à uma pequena relação com o prazer, estabelecendo-se maior relação com a dor (Lima, 2002). Um exemplo disso pode ser ilustrado no seguinte relato de um idoso entrevistado:

> Para mim agora já é uma terapia o cigarro. Quando começo a sentir dor demais na perna, eu acendo um cigarro, começo a olhar a fumaça e assim... com outras coisas na fumaça e esqueço um pouco a dor. É uma ajuda, me fazendo mal e ajudando... mais prejudica do que ajuda... Porque eu falo para ela [esposa] que o cigarro para mim é uma distração além do vício. É um calmante. Quando eu tô bem nervoso mesmo, aí uma carteira não dá para o dia. (Carlos, 84 anos de idade).

No caso do idoso entrevistado, o cigarro indica ter a função de objeto que garante sua integridade narcísica, obtendo o papel de cigarro da angústia; ou seja, proporciona ao sujeito um sentido de *holding* (na primeira infância, o bebê pode se sentir seguro quando a mãe o segura com segurança e firmeza) (Minerbo, 2014) para lidar com o seu mal-estar, como um recurso de sobrevivência.

O mal-estar da civilização se expressa no desamparo. Para a composição do processo civilizatório, o ser humano necessitou renunciar às suas pulsões (Freud, 1930/1996w). O mal-estar se mostra para além do desamparo, mas também nas insuficiências, na fragilidade do Eu e nas relações coletivas. Ele é produto do modo de desenvolvimento do sujeito e da cultura, mediante a renúncia pulsional, o que ocasiona a luta permanente entre a satisfação dos ideais narcísicos e os limites colocados pela natureza (Souza, 2005).

Vale enfatizar que não conseguiremos atingir totalmente os ideais exigidos pela sociedade ocidental, em que há a valorização da beleza do corpo, da capacidade produtiva e da juventude. O que permite à vivência do envelhecimento e seus efeitos na subjetividade ocorrerem de modo aflitivo e indesejáveis para as pessoas. Apesar de o inconsciente desconhecer o tempo cronológico, sucede o envelhecimento do corpo na realidade, proporcionando um desencontro (entre mente e corpo) que provoca uma tensão psíquica, demandando alteração das psicodinâmicas; isto é, exige-se uma atualização do sujeito do inconsciente.

Aludimos que o ambiente externo influencia no nosso psiquismo por intermédio de identificações, posto que, ao longo do nosso desenvolvimento, realizamos identificações. Uma dessas é a identificação com ideais coletivos no período de formação do Supereu e do Ideal de Eu, fazendo com que nos apropriemos dos ideais impostos pela cultura como algo que nos pertence. No contexto do envelhecimento, o declínio do corpo pode fazer com que as interpretações do desejo e as manifestações do inconsciente também se transformem, exigindo a reformulação do Ideal de Eu e das dinâmicas pulsionais (Mendonça & Souza, 2020).

Em seu texto *O Mal-Estar na Civilização,* Freud (1930/1996w) menciona que as pessoas criam falsos padrões de apreciações para elas mesmas – poder, riqueza e sucesso – e as valorizam nos outros, deixando de estimar o verdadeiro valor da vida. O autor discorre que o propósito e a intenção da vida das pessoas são traduzidos pela busca da felicidade, ou seja, desejam ser felizes e assim permanecer.

Há dois aspectos nesse cometimento, seguindo o programa do princípio do prazer: meta positiva – sentimento de prazer – e meta negativa – ausência de sofrimento e desprazer –, de modo que a felicidade só pode ser encontrada na primeira. O pai da psicanálise alega que a felicidade está associada à satisfação de necessidades represadas em alto nível, da qual é possível sentir apenas em manifestações episódicas, já que em uma circunstância em que o princípio de prazer se estenda, haverá um sentimento de contentamento sutil.

As possibilidades de felicidade dependem da nossa própria composição e a infelicidade é mais fácil de se experimentar. Há três direções para os quais o sofrimento nos ameaça: a condenação à decadência do nosso próprio corpo, provocando sofrimento e ansiedade como indícios de alerta; o mundo externo que pode se tornar ameaça para nós por via de forças de destruição, de forma cruel e esmagadora; e, por fim, os relacionamentos com outros indivíduos, que podem ser o mais penoso em comparação a outras fontes. Em última análise, todo sofrimento se trata de uma sensação, somente há sentimento a partir do que sentimos e isso depende da maneira como o nosso organismo está regulado.

Com base nas colaborações de Freud sobre as condições de infelicidade através das direções que o sofrimento nos ameaça, enfatizamos que o processo de decadência do corpo na velhice advém da noção de aproximação da morte, que se torna um perigo para o idoso e pode ser uma fase da vida que sucede à redução dos relacionamentos com outros indivíduos.

Não afirmamos que o velho está fadado ao sofrimento e à infelicidade. O ser humano, independente da faixa etária, é visto pela Psicopatologia Fundamental como um portador de excessos, de sofrimento psíquico e de dor, sendo qualificado como psicopatológico em decurso da dificuldade de acesso aos representantes inconscientes pelos recursos racionais. A partir disso, o sofrimento psíquico é considerado constituinte do humano.

Não conseguimos dominar completamente a natureza e o nosso organismo corporal, sendo que este é parte da natureza e tomado como uma disposição passageira com possibilidade de adaptação. As pessoas, diante das pressões das versalidades de sofrimento, acomodam suas reivindicações de felicidade. Logo, o princípio de prazer sob a interferência do mundo externo se transforma em princípio de realidade. Neste princípio, o trabalho é evitar o sofrimento e a obtenção do prazer parcial fica em segundo plano (Freud, 1930/1996w).

No que diz respeito ao sofrimento proveniente dos relacionamentos humanos, afirma Freud (1930/1996w), a forma de defesa é o isolamento voluntário, ou seja, o indivíduo fica afastado das pessoas. Nesse sentido, a felicidade é suscetível de ser conseguida por meio desse método: "felicidade da quietude". O isolamento voluntário é, muitas vezes, uma das principais defesas evidenciadas na velhice. O idoso pode evitar o contato com a realidade dos estereótipos e preconceitos sociais afastando-se do convívio com outras pessoas pelo *isolamento voluntário*. Reconhecemos que o ancião busca evitar o sofrimento pelo seu isolamento, mas ele não necessariamente encontrará a felicidade nesse retraimento. Mendonça e Souza (2020) nomeiam de *retraimento* esse movimento do idoso desinvestir da realidade, demarcando a introspecção como um fenômeno natural do envelhecimento.

Para alguns velhos, o isolamento pode ocasionar um estado de humor deprimido e para outros não, dependendo da singularidade de cada um, conforme a sua subjetividade (levando em conta a capacidade sublimatória, os mecanismos de defesa, a função realitária etc.), e a constituição de recursos de apoio (família, amigos ou profissionais de saúde) que possam auxiliar no seu bem-estar. Vale ressaltar que não há possibilidade de se criar uma fórmula universal para a felicidade, já que ela é disposta de modo particular para cada pessoa. A felicidade é uma questão da economia libidinal individual, não significa um valor global, antes um valor relativo e diferenciativo, que submete o sujeito a depender de suas exigências pulsionais (Birman, 1997).

Por intermédio das formas de defesa que o ser humano adquire para tentar amenizar o seu sofrimento psíquico e evitar a infelicidade, na busca da felicidade, ele acaba só se aproximando dela de maneiras substitutivas bastante insatisfatórias. O resultado disso leva a mais tentativas de diminuição do desprazer do que a busca de prazer (Souza, 2005).

A religião pode ser um dos recursos de defesa psíquica que o ancião adquire para lidar com os seus sofrimentos específicos. Em uma correspondência de carta com um amigo, Freud alega que a religião é uma ilusão, e o amigo julga a verdadeira fonte da religiosidade como algo singular que possui para ele uma sensação de eternidade – "oceânica" –, de caráter totalmente subjetivo. Para o pai da psicanálise, o sentimento oceânico ou a "sensação de eternidade" pode ser uma conduta para restaurar o narcisismo ilimitado, ou seja, decorre o sentimento de onipotência e de completude (narcisismo primário) (Freud, 1930/1996w).

As ideias religiosas são oriundas da necessidade do ser humano de tolerar o seu desamparo, usualmente proclamadas como ensinamentos e afirmações de circunstâncias e situações da realidade externa (ou interna), que nos revelam algo ainda não descoberto em nós mesmos. Essas ideias religiosas são ilusões, "realizações dos mais antigos, fortes e prementes desejos da humanidade" (Freud, 1927/1996x, p. 39). Portanto, o segredo das suas forças está alojado no vigor desses desejos. A crença religiosa foi um dos temas presentes nas entrevistas com idosos hospitalizados:

> *Minha religião tá lá em cima. É o senhor de todos. Se eu disser para você que eu sou evangélico para te agradar porque você é evangélica, eu tô mentindo. Se eu disser que eu sou católico, porque você é católica, eu estou mentindo... se eu disser que eu sou espírita é a mesma coisa... o meu pensamento está lá naquele único... religião não salva, quem salva é o Pai. Eu estando bem com ele acho que estou bem com o céu.* (Pedro, 74 anos de idade).

> *Sempre peço a Deus, eu rezo para Deus, que me deu trabalho, me deu saúde, me deu vida boa, a fé, que eu sou católico, viu? Esses dias eu tava falando com o outro que estava internado na UPA, ele era evangélico, aí ele começou a difamar que evangélico é isso e aquilo, eu disse olha moço, nós não podemos discutir, você quer ser evangélico seja evangélico, eu sou católico, quero ser católico, porque eu não faço pouco caso de ninguém. E pra mim, a vontade de cada um, crença de cada um.* (Roberto, 88 anos de idade).

A religião pode trazer a sensação do amparo e proteção de Deus como um modo substitutivo para evitar o sofrimento. Mesmo com essas tentativas de trocas, será possível encontrar a felicidade? Para Freud (1930/1996w), busca-se a felicidade no desfrute da beleza, que por sua vez, consiste no nosso sentido e no nosso julgamento: "a beleza das formas e dos gestos humanos, a dos objetos naturais e das paisagens e das criações artísticas e mesmo científicas" (p. 90).

O mestre de Viena reporta que a psicanálise tem pouco a dizer sobre a beleza, relacionando-a à derivação do âmbito do sentimento sexual; ou seja, a beleza está ligada a certos caracteres secundários, não exatamente dos órgãos sexuais, pois estes são excitantes, embora não considerados belos. Além disso, o autor opina que a felicidade também está associada ao aspecto econômico do aparelho psíquico, tratando-se de um problema da economia da libido do sujeito. Cada um deve descobrir por si próprio a forma com a qual a felicidade pode ser salva.

Percebemos que a beleza aludida por Freud é atribuída ao nosso sentido e ao nosso julgamento em relação aos objetos, às paisagens e ao próprio ser humano, não se estendendo ao padrão de beleza do corpo estabelecido pela nossa sociedade. A beleza não perde o valor mesmo que ela passe por mudanças. Em seu texto *Sobre a Transitoriedade*, o pai da psicanálise discorre a perturbação de um amigo poeta em relação ao pensamento de que toda beleza dos campos seria extinta no período do inverno, do mesmo modo que a beleza humana e a da criação humana. Freud acreditava ser "[...] impossível que toda essa beleza da natureza e da arte, do mundo das nossas sensações e do mundo externo, venha a se desafazer em nada" (Freud, 1916/1996y, p. 317), pontuando que de alguma maneira essa beleza deveria perdurar e resistir a todos os poderes de destruição.

Seguindo na concepção freudiana da transformação da beleza, para o mestre de Viena, a transitoriedade da beleza aumenta em virtude da escassez do tempo. A condição da limitação do usufruto aumenta o seu valor. Mesmo que a beleza da natureza seja destruída no inverno, no ano seguinte ela retorna, de modo que, em relação ao tempo de vida humana, ela pode ser eterna. O preço de toda essa beleza dependerá simplesmente da significação da própria vida emocional, não precisando sobreviver em nós e não dependendo, portanto, do tempo absoluto.

Apesar de Freud expor que o valor da beleza está ligado ao significado da nossa vida emocional, sabemos que na nossa sociedade não há prevalência da qualidade dos sentidos e do simbólico da beleza, mas sim a relevância das "aparências", ou seja, o que importa é o corpo e a juventude. Assim, por estarmos inseridos nesse cenário social neoliberalista, acabamos internalizando esses valores, que influenciam sobremaneira no nosso modo de pensar e agir de forma inconsciente, não no sentido psicanalítico como resultado do recalque, mas no significado de (o inconsciente) estar localizado fora da consciência.

Internalizamos esses preceitos impostos pela cultura e pelo social como se fossem ideais a serem alcançados, os quais relacionamos ao nosso Ideal do Eu por meio das nossas identificações aos ideais coletivos. Ao mesmo tempo que internalizamos esses valores, ficamos aprisionados a eles por não conseguirmos atingi-los completamente. Todavia, afirmamos que é a partir do Ideal do Eu que nos mobilizamos para a busca da "felicidade".

Não negamos o desejo permanecer jovens, vitais e bonitos. Esse desejo do velho de ter vontade de voltar a ser jovem poder ser ilustrado no texto *A Interpretação dos Sonhos e Sobre os Sonhos*, quando Freud (1900/1996g) afirma que um dos desejos dos homens que estão envelhecendo é voltar a ser jovem e belo, exemplificando essa vontade mediante a revelação de um sonho. Neste sonho, o pai da psicanálise trabalhava no laboratório (quando era recém-formado, jovem, ele trabalhou em um instituto de química e reconhecia que não tinha habilidade para essa área), período que ele considera obscuro e improdutivo da sua carreira médica. O mestre de Viena analisa esse sonho como a realização do desejo de ser jovem outra vez, apesar das adversidades que passou na juventude após a sua formação profissional.

Em nossa sociedade, há uma valorização da imagem, a qual Birman (2020) denomina de *cultura do narcisismo*. Os laços sociais se reduzem ao campo da aparência, produzindo e emanando de modo descontrolado as imagens de si mesmo para o agrado do outro, as quais caracterizam uma feição de sedução que favorece o campo da estética. Essa valorização da nossa apresentação produz modos de mal-estar na nossa contemporaneidade. Com isso, ocorre a valorização de tratamentos do corpo, massagens, atividades físicas, dança, entre outros, fazendo prevalecer os discursos naturalistas que se difundem no cenário do imaginário social.

As ideias de juventude e de parecer jovem se tornam um imperativo de saúde articulado ao ideal estético da beleza. A partir disso, o envelhecimento se transforma em uma patologia. Exemplo disso foi a sugestão da Organização Mundial da Saúde (OMS), que acrescentou a velhice como doença na nova Classificação Internacional de Doenças e Problemas relacionados à Saúde (CID-11) (como discutimos na introdução deste livro), tendo entrado em vigência em janeiro de 2022. Em decorrência de várias críticas em relação isso, principalmente os posicionamentos de discordância da velhice como doença por geriatras e gerontólogos, a OMS desistiu de inserir essa nova classificação de doença (Naome, 2022).

A velhice passa a ser prevenida por meio de reposição hormonal, dicas para parecer mais jovens, procedimentos estéticos e cirurgias plásticas (Birman, 2020). Contudo, chega um momento que não conseguimos mais esconder os traços da idade avançada, gerando-nos mal-estar. O idoso pode não encontrar um lugar nesse mercado das *nov-idades*, não consegue mais esconder a idade com o auxílio de maquilagens (*maquille-âge* em francês, que significa esconder a idade). O limite é colocado, embora existam as cirurgias plásticas e o comércio de próteses. O medo de perder o amor se torna real, em virtude da fragilidade do corpo não ser mais o mesmo de antes, da perda da agilidade, beleza e força (Mucida, 2018).

O mercado do consumo se torna algo para além das nossas necessidades básicas, passando a ser um meio de compensação das nossas frustrações, insuficiência e impotência, tal qual uma tentativa de buscar uma identidade e uma segurança. O ato de comprar não traz essas recompensas, mas temos a ilusão de reparação, sempre temporária e passageira; e, como consequência, acabamos por buscar a supressão na compulsão do consumo. A venda de produtos e de "saúde" são contornos para aplacar o envelhecimento, mas sabemos que isso não é possível.

Sob a perspectiva psicanalítica, entende-se que a experiência do envelhecer é formada pelo mundo, pela sociedade, pela cultura e pelo nosso psiquismo. Ao introjetarmos o ideal de beleza estabelecido pela nossa sociedade, estamos atendendo algo do nosso psiquismo (por via de identificações realizadas ao longo do nosso desenvolvimento), fazendo com que neguemos o envelhecimento. Entretanto, ao mesmo tempo, sofremos porque envelhecemos na realidade, frisando um descompasso entre o nosso Ideal do Eu e a realidade. Além da questão da beleza, com o avançar da idade, o corpo fica cada vez mais limitado, podendo seguir em adoecimento e na noção da aproximação da morte pelo idoso. Levantamos a questão da limitação do corpo e da finitude mais adiante.

4.2 Da Gerontologia à Freud: a questão do tempo

Os ombros suportam o mundo

Chega um tempo em que não se diz mais: meu Deus
Tempo de absoluta depuração
Tempo em que não se diz mais: meu amor
Porque o amor resultou inútil
E os olhos não choram
E as mãos tecem apenas o rude trabalho
E o coração está seco
Em vão mulheres batem à porta, não abrirás
Ficaste sozinho, a luz apagou-se,
mas na sombra teus olhos resplandecem enormes
És todo certeza, já não sabes sofrer
E nada esperas de teus amigos
Pouco importa venha a velhice, que é a velhice?
Teus ombros suportam o mundo
e ele não pesa mais que a mão de uma criança
As guerras, as fomes, as discussões dentro dos edifícios
provam apenas que a vida prossegue
e nem todos se libertaram ainda
Alguns, achando bárbaro o espetáculo
prefeririam (os delicados) morrer
Chegou um tempo em que não adianta morrer
Chegou um tempo em que a vida é uma ordem
A vida apenas, sem mistificação.

(Carlos Drummond de Andrade)

Neste tópico, descrevemos o conceito de temporalidade na perspectiva psicanalítica, a fim de embasar a compreensão do tempo subjetivo. Para tanto, resgatamos alguns conceitos psicanalíticos já trabalhados com o objetivo de respaldar a relevância da questão da temporalidade no entendimento do processo de envelhecimento. Diferenciamos o conceito de tempo entre as abordagens psicanalítica e gerontológica/geriátrica, como apresentamos a seguir.

Do ponto de vista psicanalítico, a ideia de tempo se discerne da visão gerontológica/geriátrica. A psicanálise analisa a velhice no elo com o tempo subjetivo e não com o tempo cronológico, atentando-se para a realidade psíquica pulsional atual, uma vez que o inconsciente é atemporal (Soares, 2005). Este pode ser impactado pelas marcas do corpo na realidade, principalmente no adoecimento quando subjetivado, convocando o psíquico a um trabalho de luto e podendo fazer com que o narcisismo e a dinâmica da libido do idoso se atualizem.

O envelhecimento não é velhice. Assimila-se por envelhecimento um processo irreversível que possui inscrição no tempo. Inicia-se com o nascimento e se encerra com a morte (Messy, 1999). Entretanto, o ser humano, mesmo sendo um ser do tempo, não se restringe unicamente à condição das fronteiras entre o nascimento e a morte, mas pelo motivo do seu desejo colidir com esses limites e atingir os objetos (Bianchi, 1993).

O tempo psicanalítico é uma construção subjetiva que possui ordenamento pelas instâncias psíquicas, formando a história vivencial do sujeito, que se distingue da linearidade cronológica. Essa trama do tempo subjetivo da constituição do Eu e a idade cronológica pode fazer com que o velho passe a fazer planos para o tempo de vida que lhe resta. A grande questão do tempo no envelhecimento é a finitude, sendo que a proximidade da morte se torna mais evidente na velhice. O tempo, portanto, está correlacionado à evolução humana, influenciando na nossa subjetividade e na nossa criação de representações do tempo. No contexto social atual, ele está atrelado ao consumo e à produção de imagens, o que dificulta a ressignificação dos acontecimentos e desacelera uma elaboração e simbolização destes (Goldfarb, 1998).

Para alcançarmos a desigualdade conceitual do tempo psicanalítico e do tempo gerontológico/geriátrico, efetuamos uma curta contextualização da definição da gerontologia e da geriatria para, na sequência, versar a respeito da concepção de tempo nesses vieses e, de igual forma, fundamentar a noção do tempo psicanalítico com base, sobretudo, em Freud.

Em 1903, Elie Metchnikoff criou a gerontologia como uma nova especialidade, cujo termo representa o estudo (*logia*) do velho (*géron*), propondo uma área de investigação sobre o envelhecimento (processo), a velhice (fase da vida) e o idoso (resultado). A medicina também originou uma especialidade para estudar a velhice e a doença dos velhos, a qual foi denominada de *geriatria* por Ignatz L. Nascher, que significa o estudo clínico da velhice (Netto, 2017).

O termo *Gerontology* da língua inglesa surgiu em 1909, contudo, somente no pós-guerra que a gerontologia e a geriatria se estabeleceram em campos de práticas profissionais de formação acadêmica e de pesquisa nos Estados Unidos e na Inglaterra. No Brasil, a primeira sociedade de geriatria foi criada em 1961, e a de gerontologia apareceu em 1978, com a fundação da Sociedade Brasileira de Geriatria e Gerontologia (SBGG) e, em 1982, foi também fundada a Associação Nacional de Gerontologia (Debert, 2020).

A gerontologia nos Estados Unidos e na Inglaterra até 1930 ficou circunscrita às características biológicas do envelhecimento e da velhice. Todavia, após esse período, iniciou-se a valorização da avaliação multidisciplinar e interdisciplinar. Levar em conta exclusivamente os aspectos biológicos dos anciões é desconhecer o valor das questões ambientais, psicológicas, econômicas, sociais, entre outras, podendo constituir uma visão de que o envelhecimento é notado pela incapacidade funcional, vulnerabilidade e adoecimento (Netto, 2017).

Como discutimos na introdução deste livro, o envelhecimento pode ser assinalado como normal quando ocorrem modificações orgânicas funcionais – calvície, aparecimento de cabelos brancos e rugas, perda de massa muscular etc. –, as quais são ponderadas como naturais e intituladas de *senescência* ou *senectude*; e pode ser traçado como patológico quando decorre de modificações que ocasionam o adoecimento do idoso, como o aparecimento de doenças crônicas, qualificadas de *senilidade* (Netto, 2017).

As patologias da velhice são entendidas como provenientes das alterações morfológicas e funcionais identificadas no processo de envelhecimento. O desgaste biológico aproxima a velhice da doença, assimilando que a prevenção desta se trata da prevenção da velhice. A gerontologia percebe a velhice e o envelhecimento como um processo de declínio biológico inato que acontece de forma geral e progressiva, consoante à cronologia delimitada do tempo. Embora a geriatria busque entender o indivíduo em sua integralidade, manifesta-se de maneira descritiva e parcial em decorrência da medicalização da velhice (Soares, 2005).

Sob a perspectiva de Netto (2017), o declínio biológico do velho tem como consequência o seu processo de marginalização social. Os anciões usualmente possuem uma capacidade fisiológica de trabalho diminuída que, além de poder se ligar à doença crônica, pode acarretar uma competição desigual com os mais jovens, fazendo com que os primeiros fiquem vulneráveis à marginalização e à perda da sua condição social. Assim, a precária condição socioeconômica, quando correlacionada a patologias, repercute no obstáculo dos anciões em se adequar às exigências do mundo moderno. A sociedade se mostra de guisa contraditória: depara-se com o crescimento da população de idosos, em contraposição, apresenta preconceitos contra esse público em específico.

O número crescente de idosos gerou um problema de difícil resolução para as agendas de políticas públicas. Isso porque, há um crescimento rápido de um contingente populacional reputado como inativo e dependente, concomitantemente à redução da população de idade ativa ou produtiva (Camarano & Pasinato, 2007). O Estatuto da Pessoa Idosa, o qual considera idoso o indivíduo que possui sessenta (60) anos de idade ou mais, é a comprovação do descaso da sociedade diante dos problemas do velho, pois revela a demanda de conceber leis que declarem a sua existência e instituam, por meio delas, as regras para que viabilizem um mínimo de respeito ao ancião (Solis & Medeiros, 2002). Uma visão crítica desse discurso de gastos públicos previstos com a população idosa, como resultado da mudança demográfica (envelhecimento da população), foi desenvolvida na perspectiva de Debert (2020), e encontra-se descrita no tópico 2.2 *Crítica ao Discurso Pessimista do Idoso* deste livro.

Para a criação de políticas públicas como garantia dos direitos das pessoas idosas, estabeleceu-se a delimitação da idade cronológica como marco da velhice. A partir disso, a idade cronológica do velho passou a ser definida pela maioria dos países desenvolvidos de sessenta e cinco (65) anos ou mais, e pelos países em desenvolvimento é considerada a idade de sessenta (60) anos ou mais (Netto, 2017). Também existem novas propostas de classificação dos estágios do envelhecimento conforme a idade cronológica e a funcionalidade do idoso: *jovens idosos* (65-75 anos); *idosos-idosos*, termo utilizado por Uhlemberg (1987) (acima de 75 anos); e *idosos mais idosos*, proposto por Jhonson (1987), a fim de reconhecer uma maior diversidade na categoria "velhos" (Debert, 2020).

Há uma diferença entre a idade cronológica, a idade biológica e a idade psicológica. Em virtude disso, a idade biológica possui proximidade com a concepção de idade funcional, a qual pode ser delimitada pelo nível de conservação da capacidade adaptativa em relação à idade cronológica. Em alguns países em desenvolvimento, a idade funcional pode preceder a cronológica, principalmente em populações carentes. A idade psicológica também está associada à idade cronológica e à capacidade (aprendizagem, memória, percepção etc.), sendo formada pelos aspectos biológicos e sociais (Netto 2017).

A questão do tempo na nossa sociedade está combinada à ideia de acúmulo e consumo de bens materiais e capital, prevalecendo o individualismo sobre o coletivo e o declínio dos afetos entre os sujeitos como consequência direta. Dessa maneira, reverbera a ideia de que o passado é ultrapassado e o futuro é superinvestido como possibilidade de satisfação (Goldfarb, 1998).

Sabemos que o mestre de Viena não escreveu um texto específico sobre o tempo, mas o abordou em algumas de suas obras. Para Freud (1923/1996d), a premissa fundamental da psicanálise foi constituída pela divisão do psíquico entre consciente e inconsciente, dado que por recurso dela se tornou possível o entendimento dos processos patológicos da vida mental. O consciente não era a essência do psíquico (como foi comentado no capítulo 3. *O Sujeito da Psicanálise*), ainda que era levado em conta como uma qualidade deste (psíquico), podendo estar presente como suplemento de outras qualidades ou estar ausente. O inconsciente se tornou uma postulação fundamental como funcionamento específico do psiquismo para a abordagem teórica.

O tempo prevalecido pela psicanálise se institui a partir da consideração da realidade psíquica pulsional do sujeito, isto é, o tempo subjetivo se constrói mediante a condicionalidade da significação da vivência para o indivíduo, concebendo representações que se atualizam com o passar do tempo. Essas atualizações são marcações inconscientes, que não têm relação com o tempo cronológico e não se modificam com a passagem do tempo, portanto, não esboçam ligação com o tempo (Freud, 1915/1996b).

Freud (1933/1996z) declarou que o inconsciente era atemporal e desconhecia a passagem do tempo, afirmando que o desejo indestrutível ficava "fora do tempo":

No id, não existe nada que corresponda à ideia de tempo; não há reconhecimento da passagem do tempo, e - coisa muito notável e merecedora de estudo no pensamento filosófico - nenhuma alteração em seus processos mentais é produzida pela passagem do tempo. Impulsos plenos de desejos, que jamais passaram além do id, e também impressões, que foram mergulhadas no id pelas repressões, são virtualmente imortais; depois de se passarem décadas, comportam-se como se tivessem ocorrido há pouco (pp. 78-79).

Os processos desenvolvidos no inconsciente são atemporais, ou seja, não se estruturam no tempo, de tal forma que a morte não possui representatividade no inconsciente (Freud, 1915/1996b). Diante disso, compreendemos que, no fluxo da libido, não existe jovem nem velho porque o desejo não possui idade (Messy, 1999). Mesmo que o desejo não tenha idade cronológica, pressupomos que ele é afetado com a realidade do declínio do corpo e do possível adoecimento no envelhecimento, uma vez que essa realidade corporal é o que vai requerer uma reformulação do desejo em consonância com as novas exigências pulsionais e com o tempo de vida do sujeito.

Assente na atemporalidade do inconsciente, a psicanálise primou pela história atualizada do sujeito, a qual foi resgatada e transformada a partir da leitura singular que Freud fez dela. Essa interpretação pode se modificar com base no "efeito de posterioridade", não estando ligada ao retorno idêntico de um fato do passado (Goldfarb, 1998).

As atualizações das marcações inconscientes do ponto de vista do Eu atual, que são determinadas pelas inscrições psíquicas do infantil, exprimem-se por procedimento das repetições das representações e dos mecanismos do funcionamento do sujeito já selecionados na infância e executados durante a vida. Por esse motivo, acontece a estranheza da velhice, em especial quando o sujeito idoso se depara com a sua imagem do espelho, e se espanta com a figura que o reflexo lhe devolve, pois não condiz com as suas representações inconscientes (Soares, 2004).

Freud (1933/1996z) insistiu na ideia da incidência da atemporalidade do inconsciente, abordando essa temática no contexto da clínica e admitindo não ter explorado essa questão com mais profundidade na teoria e na clínica:

Só podem ser reconhecidos como pertencentes ao passado, só podem perder sua importância e ser destituídos de sua catexia de energia, quando tornados conscientes pelo trabalho da análise, e é nisto que, em grande parte, se baseia o efeito terapêutico do tratamento analítico. [...] Muitíssimas vezes, tive a impressão de que temos feito muito pouco uso teórico desse fato, estabelecido além de qualquer dúvida, da inalterabilidade do reprimido com o passar do tempo. Isto parece oferecer um acesso às mais profundas descobertas. E, infelizmente, eu próprio não fiz qualquer progresso nessa parte (p. 79).

No trabalho analítico, a comunicação ao paciente da sua ideia recalcada não provoca mudanças na sua condição mental, pois sucede uma nova recusa da ideia recalcada, portanto, não há retirada do recalque nem eliminação dos seus efeitos (Freud, 1915/1996b). O tratamento psicanalítico é fundamentado em uma ação do inconsciente, a começar pelo curso do consciente, cujo interesse volta-se à uma tarefa que demanda trabalho, mas não é impossível.

A clínica psicanalítica não diz respeito exclusivamente ao desvelamento do conteúdo inconsciente, como também de uma viabilização de uma produção da vivência do tempo que passa para o sujeito (Firgermann, 2009). Desse modo, a memória que confecciona a história de vida do indivíduo não diz respeito à uma acumulação de recordações, mas de fatos que possuem sentido e significação no presente, desenvolvendo uma recriação e uma ressignificação simbólica do passado (Goldfarb, 1998).

Levando em consideração a atemporalidade do inconsciente, como a psicanálise pode contribuir para a especificidade do estudo da velhice e do processo envelhecimento? Primeiro, embasamos teoricamente o tratamento psicanalítico com idosos para responder essa questão no final deste tópico.

O pai da psicanálise narra com conformação pessimista a aplicabilidade da psicanálise com pessoas mais velhas em seu texto *O Método Psicanalítico*. O autor explana o seu método e sinaliza alguns requisitos exigidos para que a pessoa se submeta com proveito à psicanálise (Freud, 1904/1996aa). Freud afirma que os indivíduos com faixa etária próxima aos cinquenta anos de idade (a expectativa mundial da época era de 32 anos em 1900, 34,1 em 1913 e 45,7 anos em 1950), conforme Alves (2018), criam condições desfavoráveis para a psicanálise, pois nesses casos, não há probabilidade de dominar a extensão do conteúdo psíquico, posto que o tempo demandado para a cura se torna extenso e a capacidade de desenrolar processos psíquicos fica enfraquecida. Mesmo que haja múltiplos requisitos para que a pessoa se submeta com proveito a psicanálise, Freud considerou que muitos sujeitos são aptos a ela.

Nesse sentido, no texto *Sobre a Psicoterapia*, Freud (1905/1996l) reafirma que a idade avançada pode ser um fator de dificuldade no processo psicoterapêutico psicanalítico por efeito do excesso de conteúdo psíquico; e, por conseguinte, pessoas idosas não seriam capazes de modificação por conta da falta de plasticidade dos processos anímicos:

A idade dos pacientes desempenha um papel na escolha para tratamento psicanalítico, posto que, nas pessoas próximas ou acima dos cinquenta anos, costuma faltar, de um lado, a plasticidade dos processos anímicos de que depende a terapia - as pessoas idosas já não são educáveis -, e, por outro lado, o material a ser elaborado prolongaria indefinidamente a duração do tratamento. O limite etário inferior só pode ser determinado individualmente; as pessoas jovens que ainda não chegaram à puberdade são, muitas vezes, esplendidamente influenciáveis (p. 250).

A concessão da ausência de plasticidade em alguns indivíduos mais velhos foi afirmada pelo mestre de Viena em *Análise Terminável e Interminável* (Freud, 1937/1996c). As pessoas idosas podem exibir o "esgotamento da plasticidade, da capacidade de modificação e desenvolvimento ulterior" (p. 258), ou seja, os processos mentais se caracterizam pela imutabilidade, fixação e rigidez enquanto um aspecto de entropia psíquica. Revelam que a falta de plasticidade psíquica e a qualidade de rigidez não estão presentes unicamente em alguns anciões, mas se apresentam como uma característica própria da neurose, que também se mostra em pessoas jovens.

Ainda em *Análise Terminável e Interminável*, o pai da psicanálise assinala a questão do tempo do tratamento psicanalítico, ao reportar que, no início da sua clínica, houve uma tentativa de reduzir a duração da análise, o que o levou a discutir o momento do término desta. A partir disso, como referimos no tópico 2.2 *Crítica ao Discurso Pessimista do Idoso*, acreditamos que Freud apresentava uma visão pessimista do trabalho analítico com alguns idosos. Disto, pressupomos que no envelhecimento se mostra uma nova dinâmica do psiquismo e não necessariamente uma redução da sua capacidade psíquica.

Por intermédio do processo secundário e do princípio de realidade, a noção do tempo pode ser assimilada pelo idoso quando o Ideal de Eu estiver bem instituído na sua consciência, na memória e na atenção. Assim, o velho possuirá a percepção do tempo de acordo com a atualização do seu narcisismo, da dinâmica da libido e do inconsciente na relação com o meio social no qual ele está inserido (Mendonça & Souza, 2020).

Com base nisso, refletimos que o tempo na teoria freudiana se discrimina do tempo cronológico da geriatria/gerontologia, perpassando pelos conceitos de repetição, tempo ressignificante da historização e tempo de tratamento. Embora o inconsciente não reconheça a passagem do tempo cronológico, existe algo de circunstância, como a transformação da imagem, do corpo e do *status* social, perdas decorrentes do envelhecer que afetam o idoso; ou seja, associa-se ao inconsciente do tempo, podendo ficar mais abalado e impactar na interpretação do desejo.

Mucida (2018) descreve uma possível compreensão metapsicológica do processo de envelhecimento, a partir do qual a velhice estaria inserida no conflito entre o Eu e o Id, em vista do Eu possuir o conhecimento da sua finitude e o Id desprezar esse dado, resultando em conflito psíquico. A oposição existente entre a temporalidade do Eu e a atemporalidade do Id gera tensão, demarcando a velhice à vivência de finitude.

Outra característica dinâmica e tópica demarcada no envelhecimento é a atuação do Supereu, sendo que este pode se sobressair na melancolia a partir do conflito entre o Eu e o Supereu (Freud, 1924/1996bb). Assim, o Supereu pode agir de maneira cruel na relação com o Eu, ficando este humilhado, podendo colocar em sobressalto a pulsão de morte (desenvolvemos a temática da melancolia no subtópico 4.4.1 *Luto, Melancolia e Depressão*). A melancolia pode se tornar um problema na velhice em razão do impulso destrutivo. O velho melancólico apresentará dificuldade em aceitar as suas perdas e alterações decorrentes do envelhecer, podendo ficar paralisado no tempo (como ficar fixado no tempo passado, por exemplo) por não conseguir lidar com as suas perdas.

O reconhecimento da finitude e da limitação do tempo pelo idoso pode impactar no seu projeto de vida. Isso pode ser observado no seguinte relato de um entrevistado: *"Eu, até 8 anos atrás, tinha vontade de comprar uma chácara no interior, quando eu tinha uma porção de tempo, mas agora eu não tenho mais. Não tenho mais vontade de nada."* (Pedro, 74 anos de idade).

A velhice atualizaria a questão da castração por intermédio dos lutos de objetos perdidos (a temática do luto é desenvolvida no subtópico 4.5 *Mortes, Perdas e Lutos na Velhice*), causando uma mudança no narcisismo que se iniciaria no combate entre "o investimento em si memo e o desinvestimento que se abre à morte" (Mucida, 2018, p. 35). Na velhice, independente da estrutura psíquica do sujeito, podem ocorrer mudanças da dinâmica das instâncias psíquicas (Eu, Id e Superego), pois certos tópicos podem se tornar dominantes e outros podem se debilitar, reposicionando o sujeito psíquico.

Essas transformações da psicodinâmica no período da velhice podem se manifestar por meio de possíveis regressões ou desenvolvimento de mecanismos de defesa, como: o aprisionamento do Eu, possivelmente ligado à questão depressiva; modo narcísico, mediante a fixação no "momento exemplar" do ser narcísico em que a infância pode ser sobre investida; o investimento defensivo de algumas representações inconscientes gratificantes para o narcisismo, fixando-se no tempo o sentimento de ser amado e protegido, como na infância; entre outras (Bianchi, 1993). A posição depressiva, a regressão e o narcisismo na velhice são desenvolvidos no tópico 4.5 *Morte, Perdas e Lutos na Velhice*.

Podemos compreender que, no envelhecimento, as diversas transformações e perdas significativas afetarão o inconsciente, apesar de este desconhecer a passagem do tempo e a morte, demandando a sua atualização e, por conseguinte, haverá uma reformulação do sujeito do inconsciente mediante as alterações da dinâmica entre a pulsão de vida e a de morte. As mudanças físicas, simbólicas e sociais poderão causar um conflito psíquico no idoso (o sujeito já é naturalmente conflituoso, justamente pela divisão e pela tensão entre consciente e inconsciente), e quando subjetivado, poderá convocá-lo a um trabalho de elaboração psíquica. O velho lidará de maneira particular com essa desestabilidade psíquica.

4.3 A Sombra do Corpo

O velho do espelho

Por acaso, surpreendo-me no espelho: quem é esse
Que me olha e é tão mais velho do que eu?
Porém, seu rosto...é cada vez menos estranho...
Meu Deus, Meu Deus... Parece
Meu velho pai – que já morreu!
Como pude ficarmos assim?
Nosso olhar – duro – interroga:
"O que fizeste de mim?!"
Eu, Pai?! Tu é que me invadiste,
Lentamente, ruga a ruga...Que importa? Eu sou, ainda,
Aquele mesmo menino teimoso de sempre
E os teus planos enfim lá se foram por terra.
Mas sei que vi, um dia - a longa, a inútil guerra!-
Vi sorrir, nesses cansados olhos, um orgulho triste...

(Mário Quintana)

O registro do corpo é o meio que fornece os atributos da idade avançada: "cabelos brancos ou calvície, rugas, reflexos menos rápidos, compressão da coluna vertebral, enrijecimento etc." (Messy, 1999, p. 24). As modificações corporais, assim como a passagem da infância para a vida adulta, circunscrevem a entrada na velhice e determinam o velho.

Quando falamos de corpo, estamos nos reportando a tantos deles: corpo biológico, filosófico, estético, histórico, social, religioso e psicanalítico (Fernandes, 1999). O organismo é o corpo da velhice, considerado pela gerontologia, o qual se diferencia do corpo pulsional da psicanálise (Soares, 2004). Isto posto, a pulsão evidencia o discernimento entre corpo anatômico e libidinal, sendo este o centro dos conflitos pulsionais (Fernandes, 1999).

O campo pulsional diz respeito a um funcionamento singular para cada indivíduo, que articula as esferas somáticas e psíquicas. No texto *O Ego e o Id*, Freud (1923/1996d) aborda a noção de corpo como um Eu corporal, justificando que este provém de sensações no organismo, especialmente das que nascem da superfície física. O autor declara que o nosso corpo possui sensações externas e internas, como o tato e a percepção interna. O corpo é um importante meio de acesso ao mundo das percepções. A dor, por exemplo, favorece o nosso conhecimento dos órgãos, quando estamos doentes, ela nos auxilia na construção de noção corporal. Essas sensações no organismo tocam à erogeneização, demarcando-a pela busca da satisfação sexual (Soares, 2004).

Como foi exposto no capítulo 3. *O Sujeito da Psicanálise*, Freud (1920/1996i), na segunda teoria pulsional, coloca a sexualidade junto à autopreservação por intermédio da pulsão de vida ou do escudo de *Eros*, que contrapõe a pulsão de morte no seu texto *Além do Princípio de Prazer*. À vista disso, a função dos primeiros objetos sexuais não tange exclusivamente à garantia da conservação do corpo, mas também, por consequência, oportuniza a sexualidade, colocando em evidência a condição de que é o outro, a alteridade, o núcleo formador da subjetividade, e que se localiza no princípio do investimento libidinal corporal (Fernandes, 1999). Dessa maneira, estamos constantemente em busca da repetição das satisfações primeiras ao longo da vida, tal qual uma memória afetiva.

O nosso corpo se mostra visível por interferência dos registros das emoções e do sofrimento somático, e possui a função de produção do corpo latente. A emoção, diferente do afeto, remete-se a uma relação ao vivido, portanto, o Eu possui conhecimento dela e, muitas vezes, sabe o que a causou por se tratar de algo sensorial (Aulagnier, 1999). Já o afeto é a manifestação qualitativa da pulsão, sem uma ideia que o represente, o sujeito não tomará conhecimento do seu conteúdo.

O corpo possui representações de acordo com o desenvolvimento da vida somática, em função das motivações inconscientes e de escolhas de causalidades que o sujeito delimita como acontecimentos significativos do seu vivido. Ele comporá uma posição desde o nascimento até a morte, a datar da historização do tempo e da vida de cada sujeito, conforme o desenvolvimento do processo identificatório. Desse modo, "o Eu só pode ser quando ele se torna a ser seu próprio biógrafo e, na sua biografia, ele deverá dar lugar aos discursos através dos quais fala e através dos quais seu próprio corpo se torna falante" (Aulagnier, 1999, p. 18). É fazendo uso das palavras que as inscrições e modificações no corpo poderão ser decodificadas como demarcação da história libidinal.

O conceito de corpo psicanalítico pode ser integrado por Françoise Dolto (1984), que define o corpo como mediador organizado entre o sujeito e o mundo, distinguindo o esquema corporal da imagem inconsciente do organismo. O esquema corporal é a representação do indivíduo enquanto espécie, independentemente do contexto, do tempo e das condições de vida deste. É generalizado, ou seja, é o mesmo para todas as pessoas. Em contraposição, a imagem do corpo é singular para cada um, ficando ligada ao sujeito e à sua história. É específica de um modo de relação libidinal, tornando-se uma síntese das nossas experiências emocionais.

Mediante a relação libidinal, forma-se o esquema corporal, o qual é em parte inconsciente, mas também é pré-consciente e consciente (primeira tópica freudiana). Enquanto a imagem do corpo é em grande parte inconsciente, podendo se tornar consciente por intermédio da linguagem consciente. O sujeito inconsciente desejante no elo com o seu corpo existe desde a sua concepção.

A memória inconsciente é a cada momento o registro da vivência relacional, ao mesmo tempo, é atual e viva. Em razão da nossa imagem do corpo se entrelaçar com o esquema corporal, entramos em contato com o outro. A imagem corporal e o esquema corporal se articulam às imagens de base: funcional e das zonas erógenas, que demonstram a tensão das pulsões (Dolto, 1984).

A partir da noção de imagem inconsciente do corpo, associamos este conceito ao envelhecimento, quando o idoso se depara com o real do organismo representado pelo corpo. No momento em que o velho se olha no espelho, o que ele vê é sua imagem ligada a uma deterioração, imagem com a qual ele não se identifica, ocorrendo estranheza e não se reconhecendo (Vilhena et al., 2014). Sucede a discordância entre a imagem inconsciente do corpo e a imagem que o espelho lhe devolve (Goldfarb, 1998).

Apoiada na noção de corpo na psicanálise (integração psique-soma), a pele que encobre o corpo é parte da composição do Eu. No processo de envelhecimento, a pele que envolve o corpo se modifica, podendo acarretar uma *despersonalização*, pois sua alteração influenciará o Eu pela ameaça de desintegração (potencialmente reintegrativa a partir da elaboração dos lutos). Acrescenta-se a isso a transformação da pele, causa de dificuldade de reconhecimento da autoimagem pelo idoso (Mendonça & Souza, 2020).

Messy (1999) alega que muitos pacientes relatam que "não é belo envelhecer", fazendo com que vários velhos não se olhem no espelho por se espantarem com a própria imagem, sendo esta causadora de medo. A velhice é retratada com teor estético, como um encontro imprevisto do imaginário e do simbólico, carregado de imagens negativas. Por conseguinte, decorre a quebra do ideal, denunciando a feiura.

A combinação do sujeito com a imagem pode ser entendida pelo conceito do estádio do espelho de Jacques Lacan, como foi exposto no capítulo 3. *O Sujeito da Psicanálise* na concepção da formação do Eu. A datar do estádio do espelho, enfatizamos que temos um corpo, entretanto, não somos precisamente esse corpo e é por isso que, em um primeiro instante, o idoso não se reconhece na imagem do espelho. Notamos a nossa figura no espelho pelas identificações e essas marcas identificatórias perpassam pelo outro, ou seja, constituímo-nos por intermédio do Outro. Mesmo que enxerguemos com algumas distorções a nossa imagem no espelho, ela nos forma também por enganos e ficções (Mucida, 2009).

Na visão psicanalítica, não é possível representar o corpo porque ele não pode se constituir em uma representação, dado que o corpo real existe, mas é encoberto de experiências subjetivas. A imagem do corpo não se vincula apenas ao imaginário, mas também ao simbólico, tendo uma ideia de signo de organização libidinal como centro de conflito psíquico da pessoa. Existe aí algo que precisa ser decifrado e que pode ser revelado pela palavra do sujeito (Nogueira, 2021).

Tendo em vista o princípio da percepção singular do corpo para cada indivíduo, a imagem corporal é primordial, porque o corpo possibilita a estruturação da identidade de uma pessoa. No período do estádio do espelho da teoria lacaniana, portanto, o sujeito adquire a noção de corpo próprio. A imagem corporal é atrelada à história de vida vivencial, da mesma forma que também é inconsciente e moldurada no narcisismo (Slavutzky, 2021).

Se a imagem corporal modela a identidade do sujeito, supomos que, no caso dos idosos não brancos, a formação da identidade ocorre pela inscrição da cor da pele. Slavutzky (2021) salienta que ser negro não é um estado genérico, mas um estado próprio, é um recurso determinado que não é neutro. Está ligado aos códigos sociais, como posições sociais inferiores, os quais formam diversos significados herdados de um processo histórico.

As inscrições da realidade sociocultural do racismo afetam o psiquismo do negro, dado que, na leitura psicanalítica, o sujeito é inexoravelmente social e, nesse local intersubjetivo, é onde ele se compõe. A pessoa de cor é considerada uma categoria social que não se fundamenta em traços biológicos e sim na interpretação da diferença de cor (Nogueira, 2021).

O negro é violentado de guisa permanente como consequência de um duplo conflito: negação do corpo negro e tomar como Ideal do Eu a branquitude. No sujeito negro, sua identidade regularmente não corresponde ao investimento libidinal de seu corpo, pois há um "modelo de identificação normativo-estruturante", que lhe gera "fetiche do branco, da brancura" (Costa, 2021, p. 27). Ou seja, o sujeito branco é visto como universal e principal, assim, ele é associado à limpeza, sabedoria, riqueza, beleza etc.

Seguindo essa lógica normativa-estruturante, o negro pode desejar se tornar branco e querer deletar a sua própria existência, tal como sentir ódio do corpo negro. Trata-se de uma violência acarretada pelo ideal branco, gerando sofrimento psíquico pela sua imagem corporal (Costa, 2021). Há, com isso, um sentimento de inferioridade do negro que se dá pelo conflito entre o Ideal de Eu e o Eu. Ocorre uma insatisfação do sujeito negro perante a impossibilidade de se tornar branco, podendo se punir pelas exigências do Supereu (desvalorizando-se, retraindo-se, constituindo uma ansiedade fóbica ou timidez) ou lutar a fim de encontrar outra saída (Souza, 2021).

A questão da imagem do corpo negro somada ao processo de envelhecimento pode fazer com que o idoso sinta mais ódio? O velho, independentemente da cor, pode sentir ódio como reação à imagem que o espelho lhe devolve. A saída resolutiva para esse conflito é singular para cada sujeito. De acordo com Mucida (2009), vinculamos o ódio da imagem ao narcisismo do ancião, uma vez que necessitamos de certa defesa do narcisismo (narcisismo senescente). Esse sentimento provoca impactos sobre o nosso Eu e nas características de identificação. É por isso que precisamos estabelecer laços sociais e afetivos para colocar o desejo através de ações e vínculos, demarcando os Ideais do Eu.

É importante frisar que o ódio se origina antes do aparecimento do amor, como foi exposto no capítulo 3. *O Sujeito da Psicanálise*, manifestando-se, geralmente, quando o Eu se sente ameaçado (Mannoni, 1995; Mucida, 2018). Nos idosos, o ódio aparece como um primeiro tratamento ao insuportável. Ele não indica ser a melhor saída psíquica diante das perdas na velhice, na medida em que pode romper muitos laços possíveis com o Outro (Mucida, 2018). Acrescenta-se a isso o fato de o ódio poder se manifestar como uma proteção do idoso frente à morte (Mannoni, 1995).

Em suma, pressupomos que no envelhecimento ocorre uma estranheza da imagem de si. Para complementar a teoria do corpo para a psicanálise, no seminário *A angústia*, Lacan (1962-63/2005) expõe as transformações corporais, as quais podem ser associadas ao processo de envelhecimento:

Mesmo na experiência do espelho, pode surgir um momento em que a imagem que acreditamos estar contida nele se modifique. Quando essa imagem especular que temos diante de nós, que é nossa altura, nosso rosto, nosso par de olhos, deixa surgir a dimensão de nosso próprio olhar, o valor da imagem começa a se modificar – sobretudo quando há um momento em que o olhar que aparece no espelho começa a não mais olhar para nós mesmos. *Initium*, aura, aurora de um sentimento de estranheza que é a porta aberta para a angústia. (p. 100)

Lacan versa sobre a estranheza do nosso corpo quando nos deparamos com o espelho, percebendo-o erógeno a partir do olhar do outro, ou seja, por meio do investimento libidinal vindo do outro. Trata-se de um corpo que se baseia na relação com o outro, originário do verdadeiro espelho, do qual o olhar da mãe atua na qualidade de função.

Não reconhecemos a velhice em nós mesmos, segundo Beauvoir (2018), mas é o olhar do outro que aponta o nosso envelhecimento. Na nossa contemporaneidade, a velhice é vista conforme o seu estatuto imposto pela classe dominante, sendo que a população ativa também é conivente com esta. A filósofa alega que os velhos são percebidos como "estranhos" pelos indivíduos ativos, nos quais não se reconhecem na velhice.

Essa ausência de reconhecimento da velhice em nós mesmos pode ser exemplificada pelas vinhetas dos idosos entrevistados:

> [...] *eu não senti minha velhice, eu senti por causa da doença agora.*
> [...] *Mas eu não me senti assim tão velha, cansada e acabada, eu me senti bem forte.* (Jandira, 83 anos de idade).
>
> *Ah, foi tão rapidinho, trabalhando, a gente esquece que está envelhecendo.* (Carlos, 84 anos de idade).

Goethe (citado por Beauvoir, 2018) afirma que a idade surge em nós na forma de surpresa. Para cada um de nós, somos seres únicos e usualmente nos surpreendemos quando o destino comum acaba sendo o nosso: "doença, ruptura, luto". Consequentemente, a velhice é singularmente difícil de se reconhecer, posto que muitas vezes a julgamos como algo estranho: "será que eu me tornei, então, uma outra, enquanto permaneço eu mesma?" (Beauvoir, 2018, p. 297). O outro é considerado velho, ou seja, eu sou aquele que é para os outros. Logo, esse outro sou eu. A velhice aparece de forma mais evidente para o outro do que para o próprio indivíduo, posto que este não a percebe, portanto, a revelação da nossa idade vem dos outros.

O corpo possui o estrangeiro para cada pessoa. Na criança, decorre a vivência de desfragmentação corporal, como foi mencionada no estádio do espelho de Lacan, posteriormente reorganizada com a uma imagem ideal. No adolescente, sucedem as mudanças da puberdade, apesar da angústia, e apresentam perspectivas de aquisições a serem admitidas, podendo conceber ideais a serem conquistados. Já no idoso esse processo é distinto, muitas perdas do corpo não possuem garantia de aquisição, apenas transformações acontecem: cabelos brancos, rugas, perda da elasticidade da pele, um processo que mostra para o velho que o seu corpo não é o mesmo de antes. Embora essas modificações não se relacionem a doenças, podem ser deduzidas como uma contestação do real da imagem (Mucida, 2018).

A imagem que o espelho devolve para o idoso demanda trabalho de luto (o conceito de luto foi desenvolvido no tópico 4.5 *Morte, Perdas e Lutos na Velhice*), pois há a perda da imagem jovem. Ela não é valorizada na cultura e não possui perspectivas de novas aquisições, exibindo somente perdas. Mesmo que muitos idosos não vivenciem essa transformação da imagem de configuração dolorosa, seja por uma ligação de uma outra imagem interna de si mesmo ou a partir do trabalho de luto de maneira eficiente, não são todos que conseguem achar essa via de resolução do real, principalmente em uma cultura que valoriza o novo (Mucida, 2018).

Por isso, não devemos esquecer que se trata de um sujeito de desejo em um corpo fragilizado, sendo que este mobiliza no velho as angústias primitivas alusivas ao medo da proximidade da morte, da perda da sua autonomia e da sua independência. O corpo não corresponde ao meio de satisfação de desejo (Cherix, 2015). Esse desencontro entre desejo e limitação do corpo está presente nos relatos dos idosos entrevistados:

> *Ver se eu vou morar na casinha, a pessoa me cuida, e vai indo melhor. [...] Agora quero ver se vou conseguir andar né, para lidar com alguma coisa* (Joana, 84 anos de idade).

> *Eu queria voltar meus passos, é que eu ando muito pouquinho, para mim andar um pouco é muito difícil, e eu gostava de sempre estar... eu vou no mercado, essas coisadas, eu sempre ia, agora não posso ir mais.* (José, 86 anos de idade).

O que se teme na velhice não é a morte em si, já que o inconsciente a desconhece, mas a morte do desejo. Talvez isso não esteja relacionado à velhice, pois o desejo não há idade cronológica. Ele é definido como aquilo que busca suprir uma falta (Mucida, 2018).

Freud (1919/1996cc) também contribui com o assunto da ausência de reconhecimento da velhice em nós mesmos em seu texto *O Estranho*. Ao debater a estética, expõe que esta não é entendida meramente como teoria da beleza, mas uma concepção das qualidades de sentir. Para tanto, o estranho é um conteúdo negligenciado na literatura da estética, tratando-se de um campo afastado. Está articulado a algo assustador e que provoca medo e horror. O autor caracteriza-o como coisas e impressões sensoriais, vivências e acontecimentos que despertam o sentimento de estranheza. O estranho pertence ao desconhecido e ao familiar e, ao mesmo tempo, produz o susto.

A estranheza da imagem do espelho, que acontece no envelhecimento, pode ser vinculada ao tema duplo. Freud (1919/1996cc) expõe isso a partir da concepção de Otto Rank, para quem o duplo está associado aos "reflexos em espelhos, sombras, com espíritos guardiões, com a crença na alma e o medo de morte" (p. 252). Originalmente o duplo era uma proteção contra a destruição do Eu, sendo a alma imortal o possível primeiro duplo do corpo. O efeito estranho de um duplo é descrito pela experiência do pai da psicanálise da seguinte forma:

> Posso contar uma aventura semelhante que ocorreu comigo. Estava eu sentado sozinho no meu compartimento do carro--leito, quando um solavanco do trem, mais violento do que o

> habitual, fez girar a porta do toalete anexo, e um senhor de idade, de roupão e boné de viagem entrou. Presumi que ao deixar a toalete, que estava entre os dois compartimentos, houvesse tomado a direção errada e entrado no meu compartimento por engano. Levantando-me com a intenção de fazer-lhe ver o equívoco, compreendi imediatamente, para o espanto meu, que o intruso não era senão o meu próprio reflexo no espelho da porta aberta. Recordo-me ainda que antipatizei totalmente com a sua aparência. (Freud, 1919/1996cc, p. 265)

Não nos reconhecemos como velhos, dado que a imagem da velhice é exterior, é a do outro, e quando nos deparamos com a nossa imagem, isso pode-nos gerar um estranhamento. A pele enrugada mobiliza uma alteração da percepção do psique-soma do idoso, denotando uma ameaça à desintegração do seu Eu (potencialmente reintegrativa), e lhe gerando estranheza.

Nomeia-se de espelho quebrado, conforme Messy (1999), a fim de caracterizar a quebra do Eu Ideal e revelar o Eu da feiura, como consequência de pequenas perdas associadas à velhice: redução das possibilidades corporais, motoras e sensoriais. Para isso, sucede o horror de envelhecer, o qual reflete no espelho e marca, portanto, o Eu feiura. O autor realça que o tempo do espelho quebrado se constitui em uma fase depressiva. O Ideal de Eu fica introjetado para se defender dos debochos sociais e não se tornar feiura do Eu. Contudo, apesar de o velho ser socialmente marginalizado, ele ainda se sente desejável acima de tudo, e isso caso receba um auxílio do seu ambiente por investimentos ajustados à realidade.

Os lutos realizados pelos idosos pelas mudanças físicas (pele enrugada, cabelos brancos, entre outras) – e, no caso de idades mais avançadas, das capacidades perdidas (enfraquecimento da visão, da audição, da memória, da potência sexual, dificuldade para andar etc.) – podem levar a outros aspectos de estímulos e possibilidades de reinvenção dele mesmo com os outros. "Isso implica um mínimo de presença de outrem" (Mannoni, 1995, p.21).

Para cada pessoa sexuada há uma busca ilimitada e ilusória do complemento de si no outro. Destarte, a velhice (junto ao corpo que se modifica) poderia adquirir um período feliz da vida e a memória funcionar como uma lembrança de uma história passada que pode ser transmitida para os mais jovens. O vivido pode constituir um sentido na relação com os outros. Muitos idosos encontram esse sentido por meio de atividades, como dar aula para crianças, ter uma segunda ocupação, encontros comunitários etc. (Mannoni, 1995). As seguintes vinhetas retiradas das entrevistas com os idosos hospitalizados expõem a importância dos relacionamentos afetivos:

> Bom, agora eu tô vivendo em função dos meus bisnetos. Eu quando, me senti como gente vivia, né, em função de ajudar meus pais, casei em função de fazer a minha família, aí vivia para minha família, aí para meus filhos, depois para os netos e agora tô vivendo para os bisnetos. E o que eu puder ajudar. [...] É, o meu fim é realmente isso aí, manter sempre a família unida. É um fator muito sério, que atualmente para se ver uma família unida está difícil. Quando a vida é muito modificada e os conceitos são muito diferentes, mas a gente pretende manter ela sempre unida (João, 83 anos de idade).

> Ah, se a saúde permitisse e tudo, tinha, porque eu gosto de ensinar... ela mesmo aprendeu a fazer crochê comigo, costurar as roupas, vestido, essas coisas tudo... e eu ensinei a 35 crianças, guri e menina, a fazer tricô e crochê, tricô que era aquele de duas agulhas assim, uma agulha aqui e outra aqui, e o crochê que é só de uma pequenininha... (Benta, 96 anos de idade).

Por fim, sintetizamos a leitura do corpo quando a psicanálise deixa de reduzi-lo como organismo para se tornar corpo erógeno, assujeitado às inscrições simbólicas e imaginárias a partir das identificações com a espécie e com o domínio cultural mais abrangente. No entanto, o real do organismo representado pelo organismo que envelhece se depara com o corpo simbólico e imaginário, causando no velho choque e frustrações originados do mundo externo. Assim sendo, as histórias dos anciões são singulares, seus corpos são diferentes e com registros pulsionais e libidinais narcísicos particulares (Soares, 2004).

Reputamos que a pessoa idosa e a velhice existem. Mesmo que o inconsciente não envelheça, há um corpo real que envelhece e isso não quer dizer que haverá junção com a morte ou com o cadáver. O real do corpo pode produzir uma imagem de horror para o sujeito, mas as perdas reais só se intensificam dependendo da idade da pessoa. Acrescenta-se a isso a perda de mais entes queridos, conforme envelhecemos, e também perdemos cada vez mais laços sociais, motivando mais trabalhos de luto e mais inscrições simbólicas. Em suma, a velhice implica em luto e novos modos de atualização a partir do real (Mucida, 2018).

Levando em conta que o corpo real envelhece, ainda que possamos negar a velhice, não refutamos que o processo de envelhecimento implica em perdas e lutos. A partir disso, no próximo tópico desenvolvemos as concepções de morte, perda e lutos na velhice, também discutimos a questão do adoecimento do corpo, visto que o nosso objeto de estudo é o idoso atravessado pelo adoecimento.

4.4 Mortes, Perdas e Lutos na Velhice

Como se morre de velhice

Como se morre de velhice
ou de acidente ou de doença,
morro, Senhor, de indiferença.
Da indiferença deste mundo
onde o que se sente e se pensa
não tem eco, na ausência imensa.
Na ausência, areia movediça
onde se escreve igual sentença
para o que é vencido e o que vença.
Salva-me, Senhor, do horizonte
sem estímulo ou recompensa
onde o amor equivale à ofensa.
De boca amarga e de alma triste
sinto a minha própria presença
num céu de loucura suspensa.
Já não se morre de velhice
nem de acidente nem de doença,
mas, Senhor, só de indiferença.

(Cecília Meireles)

4.4.1. Luto, Melancolia e Depressão

O luto na velhice representa a simbolização das perdas associadas ao processo de envelhecimento. Estas podem ser reais e simbólicas (Cocentino & Viana, 2011), como as perdas físicas, de entes queridos, da força muscular, da jovialidade, da memória, da agilidade, da acuidade visual e auditiva, da elasticidade e da potência sexual. Também se perde o *status* social com a aposentadoria e a rede social constituída pelos colegas de trabalho (Cherix & Coelho, 2018). Por isso, os lutos podem se suceder em perdas fisiológicas, sociais, financeiras e simbólicas (Kreuz & Franco, 2017).

O conceito de luto é delimitado por Freud (1917/1996dd) em seu texto *Luto e Melancolia*:

> O luto, de um modo geral, é a reação à perda de um ente querido, à perda de alguma abstração que ocupou o lugar do ente querido, como o país, a liberdade ou o ideal de alguém, e assim por diante. Em outras pessoas, as mesmas influências produzem melancolia em vez de luto; por conseguinte, suspeitamos de que essas pessoas possuem uma disposição patológica (p. 249).

Percebemos que o luto é uma reação diante de perdas significativas e rompimentos de vínculos que causam numerosas manifestações emocionais e comportamentais, caracterizadas por Freud mediante descrições do luto e da melancolia, sendo esta última considerada "patológica" na concepção psicanalítica. Quando falamos de luto, não estamos proferindo meramente de morte de entes queridos, mas também de perdas simbólicas, como a perda de funcionalidade, dos contatos de colegas de trabalho e do meio social, comuns da velhice.

O pai da psicanálise aborda muito mais a melancolia do que o luto em sua obra, realizando uma diferenciação entre as terminologias. As sintomatologias do luto e da melancolia são parecidas. Na melancolia ocorre a reação à perda do objeto amado como acontece no luto, contudo, está mais relacionada à perda de um ideal. Ambos manifestam desânimo profundo, desinteresse pelo mundo externo e por toda e qualquer atividade, bem como perda da aptidão para amar; todavia, na melancolia, sobressai uma redução do sentimento de autoestima – empobrecimento do Eu – que pode resultar em autorrecriminação e desencadear uma ânsia delirante de punição. Logo, no luto o mundo fica pobre e vazio e na melancolia o próprio Eu.

Para explicar o motivo da autorrecriminação na melancolia, Freud (1921/1996r) expõe que nela o Eu se divide em duas partes, em que uma devora a outra. Uma parte é modificada pela incorporação do objeto perdido e a outra age de forma cruel contra o seu oposto. O autor relaciona essa parte do Eu que ataca a outra ao Ideal de Eu, o qual funciona como uma consciência moral atuante no recalque e nas censuras dos sonhos. Ou seja, advém o conflito entre o Eu e o Supereu, pelo qual são constituídas as chamadas *psiconeuroses narcísicas* (Freud, 1924/1996bb).

Esse deslocamento da autorrecriminação do objeto para o Eu se sucede pela identificação com o objeto perdido, que decorre da incorporação do objeto pelo Eu, de acordo com a fase oral ou canibalista do desenvolvimento libidinal infantil. Por isso, a propensão ao adoecimento na melancolia se dá por via do tipo narcisista de escolha objetal. Observamos que o vínculo com o objeto de amor do melancólico é de natureza narcísica e isso só é manifestado após sua perda.

A perda objetal no melancólico se torna uma perda do Eu e a divergência entre o Eu e a pessoa amada é demarcada pela ambivalência afetiva. "Assim, a sombra caiu sobre o ego, e este pôde, daí por diante, ser julgado como agente especial, como se fosse um objeto, um objeto abandonado" (Freud, 1917/1996dd, p. 254). Por isso, existe um paralelo entre a melancolia e a neurose obsessiva, as quais denotam uma barreira no desenvolvimento normal da libido, em virtude do conflito de ambivalência entre amor e ódio (Abraham, 1970).

Entendemos o canibalismo na melancolia por intermédio da diferenciação entre a introjeção e a incorporação. A expressão introjeção foi mencionada pela primeira vez por Ferenczi, em 1909 (Abraham & Torok, 1995), definida como uma extensão do Eu na relação do amor objetal (interesses autoeróticos) ou de toda transferência, podendo se estender ao mundo externo (Ferenczi, 1912/2011b). Na introjeção, pode sobrevir a inserção das significações dos novos objetos do mundo do Eu, tornando-se algo estruturante, constituinte do Eu e fundamental para o desenvolvimento deste. No sentido metapsicológico, na introjeção, ocorre o "alargamento do Ego pela eliminação de recalcamentos" (Abraham & Torok, 1995, p. 221) (por isso se diz introjeção das pulsões e não do objeto); e na incorporação, como o próprio termo enuncia, acontece a incorporação do objeto em si, fixando-o no Eu, como uma forma de compensação da perda objetal (incorporação dos objetos).

Fédida (1999) complementa a noção de incorporação vinculando-a ao canibalismo. Para o autor, este origina-se a partir de uma transgressão imaginária de uma falta desconhecida, como perda, abandono, separação etc. A incorporação canibal, da qual decorre a melancolia (destruição do objeto para mantê-lo vivo), não é um ato simbólico da solução do luto, como acontece na introjeção das pulsões. Ela significa a satisfação imaginária da angústia por meio da alimentação do objeto perdido, que foi preciso mantê-lo vivo na realidade primitiva alucinatória do melancólico.

O processo de incorporação é fruto da identificação, que diz respeito ao ato do Eu se parecer como outro Eu. Logo, um imita o outro (Freud, 1933/1996z). Quando a perda de um objeto é muito dolorosa, o sujeito pode compensá-la se identificando com o objeto e restaurando-o para o Eu. O mestre de Viena exemplifica esse processo de identificação na melancolia, a partir de um caso de uma criança que estava sofrendo pela perda do seu gatinho; em determinado momento ela então declarou que era o próprio gatinho, passando a andar de quatro e não se alimentar mais na mesa (Freud, 1921/1996r). Na melancolia, o objeto perdido é inserido no Eu pela substituição do investimento do objeto pela identificação narcísica (Freud, 1923/1996d).

Na velhice, a melancolia pode ser demarcada pela dificuldade de elaboração das perdas decorrentes do processo de envelhecimento, assim o idoso pode encontrar empecilho para deixar os objetos perdidos (reais e simbólicos), podendo apresentar empobrecimento da libido, ressentimentos e culpa ou mesmo uma perda parcial da memória como uma forma de não se separar do objeto de amor. Nesse âmbito, a melancolia não se refere ao retraimento senil comumente apresentado no idoso (que se aproxima da dinâmica da introjeção como uma possibilidade de organização interna e de elaboração psíquica do sujeito), visto que na melancolia o sujeito pode se identificar narcisicamente com objeto perdido mediante a incorporação deste. Portanto, a ambivalência afetiva antes direcionada ao objeto passa a ser voltada para o próprio Eu. Por esse motivo, o idoso melancólico pode se mostrar avarento, cínico e ranzinza, bem como expor atitudes maníacas, comportando-se como jovem numa tentativa de recusa da realidade do corpo envelhecido.

Observamos uma inclinação maníaca na melancolia, e que não necessariamente diz respeito à toda melancolia. A mania se trata de um triunfo do Eu, entretanto, não se sabe o que está triunfando. Deriva disso uma ideia de libertação do objeto pela qual procura-se vorazmente novos investimentos libidinais (Freud, 1917/1996dd). A mania pode ser explanada como uma transformação do Eu em Ideal de Eu de maneira temporária, o que poderá levar à uma fusão do Eu e do Ideal de Eu nesses casos, exibindo-se em estado de ânimo de triunfo e autossatisfação (Freud,1921/1996r).

De igual forma, a melancolia pode ser conectada a um estado depressivo de maior dimensão na velhice, justificando que, quando há uma ruptura de um vínculo, produz-se um vazio no Eu, uma depressão vivida de forma dolorosa pelo sujeito. Essa dor é proveniente da imagem antes investida no objeto e que agora fica privada do suporte da realidade. Nesse sentido, o sujeito perde uma parte do seu Eu que estava ligada ao outro. O velho, ao perder seus objetos, como os entes queridos, também perde os seus suportes. E, a fim de preencher o vazio, o Eu pode se identificar com o objeto perdido, tal como acontece na melancolia (Messy, 1999).

Portanto, quando falamos de perdas e lutos na velhice, estamos falando de luto, melancolia ou depressão? Para respondermos essa questão, faz-se indispensável fundamentarmos teoricamente o conceito de depressão na concepção psicanalítica. Sabemos que o termo melancolia não é mais utilizado atualmente na psiquiatria, e isso em razão da classificação possibilitada pelos manuais médicos (Monteiro & Lage, 2007), a exemplo do Manual Diagnóstico e Estatístico de Transtornos Mentais – DSM (APA, 2014). Contudo, a psicanálise ainda privilegia a expressão melancolia (Peres, 2010). Atualmente, emprega-se a palavra depressão, sendo ponderada enquanto um mal do século (Peres, 2010).

É substancial notar que, desde 2022, o luto prolongado passou a ser considerado transtorno mental na nova versão do DSM-5, da APA, e na CID-11 (Classificação Internacional de Doenças) (Ministério da Saúde do Brasil, 2022). O luto é doença nos casos em que o enlutado fica voltado para a perda e não consegue se adaptar nesse mundo sem a presença do ente querido falecido. Sobre isso, inferimos que o luto qualificado enquanto transtorno mental se aproxima do conceito de melancolia na perspectiva psicanalítica.

Freud não realizou um discernimento entre melancolia e depressão (Monteiro & Lage, 2007), e discorreu muito pouco sobre a última (Berlinck & Fédida, 2000), efetuando uma distinção mais precisa entre melancolia e luto, como comentado previamente. Com isso em vista, fazemos uso da contribuição de psicanalistas contemporâneos para abranger a temática da depressão desigualando-a da melancolia, a fim de embasarmos teoricamente a leitura psicanalítica do estado depressivo do idoso a partir da repercussão de perdas reais e simbólicas.

A depressão pode ser classificada em depressão maior ou na configuração mais leve, chamada de *distimia*. Sob a perspectiva da Psicopatologia Fundamental, entende-se que a depressão se inicia pela catástrofe glacial, momento em que ocorre a transformação da animalidade para a humanidade. A catástrofe leva à perda da regularidade sexual, resultada de alterações do ambiente, e provoca a perda do objeto primitivo de satisfação. Essas modificações acarretaram desamparo no humano, causando depressão, angústia e dor, assim como saber da ameaça de extinção da espécie e as variações do sistema imunológico para sobreviver (Berlinck & Fédida, 2000).

Desde a catástrofe glacial, a depressão se apresenta por intermédio de um corpo angustiado e doloroso pela perda primitiva da sensorialidade. O aparelho psíquico concomitantemente à depressão, à dor e à angústia, sequelas da catástrofe, se constitui a partir da depressão, sendo esta a "organização narcísica do vazio" (Berlinck & Fédida, 2000). A depressão pode ser descrita como uma figura do corpo "limite que define a vigilância de um vazio chamado psique" (Fédida, 1999, p. 16). Reporta-se a um "fechamento do tempo" do seu campo psíquico, cuja posição econômica está atrelada a uma dinâmica narcísica do vazio, ou seja, uma imitação da morte para se proteger dela. O oco manifestado na depressão vislumbra uma zona de amortecimento, exprimindo-se em desejo de dormir, de morrer e fascinação pelo morto, mas que, ao mesmo tempo, não representa a morte. É um vazio da vida e do pensamento.

A depressão é um modo do sujeito se afastar da realidade e simultaneamente para que ele possa suportá-la, pois a realidade é a causadora da dor pela perda de objetos, proporcionando sua angústia (Berlinck & Fédida, 2000). Na velhice a depressão pode ser traçada pelo retraimento, pela qual parte da libido é retirada dos objetos e se volta para o próprio Eu, fazendo com que o idoso possa se isolar. O retraimento pode ser uma oportunidade de organização interna do velho, uma possibilidade de elaborar psiquicamente as mudanças do corpo, das perdas de entes queridos, do *status* social, entre outros.

O deprimido exibe uma perda de sentido, uma reação no corpo (perda de apetite, dores no corpo, olhar afastado e vazio) e um tempo que não se modifica, apostando que o seu sofrimento é proveniente da perda de amor ou do desapontamento no trabalho, condições da vida atual que remetem a dores precoces (Peres, 2010).

É importante saber que existe depressão na melancolia, dado que muitos pacientes saem da depressão, mas ainda expõem sintomas melancólicos. A depressão é um estado de luto primitivo, em que não há culpa, e a melancolia é assinalada pela luta entre culpa e depressão (Berlinck & Fédida, 2000). O vocábulo melancolia pode ser disposto para definir as conformações mais graves, como a psicoses maníaco-depressiva, podendo expor inibição afetiva e motora, oscilação entre estado maníaco e paralisia, além de ser classificada nos manuais psiquiátricos como *Transtorno Depressivo Maior* ou *Episódio Depressivo Maior* (American Psychiatric Association, 2014). Já o termo depressão pode indicar conformações menos graves, como as neuroses, sendo muito empregado para qualificar os sintomas.

A visão psicanalítica admite a depressão correlacionada ao "desamparo fundamental, uma complexa e problemática relação com a perda, a falta, o vazio estrutural do ser humano" (Peres, 2010, p. 10) e a perspectiva da psiquiatria biológica possui um entendimento a contar com a insuficiência biológica, ou seja, a depressão tem uma deficiência neuro-hormonal que visa estabelecer a cura mediante isolamento de uma molécula.

Devemos levar em conta que a nossa sociedade ocidental, em que há uma visão negativa do idoso, oportuniza a depressão. A solidão e a tristeza caminham juntas, sendo esta colocada como um afeto da depressão: estar sozinho no mundo, ser "incapaz de ser sentir amado e de amar" (Peres, 2010, p.25), embora o desejo e a demanda de amor sejam sentimentos comuns do melancólico. Caso o idoso não tenha uma rede de apoio consistente (um ambiente suficientemente bom), poderá ser marginalizado socialmente, favorecendo a depressão, pois, além de estranhar o próprio corpo em processo de transformação, pode se sentir não pertencente ao ambiente onde está inserido.

O afeto que condiz com a melancolia é o luto, isso porque há perda da vida pulsional; refere-se a um desejo de resgatar aquilo que foi perdido (Freud, 1895/1996ee). A perda da libido na melancolia ocasiona inibição psíquica, produzindo pauperização pulsional, além de dor, igual a um luto da vida (Peres, 2010).

Birman (1997) concebe a depressão, a paranoia e a mania como três modos paradigmáticos de organização psíquica do idoso. O autor destaca que os conceitos de juventude e velhice não são absolutos. Entretanto, realizamos interpretações no percurso da existência. São concepções, muitas vezes, construídas historicamente e se colocam em movimento de valores e culturas que comunicam o seu ser.

Ao delimitar os três modelos de organização subjetiva do velho, os quais são descritos em seguida, Birman alude que as terminologias não correspondem a quadros clínicos definidos pela classificação psiquiátrica, atribuindo a *estilos psíquicos* que retratam os sujeitos que tenham que confrontar com a tragicidade da morte.

A depressão no idoso advém quando o indivíduo revisita o seu passado sem qualquer possibilidade de corrigi-lo e quando não há projetos para o futuro, assim como não existe reconexão com o presente que lhe traga limites. A depressão que se anuncia se aproxima da melancolia, sendo que possui dimensões de perdas existenciais frente à perda significativa imposta pelo social (falta de reconhecimento social e simbólico).

Diante da dificuldade de revisão do passado e do futuro, o velho pode se acomodar em uma espécie de estado paranoide. Tal estado se sobressai pela relação do sujeito com a falta, expressando-se de inúmeros modos, seja ressentimentos ou mesmo denúncias do seu fracasso que a existência lhe gerou, direcionados aos outros, principalmente, aos mais próximos. Por isso, face à melancolização, o ancião recusa suas faltas e perdas, agravando intensamente o sofrimento de seu Eu, pois se coloca como vítima do mundo.

Por fim, o sujeito pode recusar a ideia de inexistência do futuro e da passagem do tempo, emitindo uma forma de organização "caricata", comportando-se como jovem. Birman (1997) denomina esse fenômeno "travestismo juvenil em pessoas idosas", o que traça a maneira de funcionamento psíquico do estilo maníaco. Na velhice, o encontro do corpo que envelhece com as outras perdas de laços sociais podem resultar no retorno ao Eu Ideal, que por sua vez pode ser efetuado pela identificação aos objetos, como apego aos objetos; ou o domínio do ódio, tal como estados depressivos possivelmente temporários. Isso justifica o ditado "mania de velho" que o senso comum atribui aos idosos (Mucida, 2018).

Verificamos discrepantes "saídas" psíquicas frente às perdas e lutos no processo de envelhecimento, sucedendo ao caminho da regressão e do recolhimento narcísico, tal qual na melancolia; ou pelos diferentes meios alternativos de elaboração psíquica. Essas modalidades de resolução dos problemas difíceis (lei do tempo, a castração simbólica e os lutos) encontrados pelo velho são desenvolvidas no subtópico seguinte, 4.5.2 *Três Tipos de Morte: social, psíquica e decomposição da carne*.

Retomando a questão anterior: *Quando falamos de perdas e lutos na velhice, estamos falando de luto, melancolia ou depressão?* Na verdade, estamos falando de todos eles. Cherix e Coelho (2018) defendem a ideia de que a lógica da divisão entre luto normal e luto patológico ou melancólico no envelhecimento não funciona, uma vez que se tratam de perdas fundamentais para a constituição do sujeito, como os objetos internos e externos investidos por muitos anos (casamento, trabalho e profissão), não sendo possível substituí-los por outros objetos que tragam a mesma satisfação e condição afetiva. Aqui, é importante enfatizarmos que para Jean Allouch, autor que empregamos como referência posteriormente, não é possível realizar substituição objetal em qualquer tipo de luto.

Embora Cherix e Coelho (2018) considerem não haver uma distinção bem delimitada entre luto e melancolia no envelhecimento, levamos em conta que essa separação pode ser possível. Por isso, reputamos que o traço de tristeza e até certa depressão faz parte do envelhecimento, mas nem todos os anciões conseguem realizar os intensos trabalhos de luto. Aqueles que conseguem elaborar psiquicamente as perdas podem apresentar novos investimentos objetais e apresentar a prevalência das manifestações de pulsão de vida, adaptando os seus planos de vida de acordo com a realidade do corpo, bem como se tornando um sujeito desejante, o qual não é atingido pelas discriminações sociais.

Já aqueles que não conseguem realizar os trabalhos de luto podem permanecer com as marcas de tristeza ou mesmo apresentar certa depressão potencialmente elaborativas, se o meio interno e externo forem favoráveis para a subjetivação das perdas e transformações; ou podem mostrar perdas existenciais e dificuldade para lidar com o vazio deixado pelos objetos de amor perdidos, identificando-se com esses objetos de forma narcísica para não os perder (incorporação), o que mais tarde será transformado em melancolia.

4.4.2. Três tipos de morte: social, psíquica e decomposição da carne

O envelhecimento possui um pano de fundo semelhante à infância, adolescência e vida adulta. As vivências do envelhecimento são determinadas por perdas, frustrações, falta e renúncias que remetem, desde os primórdios da vida, às experiências primitivas, as quais incitam buscar novos meios de satisfação (Cherix, 2015). Entendemos que as perdas fundamentais que se tipificam na velhice podem se desenrolar em três tipos de morte: morte social pelo efeito da exclusão de homens e mulheres da atividade produtiva e, particularmente das mulheres, pela condição da não reprodução; morte psíquica, como uma configuração de dissociação do psiquismo; e, por fim, a morte pela decomposição da carne (Messy, 1999).

A morte social representada pela aposentadoria, a qual é associada ao envelhecimento pela sociedade, é assinalada pela perda do trabalho, tratando-se de uma perda difícil para o sujeito idoso, em razão do nível de investimento libidinal que estava ligado à atividade laboral. A morte social pode ser ilustrada pelas seguintes falas dos entrevistados:

> *Agora é mais difícil, eu lidava com mecânica, até era metido como um bom mecânico, agora não faço mais. Assim, certas coisas, o tempo vai fazendo a gente deixar de lado* (Pedro, 74 anos de idade).

> *Eu pelo menos senti, trabalhei 70 anos fui parar por causa da pandemia, ficar sem fazer nada torna-se enfadonho. Ficar parado é muito desconcertante.* (João, 83 anos de idade).

No lugar do objeto investido, por exemplo o trabalho, o velho poderá desenvolver psicopatologias, como a depressão (conforme as classificações psiquiátricas) e a melancolia, que se expressam comumente em pessoas que se aposentam (Messy, 1999). Assim como mencionado anteriormente, quando o idoso deixa de trabalhar, ele é tirado do seu cenário profissional, alterando totalmente sua rotina de horários e costumes. É comum o sentimento de desvalorização aparecer nesse período, pois, além de ganhar menos dinheiro do que antes, a sua renda não é mais produto direto do seu trabalho. O fato de não ganhar a "própria vida" é visto como declínio, haja vista que a identidade do ser humano é determinada pela sua profissão e pelo seu salário; como resultado, o aposentado deixa de ter sua dignidade e um lugar na sociedade (Beauvoir, 2018).

Os velhos perdem sua potência econômica, sendo ponderados improdutivos e incapazes de bancar suas necessidades e, por conseguinte, não conseguem produzir artifícios para garantir seus direitos, sendo percebidos como uma despesa para os mais jovens. O momento da aposentadoria, que deveria ser uma fase para fazer um bom uso da sua liberdade, o idoso se vê privado, uma vez que não possui recursos financeiros suficientes para assegurar sua qualidade de vida, adquirir bens materiais e capital, passando a ser marginalizado na nossa sociedade (Beauvoir, 2018). O ancião, além de deixar de trabalhar, também se afasta do convívio com os colegas de trabalho quando se aposenta, encontrando impasse para sustentar seus laços sociais (Castilho & Bastos, 2015).

Essa visão da filósofa Simone de Beauvoir acerca da aposentadoria é tecida de uma visão capitalista, em que o indivíduo que trabalhou ao longo dos anos perde o seu reconhecimento de ser social, caso não tenha capital e bens materiais acumulados ou uma rede de apoio firmado.

Cabe lembrar daqueles que não tiveram trabalhos formais e não conseguiram se aposentar, sendo excluídos socialmente. Isto posto, não possuem a garantia de um recurso financeiro que atenda às necessidades básicas de sobrevivência. Desenvolvemos anteriormente no tópico 2.2 *Crítica ao Discurso Pessimista do Idoso* uma visão crítica sobre a aposentadoria como uma maneira de isolamento social.

A morte social também pode ser ilustrada pela menopausa nas mulheres, período da vida que é delimitado pela impossibilidade de engravidar e pelas mudanças corporais vinculadas à velhice. A menopausa é vista como perda da feminilidade, da sexualidade e da fecundidade, as quais são dispostas como essenciais para a constituição da identidade feminina[38] (Laznik, 2003). Por isso, ela é correlacionada à *crise da meia idade ou idade crítica ("edad crítica")*, posto que a incapacidade de reprodução pode acarretar um verdadeiro desamparo de uma potência maternal (Langer, 1964).

Freud não escreveu um texto específico sobre a menopausa, mas aludiu múltiplas vezes acerca do climatério, particularmente ao abordar a etiologia da neurose de angústia. Para ele, no climatério, ocorre a diminuição da potência e o aumento da libido. Consequentemente, atrelou a angústia do neurótico à vida sexual, sublinhando que o acúmulo de tensão sexual física resulta na neurose de angústia e o acúmulo de tensão sexual psíquica sucede à melancolia (Freud, 1894/1996ff).

Em outras palavras, o pai da psicanálise defendeu que há o aumento da necessidade sexual até o fim da vida, contrariando a ideia de redução da libido no período da menopausa e viabilizando uma sexualidade mais voltada ao prazer e não uma sexualidade de procriação (Laznik, 2003). Em contraposição, na perspectiva de Mendonça e Souza (2020), a primazia genital não acontece no envelhecer, estabelecendo uma fase pós-genital na velhice, na qual o idoso pode empregar zonas erógenas secundárias como fontes de prazer.

---

[38] Segundo Freud (1933/1996z), em seu texto Conferência XXXIII: Feminilidade, a feminilidade ou a masculinidade não é delimitada pela anatomia. O pai da psicanálise considera que há indicações de bissexualidade ao apontar que as partes do aparelho sexual masculino também se apresentam no corpo da mulher e vice-versa, bem como essa característica bissexual se evidencia nas qualidades mentais. O autor considera que a feminilidade normal ocorre quando a menina, no *complexo de Édipo*, deseja o pai por este constituir o pênis e, posteriormente, esse desejo do pênis é substituído pelo desejo de um bebê (primitiva equivalência simbólica). Atualmente, conforme Ceccarelli (2017) com as teorias de gênero e a teoria Queer, existem novas compreensões de subjetivação e de constituições identitárias, assim, o entendimento de feminino passou a ser exposto mediante outros parâmetros, de acordo com a singularidade, as vicissitudes pulsionais e as mudanças sociais e históricas.

Laznik (2003) expõe que, com a menopausa, as mulheres ficam impossibilitadas de preencher o oco do desejo, retornando à castração pelo impedimento de colocar o filho como correspondente fálico. Apesar de levarmos em consideração que a autora se apoia no conceito freudiano de complexo de Édipo e complexo de castração, ressaltamos que essa teoria foi criada na era vitoriana. Criticamos essa conceituação do filho como correspondente fálico da mulher, em razão de que, nos nossos tempos atuais e culturais, sabemos que nem toda mulher apresentará esse desejo fálico de querer ter um filho, existindo outros meios alternativos de realização narcísica e social.

As mudanças causadas pela menopausa, como desequilíbrio hormonal, alterações físicas e do humor, também podem acender na mulher o temor de ser rejeitada e excluída. A autora cita que Mimoun (1996) entende o aumento do peso e a alteração da silhueta enquanto favoráveis à imagem depreciada do corpo pela sociedade. Complementa com as pontuações de Helena Deutsh (1924), ao colocar que essas transformações corporais são efeitos do rompimento da atividade hormonal, prevalecendo os fenômenos de masculinização, como o aparecimento de pelos no queixo e mudanças do perfil do corpo.

Estamos nos referindo a distintas perdas de tudo aquilo que a mulher adquiriu no período da puberdade, podendo ser a menopausa uma forma de humilhação narcísica custosa. São dois lutos de promessas da entrada do Édipo: "a de um filho como substituição ao falo e a de uma certa forma de falicidade de seu corpo como um todo" (falicidade do materno e da beleza) (Laznik, 2003, p. 62). Por isso, a menopausa é ponderada como a terceira retomada do *Complexo de Édipo*.

No terceiro tempo do Édipo, tem-se uma hipótese de que os fantasmas incestuosos são direcionados ao filho adulto ou um substituto dele, e o pavor desses fantasmas pode justificar o distanciamento do desejo sexual da mulher, fenômeno intitulado de *Complexo de Jocasta*. A expressão *complexo* é oriunda da concepção freudiana do *Complexo de Édipo*, que representa flexibilidade e pode se manifestar de diferentes formas. Portanto, o complexo de Jocasta se dá em variadas modalidades de situações observáveis em mulheres menopausadas: algumas se relacionam amorosamente com homens mais jovens – *"mulheres de coração de homem"* – e outras renunciam a sexualidade genital ao entrarem em contato com o fantasma amoroso do filho (Laznik, 2003). A renúncia da sexualidade genital se aproxima da teoria da pós-sexualidade de Mendonça e Souza, como citamos anteriormente.

Passando para o segundo tipo de morte – a morte psíquica –, esta pode ser retratada pela demência, que do latim significa a "perda da mente" e para a medicina representa inúmeras doenças e evoluções divergentes, mas com prognósticos parecidos, muitas vezes progressivas e irreversíveis (Goldfarb, 2004).

As pessoas que não conseguem elaborar os seus lutos no envelhecimento podem adoecer de forma grave, dado que ficam enclausuradas na dor da sua história narcísica, como acontece nos casos de demência. A perda da memória é uma configuração de defesa do sujeito para não se separar do objeto de amor, assim como na melancolia. No caso da demência, o sujeito foge da realidade dolorosa, retornando de forma regressiva ao seu mundo, em que as dores constituem um outro sentido (Cherix & Coelho, 2018).

Com o passar do tempo, o corpo e a saúde do velho sofrem o impacto das degeneralizações e envelhecem, tornando-se mais suscetíveis e vulneráveis ao desenvolvimento de doenças graves e/ou crônicas. Alguns exemplos do processo de adoecimento são descritos nos seguintes recortes das entrevistas realizadas com idosos hospitalizados:

> *A única doença que tenho é o pulmão que já tá cansado. É muito pó de tinta* (Carlos, 84 anos de idade).
>
> *Não aguento que me deu derrame, essa perna aqui e o braço aqui, outro esquecido, não tenho força em nada, a coluna também não sei o que aconteceu que chegou o fim, ... eu fico na cadeira de rodas* (José, 86 anos de idade).
>
> *Por causa das varizes, de tanto trabalhar na roça, com quatro dias de dieta eu ganhava nenê, ficava dois dias na cama, no terceiro dia levantava. [...]. Tem diabetes, tem pressão alta, tem que controlar sabe, o que pode comer e o que não pode comer* (Benta, 96 anos de idade).

O adoecimento pode estar articulado ao estilo de vida que o velho teve ao longo da vida, e geralmente liga-se ao trabalho que desempenhava no passado. Sabemos que a perda fisiológica acarreta no ancião um luto intenso, isso porque o corpo doente quebra o tabu da imortalidade. O processo de adoecimento orgânico pode ocorrer como consequência à perda da autonomia (física) do idoso, abalando sua integridade física e uma inevitável percepção da proximidade da morte. As doenças adicionadas ao processo de envelhecimento provocam perdas e lutos (Kreuz & Franco, 2017).

O velho, principalmente com idade mais avançada, pode encontrar como desafio as limitações do corpo, como é o caso de uma idosa entrevistada: *"faz um ano que eu estou inválida das pernas e não faço nada... só escuto televisão, e conversamos porque como o carrinho corria e eu caí 5 vezes, com o andador, então daí, eu larguei mão"* (Nadir, 100 anos de idade). As limitações físicas podem compor dúvidas e mal-estar, uma vez que o ancião pode ter dificuldade para sair de casa, viajar ou participar de comemorações. Por isso, muitos optam por ficar em casa e se afastam do contato social.

Cherix (2015) alude que a diminuição da funcionalidade física reacende o complexo de castração. Conforme o sujeito lidou com a castração, no período do *Complexo de Édipo* na sua infância e ao longo da vida, o idoso poderá aceitar o corpo fragilizado e encontrar prazer mesmo na passividade. A autora aborda que Ferrey e Gouès (2008) acreditam que os sujeitos com traços narcísicos significativos, como os melancólicos, podem achar problema para ceder o que foram e o que ainda gostariam de ser.

Freud (1914/1996n) correlacionou a doença orgânica ao narcisismo quando explanou que a pessoa aflita por dor e mal-estar orgânico deixa de se importar pelas coisas do mundo externo, porque não se referem ao seu sofrimento. Nessa circunstância, o autor pontuou que a libido era retirada dos objetos de amor, assim: "enquanto sofre, deixa de amar" (p. 89), voltando a libido para o próprio Eu e, à medida que se recupera, retorna a libido ao mundo externo. Vimos anteriormente que essa dinâmica da libido comumente se apresenta no envelhecimento, balizando o narcisismo senescente.

Os velhos são comparados a crianças em virtude do narcisismo, posto que podem denotar uma diminuição do interesse familiar e social e da capacidade sublimatória, mas nem todos os neuróticos de ambos os sexos expressam os sinais psíquicos da velhice. O idoso geralmente manifesta os estados depressivos e pode constituir ideias de pecado e de empobrecimento libidinal que se aproximam da melancolia, podendo se defender pelo refúgio proporcionado pela crença religiosa. Por conseguinte, busca encobrir a dor da aproximação da morte pela manutenção dos antigos ideais amorosos e manifesta a regressão presente mediante demonstrações de interesse amoroso (Ferenczi, 1919/2011a).

Apesar do ancião se reconhecer como finito, no sentido de que está se aproximando da morte, ao mesmo tempo pode acreditar na sua imortalidade em consequência de não haver a inscrição da morte no inconsciente. Para o pai da psicanálise, não cremos na própria morte e nos portamos como imortais. Nas camadas mais profundas das nossas mentes, que nomeamos de inconsciente, não há conhecimento de tudo que é negativo (Freud, 1915/1996b). Por isso, não admitimos a nossa própria morte, dado que esta é considerada um sentido negativo.

Embora exista a ideia de imortalidade para o inconsciente, temos medo da morte, por vezes exibido a partir de uma angústia realística, diferenciando-se da angústia libidinal neurótica que concerne ao temor de um objeto. "[...] a morte é um conceito abstrato com conteúdo negativo para o qual nenhum correlativo inconsciente pode ser encontrado" (Freud, 1923/1996d, p. 70). O medo da morte está articulado ao desenvolvimento do medo de castração, da consciência da morte, sendo um conflito entre Eu e Supereu, como pode ser exemplificado pelos seguintes trechos dos relatos dos idosos entrevistados:

> *Eu sempre tive medo de morrer, mas de uns tempos para cá eu me entreguei à Deus, se morrer, eu só sinto de deixar meus filhos, filhas e netos* (Nadir, 100 anos de idade).
>
> *É normal. Eu não tenho medo não* [de morrer]. *Para mim, a morte, eu fico olhando quanta gente nova, 20, 30, 50 anos já vai embora, eu tenho 88, o que que eu vou reclamar, não tenho do que reclamar* (Roberto, 88 anos de idade).

O medo da castração está relacionado ao receio da perda do objeto, à ausência ou à falta. Freud (1926/1996v), em seu texto *Inibições, Sintomas e Angústia*, discorreu a respeito desse sentimento ocasionado perante a ameaça da perda objetal, que pode se estender a uma angústia denominada de angústia de castração, constituinte da fase fálica; mas também se produzir a partir do medo da separação dos órgãos genitais. O pai da psicanálise expôs a ideia ferencziana de que o pênis representa para o menino a garantia de ficar unido à mãe, "isto é, a um substituto dela – no ato da copulação" (p. 137). Se privar disso seria um modo de renovar a separação com a mãe ou o substituto dela. Esse temor acontece de modo distinto nas mulheres, já que elas passam pelo complexo de castração, mas não têm o receio de serem castradas; logo, em seu sexo, o medo se refere à perda do amor (que pode ser associada à ausência da mãe na infância).

Notamos que a castração é uma experiência psíquica inconsciente que pode ser renovada ao longo da nossa existência. Trata-se de uma vivência dolorosa que penetra na nossa vida ao modo de uma angústia da separação sexual, transformando-se em uma falta que, ao longo da vida, sustenta o desejo inconsciente. O sujeito é esburacado por ser mortal.

Face à percepção da proximidade da morte no envelhecimento, para alguns idosos, a ideia de estarem "condenados à morte" se torna insuportável, preferindo perder a consciência mediante o esquecimento para se afastar do sofrimento excessivo (Goldfarb, 2004). Alguns podem evitar o reconhecimento da imagem do espelho quebrado e outros anulam a própria razão para se afastar da realidade dolorosa.

O sofrimento abundante proveniente da realidade do corpo vulnerável e a confinidade da morte favorecem a expressão da pulsão de morte. É nessa fase da vida que decorre o aumento do risco de ser afetado pela pulsão de morte através do desligamento da realidade ou da destrutividade atuada. Cada um manifestará de maneira singular as saídas dessa pulsão, as quais dependerão dos divergentes recursos de fusão com a pulsão de vida, oportunizando o processo sublimatório pela religiosidade e pelo planejamento de projeto de vida a curto prazo, ou mesmo prevalecendo os mecanismos de defesa, como a regressão e a mania (Goldfarb, 2004).

Com base na saída da pulsão de morte, o velho pode optar pela sua própria destruição, aproximando-se da vivência da melancolia. Para Bianchi (1993), o destino melancólico tem como marca a autorrecriminação, a redução da estima de si, o distúrbio do sono e a recusa de alimentos, comuns nas idades mais avançadas. Possivelmente, a melancolia justifica os altos índices de suicídio em idosos, como "se matassem para não morrer" (p. 129).

A melancolia é um dos caminhos narcisistas que o ancião segue frente à ameaça de castração e das perdas objetais. No fim da vida, o Eu deve renunciar a uma parcela da continuidade, como a biológica, para achar modos substitutivos de satisfação. Portanto, ele enfrentará uma dupla exigência: a de conservação de um sentido atribuído à própria vida até o fim e a da comprovação da realidade do fim da vida. O sujeito idoso pode se defender pelo desinvestimento "desrealizante", uma vez que não é fácil reconhecer essa realidade que traz frustrações, perda de objetos de amor (por falecimento ou por não ser correspondido a sua exigência de amor) e ameaça de morte, fazendo com que os velhos pairem sobre o narcisismo (Bianchi, 1993).

As modalidades de resolução do problema difícil do conflito entre conservação da vida e a realidade do fim da vida pelo idoso podem se suceder pela via da regressão e pelo recolhimento narcísico ou pelos diferentes meios alternativos. Neste último caso, exige-se um trabalho psíquico ao enfrentar a lei do tempo, como a castração simbólica e o modelo do luto, ou seja, o modelo do desinvestimento do objeto. O ancião pode recusar a realidade frustrante, renunciando-a; ou realizar o trabalho do luto, que acarreta uma reelaboração tardia da experiência do *Complexo de Édipo* e inclusive da posição.

Ante às defesas compulsivas no envelhecer, como a recusa e a regressão, que são configurações de confrontação da representação intolerável da perda, o contra investimento de modelos antagônicos (idealização da infância, modelo exemplar do passado ou reinvestimento em objetos que tinham a função de proteção no início da vida, já que o sujeito que envelhece se sente desprotegido como na primeira infância) podem reativar os assombros primordiais. Frente à morte, "o adulto é uma criança que não sabe" (Bianchi, 1993, p. 125) e o assombro primordial pode ressurgir repetidamente.

As regressões narcísicas podem se estabelecer pelas defesas psicóticas ou não neuróticas, como a clivagem e a recusa. A recusa da morte pode acontecer utilizando-se recursos de identificações não mortais, a exemplo da alma (dependendo da religião), valores que não se esgotam (dimensão filosófica) e identificação, mais comum com a criança eterna sempre inovada. Já a clivagem do Eu se caracteriza por uma parte do Eu aceitar a morte e a outra parte negá-la. Essas defesas da recusa e da clivagem podem se expressar de um modo maníaco para se proteger da depressão: o Eu se confunde com o seu ideal de imortalidade em uma ideia de onipotência (criança eterna) (Bianchi, 1993).

A demência seria um exemplo de desligamento e de regressão, aspecto primitivo de funcionamento, não sendo possível tornar o sofrimento psíquico em experiência, ou seja, não acontece a sua elaboração, deixando um vazio na vida psíquica. Goldfarb (2004) alega que ela pode ser resultada pela impossibilidade do trabalho de luto (o Eu não aceita a inexistência do objeto amado e se recusa a retirar a libido do objeto), tratando-se de uma saída para se afastar da dor moral insuportável, que motiva em sobrevivência do corpo biológico e na morte da vida psíquica – entrega da alma antes do corpo.

À vista disso, as lembranças do passado do demenciado se apresentam como um meio de mascarar a perda, escondendo o presente e vivendo o passado de modo repetitivo até essa guisa não ter mais eficácia e ele anular a sua própria existência – "dissolução do Eu" -, que trata-se de uma regressão de defesa psicótica. Mesmo que a demência seja uma doença incurável para a ciência contemporânea, cabe frisar que nem toda regressão e distanciamento da realidade são absolutamente uma fatalidade, uma vez que o retorno ao narcisismo é um sintoma que caracteriza de certa forma o envelhecimento, assim como o declínio da capacidade sublimatória, como foi sugerido por Ferenczi. Por outro lado, a sustentação de interesses e investimentos objetais se relacionam à capacidade do Eu em afirmar a renovação realista das identificações, as quais podem acontecer por intermédio do auxílio (ou não) da cultura, buscando aprender a permutar o prazer por sentido (Bianchi, 1993).

É importante discutir que as questões singulares dos mais velhos ("*aging*") não podem ser desagregadas do desenvolvimento geral do sujeito. Para Bianchi (1993), o envelhecimento faz parte da formação do destino da psicossexualidade; como exemplo, temos o complexo de Jocasta, discorrido anteriormente, e a fase pós-genital da teoria de Mendonça e Souza (2020).

Por isso, a identidade e a economia do aparelho psíquico do sujeito nas constantes mudanças que demarcam o período da "maturidade genital", viabilizam o entendimento do idoso com seus conflitos, exigências e atitudes. A regressão no envelhecimento, potencialmente reelaborativa, pode se compor em reativação de vivências mais arcaicas, tornando viável a aproximação da perseguição até atingir a fase edipiana (que necessita ser reelaborada), assim como ressignificar a angústia da castração do ponto de vista da morte.

O envelhecimento não é caminhar pelo percurso já demarcado, mas diz respeito à construção desse percurso. Não é um problema exato da faixa etária, mas se refere a todas as faixas etárias. Em qualquer idade há uma "urgência da vida" que é se manter vivo. Em outras palavras, descobrir outro meio de manifestação coerente "às exigências de um desejo, cuja limitação, porém, deve ser combatida sem cessar" (Bianchi, 1993, p.14).

Ao entender que a velhice é a edificação de um percurso, podemos relacioná-la para além de todo o caminho da vida na infância. Cada um possui a memória da imagem da pessoa que o auxiliou a viver, a falar e a amar. Cada um de nós sobrevivemos devido à existência de um ser amado, seja o pai e/ou a mãe idealizados na infância. "Tudo que há de vivo se apega assim a uma imagem do passado, imagem dos pais mortos ou imagens de filhos ou netos que os pais tiveram ou não" (Mannoni, 1995, p. 61).

A partir disso, outra saída que não seja da morte psíquica, é a possibilidade de elaboração do sofrimento psíquico diante do corpo vulnerável e da percepção da proximidade da morte, responsável por propiciar a aceitação desse corpo estranho e limitador. O velho demandará ceder os ideais narcísicos e construir projetos que darão satisfação conforme os limites proporcionados pelo corpo e pelo social. Há a exigência do reposicionamento subjetivo para oportunizar as transformações intrapsíquicas (Cherix, 2015).

Quando o Eu realiza o trabalho psíquico, o luto do Eu mágico e da criança ideal, ou seja, o luto de uma perfeição que é inviável e irreal, ele passa a aceitar as pulsões destrutivas (pulsão de morte) e da não perfeição do bom objeto interiorizado, proporcionando uma reelaboração da posição depressiva. Aceitar a realidade do envelhecimento diz respeito à castração do sujeito no seu ser, ou seja, não é o outro que ele vai perder, mas a si mesmo.

Embora Ferenczi aponte para o declínio da sublimação na velhice, ela é uma alternativa significativa para lidar com o real, mas não consegue sustentar totalmente a aflição da realidade. A sublimação é um processo relacionado à libido objetal (uma das saídas da pulsão) e não à libido do Eu (constituição do Ideal do Eu), como um recurso de desvio da sexualidade, já que é a formação de um ideal – idealização –, é também um meio de exaltação do objeto. O Ideal do Eu é representado na vida adulta como ideais a serem conquistados que se tornam empecilhos no período da velhice (como as regressões ou construções de diversos sintomas que lidam com o real exposto, embora ocorra pela via do sofrimento) (Mucida, 2018).

Para realizar o trabalho do luto na velhice, o sujeito terá que reconhecer a realidade da sua impotência face à morte, aceitando a sua castração e o desinvestimento da libido do próprio objeto narcísico, o Eu (mudança da posição subjetiva). O "trabalho do tempo" pode ter os seguintes destinos: aceitação da castração – luto do Eu; recusa ou aceitação parcial (clivagem); e luto impossível: a melancolia (Bianchi, 1993). Ponderamos que, na aceitação da castração (luto do Eu) no "trabalho do tempo", se insere a capacidade sublimatória do sujeito, como um modo para lidar com a realidade dolorosa, sendo um caminho da pulsão de morte.

Por último, transpondo das mortes simbólicas (sociais e psíquicas) para a morte real (decomposição da carne), mencionamos as perdas de entes queridos, como o falecimento da esposa ou do marido, da filha ou do filho, do irmão ou irmã, do amigo e da amiga, sendo mais recorrentes no período da velhice. Ilustramos a vivência da perda de entes queridos, no período da velhice, pelas seguintes falas dos entrevistados:

> *Eu há 5 anos perdi minha esposa e fiquei viúvo. [...] Eu tinha 5 filhos homens, um deles faleceu, então eu to com 4 filhos homens* (João, 83 anos de idade).
>
> *Dois* [filhos] *faleceram numa vez só* (Pedro, 74 anos de idade).
>
> *Mudou que meu marido morreu* (Nadir, 100 anos de idade).
>
> *O resto tá tudo falecido* [irmãos]. *Até que faleceram novo, alguns com 60 anos, alguns com 62, alguns com 50, vareia.* (sic). (Roberto, 88 anos de idade).

Vemos as mortes como impactantes e imprevisíveis, sejam por acidente, doença, idade avançada etc. (Freud, 1915/1996gg). A ruptura de um laço pelo falecimento da pessoa amada provoca uma condição de choque psíquico (Nasio, 1997). Quando perdemos alguém que amamos – mãe, pai, irmão, marido, esposa, filho, amigo etc. – nos sentimos arrasados e desamparados devido ao vazio deixado pelo ente querido falecido.

A dor de perder alguém que amamos nos causa desorientação, em decurso do enlutado fixar o afeto em algo do passado, ocasionando uma alienação em relação ao presente e ao futuro (Freud, 1917/1996cc). Além disso, essa dor origina uma tensão interna intensa, como se houvesse um tipo de loucura em nós que estava apagada até o acontecimento da morte do nosso ente querido (Nasio, 1997). Em virtude da dor exorbitante da perda, a ideia de substituição do filho, da esposa ou do marido, por exemplo, faz com que fiquemos paralisados. Temos a propensão de anular a morte dos nossos projetos de vida. Logo, a morte só pode acontecer na ficção, na literatura, no cinema, tendendo a ser rejeitada na sociedade (Freud, 1915/1996gg),

Por isso, a morte é um tabu na nossa sociedade, em razão de se exibir como algo misterioso e sagrado, porque não temos conhecimento do que acontece no momento e após a morte (Freud, 1913/1996p). Falamos muito pouco sobre a morte, já que falar sobre o assunto ocasiona receio, ameaça e impotência (Kovács, 2012).

O idoso, além de ter que lidar com as suas perdas e os lutos simbólicos, necessita enfrentar os lutos pelas perdas reais. Assim, ele é submetido a intensos trabalhos de luto, que consistem na revelação pelo teste de realidade de que o objeto de amor não existe mais, fazendo com que a libido que estava ligada ao objeto seja retirada. Esse trabalho de desligamento das representações do objeto decorre de forma lenta e gradual (Freud, 1917/1996dd).

No luto, sucede o desinvestimento progressivo da representação do objeto perdido, redistribuindo a energia psíquica que estava conectada ao amado para o mundo externo ou para um outro objeto de amor eleito (Nasio, 1997). Em outros termos, o luto tem como objetivo de ordem psicológica realizar o desligamento dos mortos, das suas lembranças e das suas esperanças. Quando acontece esse desligamento, o sofrimento do enlutado é amenizado (Freud, 1913/1996p).

É importante perceber que a teoria freudiana do luto não é completa e é insatisfatória. Para tanto, utilizamos como referência as críticas de Allouch (2004) em conexão à versão da concepção de luto freudiano. Para o autor, Freud não teve a intenção de realizar uma conceitualização do luto, mas antes da melancolia, mostrando a demanda de se basear no patológico para explicar o normal, ou seja, a melancolia elucida o luto.

Na visão de Allouch, o pai da psicanálise enunciava uma clínica psiquiátrica em "Luto e Melancolia" e não uma clínica psicanalítica, assim como não ponderava os aspectos históricos da morte e do luto, a perspectiva daquele que vai morrer, a forma da morte, os rituais fúnebres e o tempo do luto. Ademais, o autor leva em conta que o mesmo texto freudiano apresenta uma "versão romântica" do luto, ao abordar a crença de que os objetos podem ser substituídos mediante o trabalho de luto.

A grande contribuição de Allouch, na teoria do luto, é a impossibilidade de substituir a pessoa amada que faleceu, apesar de Freud admitir que o luto não termina com a troca do objeto a partir da vivência da perda da filha Sofia, que faleceu de gripe espanhola, grávida do terceiro filho. Essa observação é realizada por Freud em uma carta enviada a Binswanger (de 11 de abril de 1929), mas que infelizmente não foi acrescentada à teoria do luto. O mestre de Viena escreveu na carta: "É sabido que o luto agudo causado por tal perda encontrará um fim, mas que ficaremos inconsoláveis, sem jamais encontrar um substituto" (Allouch, 2004, p. 161).

Na elaboração do luto, é necessário realizar o "sacrifício do falo", ou seja, o enlutado, além de abandonar o objeto externo, renunciará ele mesmo. "O morto suscita o enlutado a sacrificar-lhe graciosamente um pequeno pedaço de si; assim seu luto torna-se desejante" (Allouch, 2004, p. 361). Esse pedaço de si é fálico na perspectiva psicanalítica. O sacrifício do falo é a saída do luto. Há dois sacrifícios diferentes do falo: o objeto é morto enquanto *sendo falo* e o falo deixado no ato de colocar o objeto *em seu lugar*.

O luto do objeto de amor é o luto do "Eu-objeto", visto que o narcisismo do sujeito está implicado no objeto. O outro objeto, que pode ser uma pessoa real ou uma representação abstrata de interesse, é constantemente tomado pelo narcisismo, servindo como um básico recurso relacional exterior em que o papel continua narcísico (Bianchi, 1993). Para tanto, a elaboração do luto exigirá aceitar a perda do objeto e a de parte de si mesmo.

A partir desse breve exposto sobre o trabalho de luto, atentamos que o nosso contexto social não favorece elaborações dos lutos dos velhos, refreando a criação de espaços de circulação social para oportunizar novos investimentos libidinais. Poucos anciões conseguem desinvestir a libido de identificações narcísicas conectadas ao passado e investir na sua imagem valorizada e ligada ao presente e ao futuro (Cherix & Coelho, 2018).

Para que o idoso possa elaborar os seus lutos, ele terá, conforme as exigências da realidade, que modificar o Eu, a partir de alterações da dinâmica das pulsões, das interpretações do desejo e das manifestações inconscientes, demandando a atualização do sujeito do inconsciente. Logo, as perdas reais e simbólicas provocam a retirada da libido dos objetos e das identificações internas. As vicissitudes decorrentes das perdas no envelhecimento podem acontecer pela reelaboração tardia da vivência edípica e pela disposição depressiva ou mediante a negação da realidade, fazendo com que o velho se refugie em um passado idealizado, "desinvestindo do aparelho perceptivo-consciente" (Cherix & Coelho, 2018, p. 192).

Quando o ancião não consegue elaborar os seus lutos pode ficar imobilizado, fazendo com o que o sofrimento da perda seja prolongado em um estado crônico durante vários anos ou até mesmo até a sua morte (Nasio, 1997), manifestando-se em forma de luto prolongado, depressão e/ou melancolia. Cada um achará a sua "melhor" saída diante das perdas e lutos, dependendo da sua história de vida, da sua subjetividade e dos recursos psíquicos para lidar com essas questões. Notamos que o envelhecimento é um processo subjetivo e particular de cada sujeito que o vivencia dentro da perspectiva sociocultural que o envolve.

Faz-se importante debater quais as saídas psíquicas frente às perdas e aos lutos, pois dependem das condições sociais e culturais. Birman (1997) considera que o idoso possui perdas, a exemplo da diminuição da força e condições fálicas, não podendo gerar produção de bens materiais e reprodução biológica. Entretanto, as perdas podem ser convertidas em ganhos de um outro modo de registro social, o qual pode ser investido simbolicamente pela cultura. Destarte, o velho não perde seu estado de sujeito quando possui o reconhecimento e o valor da sua experiência como forma de ensinar para as gerações mais jovens os valores ancestrais e a memória coletiva. Relaciona-se a imagem do ancião a uma mudança principal, a partir da qual há uma posição social por intermédio da transformação da perda do registro imaginário do corpo em ganho no registro simbólico, em que se altera o poder da tradução.

Para responder aquilo que foi colocado como proposta de investigação no início do capítulo 3. *O Sujeito da Psicanálise* sobre a existência ou não do envelhecimento subjetivo sem a temporalidade inscrita no inconsciente para a psicanálise, afirmamos não existir envelhecimento psíquico para a psicanálise, mas o envelhecimento do corpo pode impactar a dinâmica das instâncias psíquicas (Eu, Id e Superego), suscitando um reposicionamento do sujeito psíquico (modo depressivo, regressão narcísica ou elaboração do luto) no processo de envelhecimento.

4.4.3 Lutos, Envelhecimento e Morte de Freud

Abordamos neste subtópico as vivências dos lutos, do envelhecimento e do processo de morte de Sigmund Freud, já que neste trabalho propomos trabalhar com a temática da velhice na perspectiva psicanalítica. Freud foi um neurologista austríaco que realizou uma inovação teórica da compreensão do psiquismo humano com a descoberta do inconsciente, criando a psicanálise. Utilizamos como principais referências a autora Maud Mannoni, psicanalista francesa, discípula de Lacan e Dolto, a qual aborda em seu livro *O Nomeável e o Inomeável: a última palavra da vida* (1995) o morrer com dignidade e dedica um capítulo para relatar a morte de Freud; e a autora Elisabeth Roudinesco, historiadora, psicanalista francesa, professora da Universidade de Paris VII, que escreveu no último capítulo "Freud, últimos tempos" da sua obra *Sigmund Freud: na sua época e em nosso tempo* (2016).

Conforme citado anteriormente, Freud perdeu a filha Sophie de 26 anos de idade por uma pneumonia. Três anos mais tarde, em 1923, ele perdeu seu neto Heinele de quatro anos de idade, filho de Sophie, por meningite tuberculosa. O pai da psicanálise sofreu de depressão após a morte do neto, tendo declarado seu estado depressivo em uma carta a Ferenczi; e quando descreveu o seu sofrimento do luto em uma carta enviada a Binswanger (1926): "Heinele representava para mim todos os meus filhos e meus outros netos e, desde sua morte, não amo mais os meus netos e não tenho mais prazer em viver" (Mannoni, 1995, p. 93).

A depressão do mestre de Viena com os lutos vivenciados pela perda do neto e da filha demonstra que ele pôde vivenciar a dor das perdas, apontando a depressão como parte constituinte desse processo. Além disso, a perda do prazer em viver e de não amar os outros netos, indica uma dificuldade de investir libidinalmente no mundo externo. Isso ocorre em função da dinâmica do narcisismo presente no luto, que por meio da retirada da libido do objeto de amor e seus representantes, retorna essa libido para o próprio Eu, sendo esse desinvestimento um processo doloroso e para o qual demanda-se tempo.

Comparamos os lutos de Freud ao seu processo de envelhecimento, lembrando que em sua época era idosa a pessoa com mais de 50 anos de idade. Sabemos que ao envelhecer, a perda de entes queridos pode se tornar cada vez recorrente. Mannoni (1995) afirma que não é possível se recuperar da perda de um filho. Associando a perda do neto de Freud à uma amputação de parte de si mesmo, ele não pôde mais sonhar com um futuro por intermédio da sua descendência, referindo tratar-se de uma "ferida narcísica irreparável", a qual afeta o sujeito a ponto de não ter mais palavras para descrever o que sente, ou seja, a dor é indescritível.

Quando Freud tinha 65 anos de idade, ele declarou que *entrou na verdadeira velhice* em uma carta a Ferenczi. Em 1923, o pai da psicanálise detectou ele mesmo a doença que se anunciaria posteriormente: câncer na mandíbula. No início, o diagnóstico realizado por ele não foi aceito por outros médicos, os quais mencionavam se tratar de uma leucoplasia (manchas espessas na parte de dentro da boca) em virtude do uso tabaco. O diagnóstico do tumor foi feito depois por Felix Deustsch. Assim, aos 67 anos de idade (em 1923), Freud recebeu o diagnóstico de câncer de mandíbula já em estado avançado; se tratava de um epitelioma (câncer maligno da pele que se origina tecido epitelial) e não uma simples leucoplasia, como os médicos inicialmente achavam. O mestre de Viena fez trinta e três (33) cirurgias no período de dezesseis (16) anos para tratar o câncer (Mannoni, 1995; Agostinho, Peres & Santos, 2009).

Freud necessitou utilizar uma prótese como parte do tratamento para auxiliar na fala, sendo denominada de "monstro" por ele por ser de difícil manuseio para retirar e colocar. Em uma entrevista conduzida pelo americano George Sylvester Viereck, em 1926, Freud se queixa da sua prótese:

> Detesto o meu maxilar mecânico, porque a luta com o aparelho me consome tanta energia preciosa. Mas prefiro ele a maxilar nenhum. Ainda prefiro a existência à extinção. Talvez os deuses sejam gentis conosco, tornando a vida mais desagradável à medida que envelhecemos. Por fim, a morte nos parece menos intolerável do que os fardos que carregamos (Souza, 2010, p. 1).

Não obstante, o pai da psicanálise, mesmo expressando sofrimento intenso com o uso da prótese e manifestando ódio em relação ao maxilar mecânico ao intitulá-lo de monstro, exibiu a prevalência da pulsão de vida ao preferir viver a morrer. Diante da doença que ameaçava a continuidade da vida, Freud revelou ao seu médico, dez anos antes da sua morte, que não gostaria de sofrer inutilmente, embora tolerasse as dores fortes e não gostasse dos calmantes. Ele escolheu a filha Anna como sua enfermeira para assumir os seus cuidados (Mannoni, 1995).

O processo de envelhecimento do mestre de Viena foi demarcado pelo adoecimento. Articulamos o adoecimento ao processo de envelhecimento para além do caso de Freud, relacionando os relatos de alguns pacientes idosos entrevistados nesta pesquisa, que apontam que o adoecimento frequentemente acarreta a percepção da idade avançada, como se coloca nas seguintes vinhetas:

> *Nem percebe* [envelhecer], *só quando cai um tombo, aí se lembra que está com 80 anos.* (Carlos, 84 anos de idade).

> [...] *conforme a gente vai passando o tempo, vai envelhecendo, mas eu não senti minha velhice, eu senti por causa da doença agora* (Jandira, 83 anos de idade).

Freud afirmou que não gostaria de sofrer inutilmente, indicando que desejava receber os cuidados de uma pessoa de confiança, no caso sua filha. Também vinculamos a sua vontade de tratamento às medidas terapêuticas dos Cuidados Paliativos, cujo objetivo é promover um cuidado com vistas à qualidade de vida da pessoa com uma doença que ameaça a continuidade da sua vida, atendendo as múltiplas dimensões da vida (espiritual, social, física e psicológica). Supomos que as cirurgias realizadas por Freud auxiliaram no prolongamento da sua vida, mas a sua qualidade de vida é questionável, já que ele deu indícios de que sofreu significativamente com o uso da prótese.

O pai da psicanálise continuou trabalhando, e em 1924 retomou sua atividade laboral e conceituou a angústia de morte e a dualidade da pulsão de morte e da pulsão de vida, atrelando o ódio à noção de amor em *O Ego e o Id* e *Inibição, Sintoma e Angústia*. Além dos escritos, ele retomou as atividades analíticas e passou a atender seis (6) pacientes por dia. Em março de 1924, em uma carta a Eitingon, comentou o seu estado de saúde duvidoso em consequência da prótese, surdez do ouvido direito (trompa de Eustáquio sofreu danos no período do tratamento do câncer) e o modo que se alimentava não era agradável para as pessoas (Mannoni, 1995; Roudinesco, 2016).

Freud continuou escrevendo, embora estivesse doente. Após a publicação do texto *O Futuro de uma Ilusão*, teve uma baixa da produtividade em virtude do sofrimento do uso da prótese. Quando terminou as *Novas Conferências* de 1932, anunciou, como a sua última obra a Arnold Zweig, pontuando que seu estado de saúde estava debilitado por conta de uma gripe e uma otite (Mannoni, 1995).

Apesar disso, o trabalho pareceu evidenciar um importante referencial de subjetivação para o pai da psicanálise. Mesmo com uma doença que ameaçava a continuidade da sua vida e o fato de ter vivenciado muitas perdas e lutos de familiares e amigos, conseguiu dar constância ao seu trabalho, expondo uma capacidade de subjetivação e de sublimação por intermédio do investimento libidinal na atividade laboral. Inferimos também a importância do trabalho para alguns idosos entrevistados, os quais mostraram a relevância da atividade laboral em suas vidas, conforme se enuncia no seguinte relato:

> Muita falta [trabalho], *e trabalhar um pouco, mexe com o corpo. Trabalho só braçal né*. [...] *Tudo bem, isso não tem jeito de abandonar [trabalho], né? Tão gostoso, e a gente ali vive ali* [trabalho] *né*. (Carlos, 84 anos de idade).

Mannoni (1995) alude que os lutos da filha e do neto se sobrepuseram à doença de Freud, declarando que ele indicava ter um modo de aceitação do seu cotidiano ao escrever na carta a Lou Andreas Salomé, em 1925: "Uma carapaça de insensibilidade me envolve lentamente, o que constato sem me queixar. Esta é uma saída natural, uma maneira de começar a se tornar inorgânico. Chama-se isso, creio, a serenidade da idade" (p. 105).

Freud apresentou ter ciência da sua defesa psíquica face à ameaça de morte ao delinear que "uma carapaça de insensibilidade me envolve lentamente", dando indícios de uma certa anestesia para não sentir a realidade dolorosa da noção de finitude. A velhice do pai da psicanálise foi demarcada pelo padecimento e, como consequência, pelo sofrimento. Retomando a entrevista manejada por George Sylvester Viereck, Freud comentou sobre o tratamento da doença, a velhice e a finitude:

– Por quê – disse calmamente – deveria eu esperar um tratamento especial? A velhice, com suas agruras chega para todos. Eu não me rebelo contra a ordem universal. Afinal, mais de setenta anos. Tive o bastante para comer. Apreciei muitas coisas – a companhia de minha mulher, meus filhos, o pôr do sol. Observei as plantas crescerem na primavera. De vez em quando tive uma mão amiga para apertar. Vez ou outra encontrei um ser humano que quase me compreendeu. Que mais posso querer? (Souza, 2010. p. 1).

O pai da psicanálise divulgou o conhecimento do seu processo de morrer, percebendo se tratar de uma condição inata da vida. O "aproveitamento" da vida ao longo do tempo também apareceu na narrativa de um ancião entrevistado: "[...] *trabalhei bastante, também gozei bastante, assim como sofri criei meus filhos direitinho, estão tudo criado*" (José, 86 anos de idade). Na velhice, a angústia de castração reaparece a partir da percepção do idoso da ameaça de perder a própria vida e a finitude. Essa noção da aproximação da morte pode ser exemplificada pela vinheta de uma idosa entrevistada: "*Então, mas sabe como diz, com a idade que eu estou não é de se desesperar para querer ficar até o fim da vida*" (Nadir, 100 anos de idade).

Além das perdas e das doenças, Freud teve que enfrentar as circunstâncias na Alemanha de Hitler e a perseguição dos judeus (a família de Freud era judia). O pai da psicanálise não acreditava, no início, que a perseguição se estenderia à Viena. Em fevereiro de 1934, a guerra civil aconteceu na Áustria, sendo recomendado a ele deixar Viena. Decidiu, portanto, que sairia da cidade somente se os nazistas chegassem até lá. Em 1936, manifestou uma piora da sua doença, tinha dificuldade para comer e beber. Ainda conseguiu produzir mais alguns trabalhos, em 1937 (*Moisés, Análise Terminável e Interminável e Construções em Análise*) (Mannoni, 1995; Roudinesco, 2016).

Em 1938, Freud teve uma progressão da sua patologia com o avanço do tumor próximo à base órbita (atingindo os ossos de seu maxilar) e, nesse período, os nazistas invadiram a Áustria, em 11 de março, e a residência do pai da psicanálise foi inúmeras vezes ocupada e despojada. Mesmo assim, ele ainda se mantinha resistente a sair de Viena. A embaixada americana o ajudava, mandando um oficial americano à sua casa para avisar das investigações. Em junho de 1938, Freud foi autorizado a sair da cidade e ir para Londres (por Paris), acompanhado do seu médico Max Schur, que de última hora precisou realizar uma cirurgia antes de partir, por conta de uma crise apendicite. A partir disso, o pai da psicanálise viajou com Josefine Stross, pediatra que ocupou o lugar de Schur, conseguindo sair de Viena com o auxílio de autoridades importantes da França, da Inglaterra e dos Estados Unidos (Mannoni, 1995; Roudinesco, 2016).

Freud gostou da casa de Londres. Ele foi operado mais uma vez, em 1938, expressando uma melhora que perdurou menos de um ano. Quando o seu médico Schur o visitou em julho de 1939, achou-o emagrecido e com uma infecção na região da última lesão, apresentando uma necrose fétida. O odor se tornava cada vez pior, na época não existiam antibióticos para tratar a infecção.

Em agosto do mesmo ano, o mestre de Viena modificou o seu escritório em enfermaria e a sua cama era protegida por mosqueteiro, já que o odor atraía moscas. O cheiro era tão forte que o cachorro de Freud ficava em outra extremidade do quarto e evitava os carinhos do dono, mostrando-se assustado com o odor. Freud não pôde deixar de perceber o objeto de repulsa que havia se tornado com base no olhar do cão. Em estado de deterioração, em setembro de 1939, solicitou ao seu médico que a sua tortura fosse encerrada. Freud faleceu no dia 23 de novembro de 1939, com 83 anos, em Londres, após algumas doses de morfina (Mannoni, 1995; Agostinho, Peres & Santos, 2009; Roudinesco, 2016).

Roudinesco (2016) reporta que o corpo de Freud foi cremado e não teve ritual. As cinzas foram depositadas em um vaso grego. A autora menciona que Enerst Jones fez uma homenagem ao Mestre de Viena com as seguintes palavras: "Se há um homem a cujo respeito podemos dizer que domou a própria morte e lhe sobreviveu a despeito do rei das Trevas, que a ele não inspirava medo algum, então esse homem se chama Freud" (p. 471).

Embora o pai da psicanálise tivesse demonstrado uma debilidade significativa em razão do avanço do câncer e de suas complicações, continuou o desenvolvimento dos seus estudos e conseguiu sair da sua residência, sobretudo em virtude da perseguição nazista. Ele aparentou resistir às dores e aos sofrimentos causados pela doença e pelo contexto social da época, indicando prevalecer a pulsão de vida, apesar das dificuldades. Apenas no fim da sua vida que foi adotado o conforto medicamentoso em Freud para anestesiar esse processo final de se tornar inorgânico.

4.5 Envelhescência

Envelhecer

A coisa mais moderna que existe nessa vida é envelhecer
A barba vai descendo e os cabelos vão caindo pra cabeça aparecer
Os filhos vão crescendo e o tempo vai dizendo que agora é pra valer
Os outros vão morrendo e a gente aprendendo a esquecer

Não quero morrer pois quero ver
Como será que deve ser envelhecer
Eu quero é viver pra ver qual é
E dizer venha pra o que vai acontecer

Eu quero que o tapete voe
No meio da sala de estar
Eu quero que a panela de pressão pressione
E que a pia comece a pingar
Eu quero que a sirene soe
E me faça levantar do sofá
Eu quero pôr Rita Pavone
No ringtone do meu celular
Eu quero estar no meio do ciclone
Pra poder aproveitar
E quando eu esquecer meu próprio nome
Que me chamem de velho gagá

Pois ser eternamente adolescente nada é mais démodé
Com uns ralos fios de cabelo sobre a testa que não para de crescer
Não sei por que essa gente vira a cara pro presente e esquece de aprender
Que felizmente ou infelizmente sempre o tempo vai correr

(Composição: Arnaldo Antunes, Marcelo Jeneci, Ortinho)

Para finalizar este capítulo *Velhice e Psicanálise*, versamos sobre a envelhescência, termo criado por Manoel Tosta Berlinck, falecido em 2016; era sociólogo, psicanalista, Ph.D. na Cornell University, foi professor titular da Universidade Estadual de Campinas – UNICAMP, diretor do Laboratório de Psicopatologia Fundamental da Universidade Católica de São Paulo – PUC/SP e professor visitante da Université Paris-7 – Denis Diderot, também foi Presidente da Associação Universitária de Pesquisa em Psicopatologia Fundamental (AUPPF) – um campo de pesquisa e de diálogo com múltiplas disciplinas que tratam o sofrimento humano. Berlinck, em sua obra *Psicopatologia Fundamental* (2008), dedica um capítulo para discorrer sobre a envelhescência, discussão essa da qual partimos para fundamentar a temática a seguir.

A envelhescência pode ser admitida como um encontro entre o inconsciente atemporal e o corpo no tempo cronológico. O seu conceito se diverge de envelhecer. Este é considerado um período da vida desprezível para a nossa sociedade. Nesse cenário, os velhos são vistos como um tipo de praga que assalta as contas da previdência social, enaltece o valor dos seguros de saúde e é um peso na vida dos mais jovens. Em contraposição, a envelhescência consiste em pensar a velhice, diferenciando-a do preconceito e do estigma da nossa sociedade, para que o sujeito possa viver com o mínimo de dignidade.

Notamos que "envelhecer" é a dificuldade do indivíduo de se adaptar ao corpo em processo de transformação, nomeado de senescência; de lidar com os reflexos do *espelho quebrado*; e de tornar a sua história fascinante e desejante. Se envelhecer se apresenta no corpo, é possível ficar velho sem passar pela envelhescência? Há velhos adolescentes, há velhos jovens, jovens velhos etc. A envelhescência pode ser vivida de variadas formas, trata-se de um período muito específico para cada pessoa e deve ocorrer da maneira mais natural possível, sem fazer operações plásticas, sem lamentar e sem ações reativas. Caracteriza-se pelo encontro da alma sem idade com o corpo que envelhece. Em outras palavras, ela é o autêntico reconhecimento do estranho encontro que obtém uma efetivação de um significante, pressupondo-se um trabalho do Eu que produz um ato de subjetivação.

Berlinck (2008) efetua algumas associações entre envelhescência e adolescência. Tanto na adolescência quanto na envelhescência, o sujeito se depara com transformações ocorridas no corpo: no adolescente, sucede a mudança da voz, nascimento de barba, alteração na estrutura corporal, aparecimento das mamas e advém a menstruação; na envelhescência, algo semelhante acontece, como a dificuldade para enxergar e ouvir, originam as rugas na pele, os cabelos caem ou ficam brancos, o peso aparece como um problema e só a alma se mantém jovem.

Além das semelhanças, há algumas dessemelhanças entre a envelhescência e a adolescência. No adolescente, há uma alteração da sexualidade, passando pela transição de criança a adulto, algo desconhecido e misterioso. Já na envelhescência não se estabelece a modificação da sexualidade da mesma forma que no início da vida adulta, entretanto, homens e mulheres podem se deparar com o fantasma da impotência, da frigidez, da ejaculação precoce e a decadência do corpo. Ademais, esse corpo já não corresponde ao devido fomento do desejo, precisando o envelhescente, muitas vezes, recriar sua rotina diária e reformular o seu trabalho, ajustando-se às limitações corporais.

A partir dessa explanação do autor, entendemos que o vocábulo envelhescência é uma aglutinação da palavra envelhecer e da palavra adolescência. Por isso, ele faz uma correlação entre idosos e adolescentes porque ambos passam por um processo de transformação do corpo. No caso do idoso, sucede um descompasso entre o tempo subjetivo pela ausência de inscrição do tempo na nossa subjetividade e o tempo cronológico pela mudança corpo que envelhece.

A percepção do tempo é diferente para o adolescente e para o envelhescente: o adolescente possui um horizonte, mesmo que o futuro seja desconhecido e assustador; e o envelhescente se espanta com a percepção da proximidade da morte. Diante disso, na envelhescência, os projetos deverão ser feitos a curto prazo, em razão do pouco tempo de vida que resta para o sujeito. Um exemplo disso é realizar uma viagem não muito longa, uma vez que há limitações do corpo, na velhice, como se evidencia na fala de uma entrevistada: *"Eu quero ir mais para Cascavel, viajar mais, se... pro Norte, porque é muito longe assim, não sei se aguentaria"* (Jandira, 83 anos de idade).

Em adição à distinção da percepção do tempo, advém a modificação no Eu frente aos ideais na adolescência e na envelhescência. Para o adolescente, sucede ao abandono de ser o "reizinho ou rainha" da mamãe para enfrentar o próprio "reizinho ou rainha'"; logo, na envelhescência, os sonhos que cultivou por longo período são afetados pela falta de tempo. Berlinck (2008) explana que o envelhescente passa a pensar no possível e não mais no ideal a ser alcançado, proporcionando pensamentos que indicam certa limitação do Eu Ideal e do Ideal de Eu, tal como podem remeter o sujeito a recriar o seu próprio mito.

Em outros termos, a envelhescência é a redescrição do narcisismo primário, no sentido de que o sujeito possa reconstruir sua própria pré-história, no tempo em que ele é o mais novo sobrevivente. Todos os ascendentes já faleceram e ele percebe, entre assustado e conformado, que os que morrem são cada vez mais jovens e com idades crescentemente mais próximas da sua.

Com base na explanação de Berlinck, conectamos o período da envelhescência à limitação do tempo de vida, às tantas perdas de objetos significativos e de posições de reconhecimento simbólico, produzindo um confronto entre Eu Ideal e a realidade corporal. O que caracteriza o idoso envelhescente não é apenas o encontro do espírito com o corpo que envelhece, mas também de uma elaboração do imaginário do sujeito, promovendo uma radical transformação do seu lugar e adaptando-se nesse corpo que envelhece. Para isso, Berlinck (2008) enfatiza que o sujeito necessita se descobrir sozinho, mesmo estando cercado de muitas pessoas do seu cotidiano, pois reconhece que seus ascendentes já não existem mais e que os filhos se distanciaram porque se tornaram adultos.

Nessa conjectura, a memória adquire uma tonalidade de privacidade do sujeito, deixando de constituir um traço familiar. Estabelece-se uma intensa sensação de individualidade no envelhescente, em função das memórias já não serem mais divididas por não haver uma comunidade de referência, já que elas geralmente se manifestam por lembranças de vivências do coletivo. Essas memórias, construídas por pequenos acontecimentos que enlaçam as conjunturas históricas e que denotam a pertinência de uma geração, lançam o reconhecimento de solidão pelo sujeito e, conjuntamente, de que participou da história. Nesse sentido, a envelhescência diz respeito à dedicação da recriação da própria história, adequando-se ao corpo que envelhece.

Por isso, a envelhescência provoca no sujeito uma certa tolerância, que incomumente é vista nos mais jovens. Em todas as faixas etárias do ser humano acontecem as descobertas das próprias limitações que devem ser toleradas em prol da economia corporal. Acrescentam-se a isso certas condutas rígidas que são substituídas por um pluralismo compreensivo que evita as vastas solicitações do próprio corpo por este não sustentar maiores tensões.

Berlinck (2008) exemplifica essa dificuldade de aguentar tensões corporais prolongadas na envelhescência por meio da alimentação, como ilustramos com a vinheta dos idosos entrevistados: *"É só não abusar, e eu abusei foi na alimentação, se descuidou na minha idade não pode abusar"* (João, 83 anos de idade); *"Não, de tudo não, e se come não passa bem né"* (Benta, 96 anos de idade).

O corpo do envelhescente não tolera alguns alimentos e algumas bebidas, evidenciando a impotência da limitação corporal. Esse fato dissocia-se do corpo da juventude, lidado como se tudo pudesse, numa inscrição imaginariamente de onipotência, ou seja, na ideia de que tudo é possível.

O período da envelhescência é o marco em que se descobre que desagradar o outro é algo preciso e que, ao mesmo tempo, causa o distanciamento da sedução. Esse desagrado também se manifesta quando o corpo não consegue manter algumas promessas feitas ao outro com a fantasia de agradá-lo, já que a sedução não pode mais ser feita indiscriminadamente. No entanto, em alguns idosos ocorrem práticas maníacas, dando-lhes a sensação de que ainda são jovens. "Festas, bailes, jantares, comemorações, encontros tomam completamente o tempo e impedem de enfrentar o trabalho de reinventar o cotidiano em virtude das novas exigências da vida" (Berlinck, 2008, p.197). Essa maneira de envelhecer se aproxima do modo dos adolescentes, numa espécie de retorno à infância destes perante o contingente da necessidade de entrar no mundo dos adultos.

Em suma, a envelhescência é a arte de viver a velhice, exigindo aquisição de muita aptidão e dedicação. Em se tratando de arte, o autor salienta que existe uma solicitação à estética do próprio corpo, podendo torná-lo um belo elemento de satisfação para si mesmo e para os que com ele convivem. Assim, na envelhescência, não há espaço para a crítica social destrutiva e para o discurso juvenil dominante, podendo substituí-los por novas interpretações que mostram a experiência e a habilidade de pensar em prol da vida.

Em termos psicanalíticos, a envelhescência é a "recriação do Eu diante das exigências pulsionais e as novas exigências do corpo que se aproxima da morte" (Berlinck, p. 197). As funções sintética e administrativa do Eu, no psiquismo, possibilitam a criação cotidiana e são solicitadas a frequentes rearranjos frente à dinâmica da realidade. Dessa forma, um Eu rígido não contestará com criatividade às exigências internas e externas que lhes são realizadas, podendo formar o risco de promover uma rotina do cotidiano, como um elemento enfraquecido e estereotipado. A envelhescência é uma oportunidade para mudança do Eu e, consequentemente, para a saúde mental do sujeito.

5

A PSICANÁLISE NO HOSPITAL

Parêmia da Ilusão

Espreitamos a angústia, a alegria,
a depressão, a ausência, o encontro...
vivemos a finitude, a eternidade...
a turbulência e a quietude...
assistimos aos desmoronamentos do sistema de saúde
e ao avanço da medicina, rumo a novas conquistas
no enfrentamento das mais diferentes epidemias...

Sonhamos com uma nova realidade hospitalar
Como o encantamento de quem aprecia
Uma grande obra de arte...
Sonhamos com uma nova dimensão social...
Onde não existam marginalizados
e pacientes agonizando nos corredores hospitalares...

Uma pena branca sendo levada pelo vento,
no azul do céu, que se mistura ao
branco das nuvens e desaparece...
de excitação que leva ao deleite
e a névoa que se dissipa diante da realidade...
do amargor da decepção, da alegria do encontro...
da esperança da felicidade, da crença no amor...

Da jabuticaba preta que se adocica na boca
E da indigesta dieta hospitalar...
De vida que vadeia pelas ruas e alamedas
e que estreita na doença e na dor...
da ilusão que Deus existirá e resgatará
o paciente moribundo, para o triunfo final...
da incredulidade de que a morte termina,
quando surge a vida do amanhã...

De que sonho é uma idealização de uma
nova esperança na própria realidade...
na certeza da dúvida, da crença de que
é possível haver uma sociedade justa e fraterna...
E humana... Como humanos são nossos sonhos
e esperanças... Nossos deuses... Nossos mitos e ilusões...

(Valdemar Augusto Angerami)

Propomos neste último capítulo debater sobre a psicanálise no ambiente hospitalar. Para tanto, intencionamos ao longo deste texto retomar brevemente as técnicas e as especificidades psicanalíticas, abordando acerca da associação livre, da atenção flutuante, da transferência, do *setting* e da ética. Baseamo-nos como principais referências na autora Maria Lívia Tourinho Moretto, professora do Departamento de Psicologia Clínica do Instituto de Psicologia da Universidade de São Paulo, que no seu livro *O que pode um analista no hospital?*, contribui ricamente com a fundamentação teórica e prática das possibilidades do psicanalista no hospital. Também partimos das considerações propostas pelo autor Alfredo Simonetti, médico psiquiatra, psicanalista, psicólogo clínico e hospitalar, que em seus livros – *A cena hospitalar: psicologia médica e psicanálise* e *Manual de Psicologia Hospitalar: o mapa da doença* – apresenta de uma forma didática a atuação do analista no hospital.

5.1 A Relação da Psicanálise com a Medicina no Hospital

A psicanálise no hospital não é um acontecimento recente, trata-se de um legado da clínica realizada por Charcot, na Salpetrière, por Freud no Hospital de Viena e por Lacan em Saint Anne (Dunker, 2019). No Brasil, a psicologia entrou no hospital antes da psicanálise, por volta de 1950, com a atuação da psicóloga Mathilde Neder no Instituto de Ortopedia do Hospital de Clínicas da Faculdade de Medicina da Universidade de São Paulo (USP), em São Paulo. Após 20 anos, em 1974, deram início aos atendimentos psicológicos no Hospital do Coração de São Paulo, organizados pela psicóloga Belkis Romano (Simonetti, 2018b).

A psicanálise adentrou o hospital brasileiro em 1978, a partir da prática de Marisa Decat Moura, no Hospital Mater Dei de Belo Horizonte (MG). Na década de 1990, com a publicação do Livro *E a psicologia entrou no hospital*, Angemari ampliou a divulgação e a promoção da psicologia hospitalar (Simonetti, 2018b). Nessa conjectura, segundo Dunker (2019), a psicanálise surgiu neste espaço por práticas ambulatoriais em hospitais psiquiátricos e gerais, tendo como uma importante menção na área a psicóloga Lívia Moretto.

No ambiente hospitalar, assiste-se um verdadeiro desfile de órgãos deteriorados, corpo em decadência, membros desobedientes e faltantes, dependência da funcionalidade, doenças e mortes. Nesse universo, o que faz o psicanalista em um hospital geral? O analista é solicitado quando a ciência médica não dá conta do sofrimento do paciente com as possibilidades terapêuticas médicas, mesmo que se constituam a partir do corpo biológico.

Embora a medicina seja ponderada atualmente uma disciplina que domina a ciência experimental, ela não resolve todas as problemáticas do paciente. Há em seu discurso a ideia de domínio do indivíduo, a contar com a medicalização do corpo, criando-se guias de modos de boa saúde e a garantia da longevidade, como se as atividades da vida diária pudessem ser elencadas e entrepostas. Além disso, nesse modelo de saúde e com os avanços tecnológicos de exames (imagens, químicos e de raio-X), fabricaram a apoderação da autonomia, da particularidade, das maneiras de reprodução e de morrer das pessoas (Fonseca & Vorcaro, 2019). Logo, por que a medicina precisaria da psicanálise no hospital?

Cabe enfatizar que a psicanálise não se opõe à ciência experimental, Ferenczi (1928/2011c) evidenciou isso quando afirmou que Freud não era totalmente contrário e não negava a relevância e a necessidade de dados objetivos. Não obstante, ponderava que a junção de informações subjetivas motivaria dados científicos válidos. Assim, o psicanalista deveria ser capaz de revigorar os comportamentos, os atos, os pensamentos de outra pessoa, a se iniciar com os elementos psíquicos oferecidos por ela.

Apoiado nisso, compreendemos que a psicanálise não morre enquanto tratamento nem saber, uma vez que nem todos os cientistas ou profissionais da saúde dão abertura para a dimensão psíquica do sujeito. A psicanálise se mantém em razão de o paciente não corresponder às normas esperadas ou por não ficar satisfeito com o que ele mesmo demandou ao seu médico (um procedimento, uma cirurgia, uma técnica etc.). Foi por esse motivo que a psicanálise nasceu da falha do tratamento da medicina das histerias (Fonseca & Vorcaro, 2019).

A medicina, ao desconsiderar a subjetividade do paciente pois deveria concentrar-se essencialmente no tratamento da doença, abre espaço para a psicanálise nas instituições de saúde (Simonetti, 2018a; Moretto, 2019a; Fonseca & Vorcaro, 2019). Simonetti (2018b) justifica que a medicina não se interessa pela subjetividade do paciente por considerá-la com pouco valor científico, todavia, não significa que ela não seja importante. É possível encontrar bons resultados da prática científica sem atender a subjetividade. Não afirmamos que o médico não ouve o paciente, pois ouve, mas acaba prestando atenção somente no fragmento que se relaciona a um raciocínio científico: a doença e o corpo orgânico.

O hospital geral é um local para tratar as doenças biológicas e, por esse fomento, há um predomínio do discurso médico. Como comentamos anteriormente, a medicina abre espaço para a psicanálise em sua casa (o hospital), mas a coloca em um lugar que não é dela, causando um mal-entendido. Ela acomoda a psicanálise como uma área marginal, um tipo de auxílio externo, sendo que a posição do analista ocorre no psiquismo do sujeito. A ordem médica possui uma tarefa de desconsiderar a fala do paciente, objetivando o tratamento da doença; já a ordem psicanalítica tem outra função, a silenciosa (e não a silenciadora como a medicina), para que o sujeito possa falar, interessando-se pelo mal-estar subjetivo (Moretto, 2019a).

Se o paciente se dirige ao hospital para tratar a sua doença orgânica, o que sustenta a psicanálise nesse recinto? A resposta está associada ao fato de serem pessoas adoecidas, as quais expressam reações emocionais perante a doença, as internações e o tratamento, devendo obter, corriqueiramente, a intervenção do analista nesse âmbito. Para Simonetti (2018b), a psicanálise não se debruça meramente à psicossomática, ela também trata da extensão subjetiva de qualquer pessoa adoente.

Percebemos que o hospital é uma local de muitas confusões, visto que os participantes que ali atuam possuem objetivos diferentes: o paciente quer se livrar da dor, do desconforto e da doença; a família quer tomar conhecimento do prognóstico; e o médico quer encontrar o diagnóstico. Assente nessa perspectiva de conflitos, o analista será solicitado não apenas para atender o paciente, como também será chamado para atender a equipe de saúde e administrativa e os familiares, buscando amenizar o estresse e lidar com as relações humanas. À vista disso, o analista deve incluir em seu diagnóstico a avaliação que envolve o cenário do paciente (Simonetti, 2018a). O diagnóstico hospitalar é uma visão ampla do contexto, por isso, o psicanalista poderá intervir em determinadas situações formadas pelo cotidiano da instituição (Carvalho & Couto, 2011).

A solicitação de atendimento é definida como o pedido de assistência do analista ao paciente realizado pelo médico, pela enfermagem, pela família ou pelo próprio paciente; e a demanda é uma condição psicológica permeada por desconforto e dúvidas do próprio sujeito da configuração de como está lidando com o adoecimento, exigindo-se um certo nível de elaboração psíquica. Em suma, observamos por solicitação uma ação e a demanda como um estado (Simonetti, 2018a).

A demanda é algo articulado ao sintoma, o indivíduo pode demandar o alívio do sintoma, embora o desejo deste não corresponda ao objetivo consciente (Moretto, 2019a). Essa necessidade pode ser destinada tanto ao médico quanto ao psicanalista. Para a psicanálise, é preciso descobrir o desejo que está por trás da demanda afirmada pelo sujeito, notando que a neurose é uma solução para os conflitos psíquicos que causam mal-estar. O analista, ao aceitar a demanda, não tem o dever de respondê-la, mas é por meio dela que ele analisará a forma com que o paciente interpreta para si mesmo o seu sintoma.

O sintoma, na psicanálise, possui um significado diferente da medicina. Nesta primeira, o sintoma é um elemento que possui sentido e função, pois exigi um processo psíquico que tem como objetivo substituir um desejo inconsciente, podendo em parte produzir uma satisfação pela substituição do conteúdo recalcado. O sintoma diz respeito à verdade do sujeito, esclarecendo um componente simbólico.

É importante explanar que a psicanálise não possui o saber totalizante, nem consegue dar respostas aos vazios e aos limites da atividade médica, não devendo se colocar na posição de saber (Moretto, 2019a; Fonseca & Vorcaro, 2019). O médico domina a técnica, a química, os números do corpo, entretanto, ele não possui conhecimento do que o corpo do paciente fala ou quer falar, não edificando a garantia de acesso da verdade do sofrimento do paciente. No tratamento analítico, espera-se que o analisando confesse a sua verdade, entre falar o que queria dizer e o que não queria dizer, deparando-se com o discurso que não é o mesmo que acredita. Esse processo de fala do analisando é possibilitado pela associação livre (Moretto, 2019a).

Afinal, qual a diferença entre a psicanálise e a medicina no ambiente hospitalar? Simonetti (2018a) realiza essa delimitação, abordando que a medicina tem como intenção "curar doenças e salvar vidas" e a psicanálise "reposicionar o sujeito em relação à doença" (p. 20). O autor justifica que a finalidade da análise não pode ser a cura pela condição quando não há recuperação da saúde em alguns casos, como as doenças crônicas, e por não ser eficiente no sentido médico de anular sintomas e extinguir as doenças. Mesmo que ela não seja contra a cura, é uma filosofia que vai além disso, pois propõe uma escuta da subjetividade do indivíduo adoecido, em razão da cura não extinguir a subjetividade, ou seja, "a subjetividade não tem cura" (p. 21).

O que distingue o analista dos outros profissionais é o seu interesse pelo sujeito do desejo inconsciente e não o sujeito biológico, filosófico cartesiano e psicológico (Maurano, 2006). Na psicanálise, o sujeito é permeado pelo desejo e nas outras abordagens e áreas ele é um ser absoluto. Assim, o psicanalista trabalha com a singularidade, não objetivando a adaptação do sujeito ao meio, mas buscando uma resolução singular perante o sofrimento, dores e angústias (Carvalho & Couto, 2011).

Por fim, é pertinente salientar que a presença do analista no hospital também pode aplacar a relação ruim do paciente com o hospital. A experiência da internação para o sujeito doente pode ser uma nova oportunidade de efetuar novas experiências e por construir novos laços sociais, novos modos de enlaçar a vida (Dias, 2019). Logo, como este livro objetiva estudar o idoso atravessado pelo adoecimento nesse cenário, o trabalho com a velhice no hospital pode ser uma abertura para um processo de subjetivação, seja pelo adoecimento ou pela função do envelhecimento, ou mesmo pelas características da internação hospitalar, podendo incentivar novos posicionamentos do idoso.

5.2 O que faz um Psicanalista no Hospital?

Como expusemos na introdução deste estudo, o grande desafio da psicanálise é a sua extensão para além do consultório particular. Percebemos a indispensabilidade do analista de acompanhar o seu tempo, ou seja, aderir às transformações do meio, exigindo trabalhar para construir o seu espaço, a sua posição e o seu papel. É preciso ir além da fronteira dos consultórios e edificar distintos lugares na sociedade. Para a psicanálise se expandir, não é suficiente transpor a prática clínica do modelo clássico, devendo se adequar ao novo cenário, como o hospital.

O ambiente hospitalar pode ser um local conivente para vivências traumáticas, não apenas para os pacientes, como também para familiares e profissionais. Nesse espaço, há uma rede de vinculações entre paciente, equipe de saúde e família, que está envolvida por regras básicas regendo o seu desempenho (Carvalho & Couto, 2011).

Tendo em vista que a psicanálise só existe no hospital às custas da psicologia, uma vez que não há contratação ou concurso para psicanalistas nesse contexto, apenas para psicólogos. Para tanto, é indispensável captarmos a definição de psicologia hospitalar já que é nessa área em que o analista tem possibilidade de atuar.

O Conselho Federal de Psicologia reconheceu a Psicologia Hospitalar como uma especialidade em 2001, posteriormente atualizada e regulamentada pela Resolução do CFP nº 13/2007 (Madër, 2016). A significação de psicologia hospitalar realizada por Simonetti (2018a) a define como uma área de compreensão e tratamento dos aspectos psicológicos combinados ao adoecimento. A doença é ponderada no real da natureza patológica, que provoca reações emocionais variadas no paciente, na família e nos profissionais de saúde.

Em outras palavras, a psicologia hospitalar não é voltada simplesmente ao adoecimento de etiologia psíquica, antes concentra-se aos aspectos psicológicos de qualquer doença, incluindo a doença orgânica, a qual não se desconecta da subjetividade. Entendemos por "aspecto psicológico" as expressões da subjetividade do ser humano frente a uma doença, tais como: falta, sentimentos, fala, desejo, comportamentos etc.

O psicólogo hospitalar não trata a doença, mas sim as pessoas doentes. Se desconhecermos a história do indivíduo, estaremos negligenciando o significado do nosso trabalho (Sebastiani & Fongaro, 2017). A função do psicólogo hospitalar é auxiliar o paciente no percurso da experiência do adoecimento pela abertura de um espaço para a sua subjetividade. Esse trabalho é específico. Nessa conjunção, o objetivo da psicologia hospitalar é a subjetividade, pois tem interesse em escutar o paciente, podendo: "escutar esse sujeito falar de si, da doença, da vida e da morte, do que pensa, do que sente, do que teme, do que deseja, do que quiser falar" (Simonetti, 2018a, p. 19). Por meio da escuta, o psicológico pode favorecer ao paciente uma elaboração simbólica do adoecimento.

Simonetti (2018b) define subjetividade como o que abrange a vida psíquica do ser humano, a sua história de vida e o seu contexto, sendo antagonista da feição conceitual, em nenhum momento vivencial, ao corpo físico e ao comportamento que caracterizam elementos da objetividade do ser humano. Por subjetividade, entendemos a experiência do Eu interior de cada pessoa, do que sentimos, aquilo que é só nosso por ser exclusivo. Na dimensão psicanalítica, a subjetividade é a maneira como o sujeito vive o psiquismo, seu contexto, sua história de vida, seu corpo e sua memória, dando importância ao determinismo do inconsciente nessas vivências subjetivas. Por isso, essa perspectiva nomeia o indivíduo de *sujeito do inconsciente*.

Com base na concepção de *sujeito do inconsciente*, assimilamos que o ser humano não domina a sua vida psíquica, como aludimos no Capítulo 3: *O Sujeito da Psicanálise*, ficando sujeitado a uma potência obscura, que conduz e segura sem poder dominá-la. Em outras palavras, o sujeito é dirigido pelo desejo inconsciente.

O vocábulo subjetividade não é psicanalítico, pode ser correspondido à noção de *realidade psíquica*, a qual está vinculada ao desejo inconsciente e ao assombro interligado. O analista acredita no sujeito do inconsciente, levando em conta os elementos conscientes e os sinais do desejo inconsciente. A subjetividade é uma espécie de mensageira do inconsciente, todavia, este não se manifesta de modo frequente. Relembramos que o inconsciente é um composto de representações recalcadas ou não, que resulta em consequências sobre a vida consciente do sujeito. O inconsciente domina, embora não seja um domínio centralizado por não ter uma chefia única e por ser difuso e oscilar na sua aparição (Simonetti, 2018b).

Ao discutirmos o inconsciente no campo hospitalar, vale especificar o inconsciente neurológico, o qual se discerne do psicanalítico por ser considerado um rebaixamento do nível de consciência; isto é, quando decorre um rompimento da relação do indivíduo com o meio e com as pessoas. Ao passo que a psicanálise pondera que o inconsciente rege o funcionamento psíquico do humano, suas palavras, seus atos, sendo que nada é acidental, ou seja, nada acontece por acaso.

O ser humano é conflituoso por ter uma divisão psíquica: por um lado o consciente representado pelo Eu, que tem a ilusão de comandar a vida, mas está sendo levado pelas forças do inconsciente; e por outro lado o inconsciente, subdividido em outras forças como pulsão de vida e pulsão de morte. Destarte, o sujeito, ao mesmo tempo que deseja, apresenta medo da mesma coisa.

A partir dessa noção de conflito psíquico do humano, o analista deve avaliar como o paciente lida com o próprio corpo, no qual há o registro do desamparo, posto que esse corpo é um meio de satisfação, mas é também um corpo que excede, evidencia dor e sofrimento. Por isso, a medicina objetiva curar o paciente de sua doença e não da sua condição existencial de desamparo (Simonetti, 2018b). Vale lembrar que somos desamparados tanto pelo viés biológico da prematuridade psicomotora quanto pelo viés existencial, que demonstra as incertezas da vida.

Amparado no inconsciente psicanalítico, os objetos de atenção do psicanalista são as formações inconscientes expressas na fala do paciente, são elas: o esquecimento, atos falhos, chistes, entre outros, julgados sem importância para a ciência. A psicanálise pode tratar o "paciente orgânico" da medicina se este apresentar demanda para ser escutado, pois se refere a um sujeito que tem um corpo e um psiquismo. Importante mencionar que o psicanalista não deve realizar a separação do corpo enquanto psíquico, fundamentado no conceito de pulsão (Moretto, 2019a).

A função do inconsciente psicanalítico nas doenças é uma condição a ser tratada de guisa criteriosa, uma vez que não igualamos o adoecimento aos representantes inconscientes – os sonhos, os chistes, atos falhos, sintomas neuróticos – porque há elementos biológicos que devem ser levados em conta (Simonetti, 2018b). Essa demarcação da não similaridade do adoecimento no que tange às formações inconscientes pode ser notável no envelhecimento, o processo de padecimento está ligado também à questão do desgaste biológico, não podendo ser caracterizado unicamente como um evento psíquico, ainda que todo adoecimento seja tocado de algum modo pelo inconsciente.

Não podemos comprovar e garantir que a etiologia de toda doença é um conflito inconsciente, em razão da psicanálise não poder fazer tal afirmação por não ter evidência clínica. Sendo assim, ela não deve comprovar que uma doença pode ter fundamento psíquico para argumentar sua intervenção, por sustentar a configuração da subjetividade à volta do adoecimento (Simonetti, 2018b). Ou seja, o inconsciente não é doença e não produz doença, mas esta última pode ser tocada pelo inconsciente.

Ainda que a psicanálise não consiga comprovar as possíveis etiologias psíquicas da doença, ela pode exibir os significados psíquicos em qualquer doença. Isso porque o ser humano concede o significado pelo vivido e pelas suas doenças, mesmo que seja de forma consciente. Ela (psicanálise) busca captar o sujeito e sua relação com a doença, lidando com o campo do simbólico, mas sem negar a perspectiva biológica (Simonetti, 2018b).

Apesar de não descartar o aspecto orgânico, a psicanálise na conjectura hospitalar foca nas expressões conscientes e inconscientes no vínculo com a doença, tendo como estratégia a palavra, mesmo que o leito não tenha o mesmo sentido do divã, permanece essencial para a psicanálise o fazer falar e a escuta (Simonetti, 2018a). Assim sendo, a ferramenta do tratamento psicanalítico é a palavra, dirigida ao analista ou seu representante que contorna o campo transferencial.

O instrumento de trabalho do analista é a palavra para lidar com os aspectos psicológicos articulados à doença. Ele trabalha com o corpo simbólico mediante a escuta e a fala, já o corpo real fica encarregado dos cuidados pela medicina. Nos casos de pacientes que não podem falar em virtude de causas de doenças orgânicas ou não, por exemplo, estar inconsciente por efeito medicamentoso, com traqueostomia ou por resistência, o labor do psicanalista será por meio de signos não verbais, mas que possuem um valor da palavra, como escrita, sinais, olhares, gestos e silêncio. A linguagem é responsável por mostrar a diferença do humano para com os outros animais, reiterada a partir da palavra e do corpo simbólico.

O analista é considerado um especialista da conversa pela sua disposição a escutar o sujeito, pois se torna difícil para os outros ouvirem o doente por causar muita angústia. A pessoa doente comumente expressa medos, revoltas, fantasias e esperanças que incitam múltiplas emoções no ouvinte. Por conseguinte, o psicanalista consegue sustentar a angústia para proporcionar ao paciente o processo de elaboração psíquica em torno do adoecimento (Simonetti, 2018a).

Nesse universo hospitalar, a psicanálise dá importância ao corpo subjetivo, reputa a doença como um excesso ou déficit das excitações, tratando-se mais de *páthos* do que a noção de doença; ou seja, sua compreensão desta última é vaga e não a mais exata possível, como na medicina. Essa condição do excesso do ser humano é explanada pela Psicopatologia Fundamental ao considerar o sujeito um portador de dor, excessos e de sofrimento psíquico, sendo traçado como psicopatológico devido à dificuldade de acesso aos representantes inconscientes pelos elementos racionais. Assim, a doença é uma mensagem que precisa ser interpretada para encontrar o seu significado na vida do sujeito. Para tanto, o doente necessita falar sobre ele e aguardar que o sentido apareça a partir das palavras.

Como aludimos previamente, o analista pode oferecer uma escuta ao paciente, de modo que pela associação livre faz-se acontecer a psicanálise, pois a fala do paciente não é guiada pelo externo, pois mesmo seu discurso o leva aos locais desconhecidos por ele próprio. Apoiado na associação livre e na atenção flutuante (o psicanalista deve escutar o analisando sem se preocupar se está se recordando de alguma coisa) (Freud, 1912/1996hh), o tratamento psicanalítico se concentra no sintoma resultado da própria vinculação entre paciente e analista, indo além do desaparecimento dos sintomas, e buscando uma transformação de posição subjetiva do sujeito na associação ao desejo do Outro (Moretto, 2019a).

O sintoma para a psicanálise é uma impossibilidade de justaposição que se relaciona à interdição e à satisfação. Portanto, ele é assimilado tal qual uma realização de um desejo de ordem inconsciente já recalcado. Ele motiva uma satisfação pulsional, mas a mensagem do inconsciente causa mal-estar. Além disso, o sintoma possui um sentido de interdição moldado a partir da castração, que diz de um sofrimento e uma mensagem ao Outro que exige uma decifração. É considerado o real na teoria lacaniana, sendo que este não coincide com a realidade concreta, pois não pode ser representado simbolicamente (Fonseca & Vorcaro, 2019). Dito de outra forma, é impossível ter significação e controle de tudo, pois não é viável acessar a totalidade pela via do simbólico (Pacheco, 2011).

Com base no entendimento de doença e sintoma pela psicanálise, associamos que o processo de adoecimento do idoso – apesar de estar atrelado ao aspecto biológico em virtude dos desgastes fisiológicos que ocorrem com o passar do tempo cronológico –. também está articulado à condição dos afetos recalcados, que podem achar pela via da doença uma satisfação pulsional parcial. Todavia, isso causa mal-estar.

O adoecimento não acarreta unicamente em perdas, também opera ganhos, como cuidado e atenção, chamado de *ganhos secundários da doença*. Estes podem resultar, em alguns casos, no prolongamento do adoecimento (Simonetti, 2018a). A pessoa pode descobrir na enfermidade um modo de relação social ou oportunizar uma alteração da conexão pela qual encontre benefício, fazendo com que desapareça, apesar de temporariamente, os sintomas neuróticos ou psicóticos, tal como um amenizador de conflitos psíquicos. A doença pode ter o papel de elo com os familiares e as redes sociais, funcionando como um recurso de existência do sujeito e, sem a qual, ele não teria isso (Moretto, 2019a).

Na internação, é possível estabelecer um laço particular pelo trabalho de escuta durante o tratamento. No hospital, o idoso poderá ser olhado, tocado e discursado de formas variadas por distintos profissionais da saúde, instituindo modos de cuidado que podem surtir implicações significativas que não desconsideramos. Desde o momento em que o sujeito designa um laço com o Outro, seja por intermédio da doença, da psicossomática ou dos ganhos secundários, oportuniza a elaboração psíquica. Ao mesmo tempo, o adoecimento reativa a situação de desamparo do sujeito, colocando-o em uma condição de perda da saúde que pode demandar um trabalho psíquico de elaboração (Dias, 2019).

A partir da noção de ganhos secundários, denomina-se de *reação terapêutica negativa* quando o paciente, ao invés de melhorar, apresenta uma potencialização da sua doença. Frequentemente, ao ser informado acerca da progressão do tratamento analítico, expressa sinais de aborrecimento. Reparamos que o adoecimento possui uma função equivalente a um ganho com a enfermidade, que ocorre mediante uma punição resultante do sentimento de culpa e que constitui, por isso, um conteúdo moral. Ele não se sentirá culpado, mas doente, instituindo o sentimento de culpa como uma resistência à cura (Freud, 1923/1996d).

Freud (1919/1996a) menciona que a doença orgânica e o casamento infeliz, por exemplo, comumente tomam o lugar da neurose, em razão de haver uma satisfação pela necessidade de punição decorrente do sentimento de culpa, fazendo com que os neuróticos se agarrem velozmente às suas neuroses. Isto posto, castigam a si próprios na escolha insensata do casamento e, no caso das doenças físicas, são apercebidos como uma punição do desígnio, que geralmente sustenta suas neuroses.

Ainda que a psicanálise estabeleça uma leitura da associação do sujeito com a doença, ela não realiza o diagnóstico de doenças no hospital, antes circunscreve o sujeito na relação com a patologia, abrangendo o diagnóstico não em termos, e sim por uma descrição ampla dos processos articulados à enfermidade. O diagnóstico é uma dedução de trabalho e não uma verdade íntegra, e isso em razão da atividade laboral do analista estar voltada ao sentido e não à verdade das coisas.

Ressaltamos que, apesar de o analista trabalhar com o sentido das coisas, não é o mesmo serviço de voluntários e religiosos, dado que o profissional não está no local para "dar força" ao paciente, à família e à equipe de saúde. Entretanto, o profissional da psicologia ou o analista deve utilizar um método racional de trabalho, além do amor pela profissão. Outro fator importante é não confundir o diagnóstico em psicologia hospitalar com psicodiagnóstico, sendo este um procedimento estruturado que pode usufruir de testes psicológicos para avaliar escalas de inteligência e função psíquica; ao passo que o diagnóstico do psicólogo hospitalar é o "olho clínico", não se determinando por escalas quantitativas e comparações.

Com base nisso, verifica-se que o analista precisa adequar a sua prática nesse novo local. Há uma discrepância entre escuta analítica e manejo situacional nesse espaço. De acordo com Simonetti (2018a), a primeira consiste em intervenções básicas, como a "escuta, associação livre, interpretação, análise da transferência etc." (p. 25), mas o que muda do hábito do psicanalista é o *setting*, já que acontece no hospital e não no consultório. O segundo, o manejo situacional, está correlacionado à intervenção do contexto do adoecimento, como "controle situacional, gerenciamento de mudanças, análise institucional, mediação de conflitos, psicologia de ligação etc." (p. 25). Este último tipo de intervenção o psicanalista não está habituado realizar no consultório, exigindo que ele saia um pouco do lugar de neutralidade e passividade comuns da clínica analítica.

Por isso, o grande desafio do psicanalista no hospital é de ordem técnica, uma vez que não é possível transpor o modelo clínico tradicional para o hospital. Na circunstância hospitalar, o psicólogo deve se atentar para a realidade institucional, adequando sua assistência.

5.3 A Transferência no Hospital

Com a descoberta do inconsciente por Freud como um determinante do psiquismo humano, isso o possibilitou encontrar o objetivo terapêutico de aliviar a angústia do paciente por meio da sua revelação (do inconsciente). É a partir da fala que o sujeito significa a sua falta (Moretto, 2019a). À vista disso, não há psicanálise sem transferência, uma vez que ela é crucial para que a prática psicanalítica advenha.

Faz-se importante resgatarmos, rapidamente, a história da origem da transferência no tratamento psicanalítico para fundamentarmos o seu valor. A transferência é o âmago da terapia psicanalítica e essa intervenção acontece quando se apresenta o desejo do analista. A origem da transferência se deu a partir das falhas do método hipnótico, sendo que este era um tratamento não demorado (Maurano, 2006). Freud (1917/1996ii) dissertou que o tratamento hipnótico se tornava, a longo prazo, uma monotonia para o analista, uma vez que era realizado velozmente e sem dificuldade para o paciente e nem para o psicanalista. Isso devia-se ao fato deste último realizar uma sugestão proibitória dos sintomas, como se fosse um ritual, não abrangendo significados e sentidos para a patologia na vida mental do sujeito. Portanto, o mestre de Viena julgou o método hipnótico um trabalho braçal e não científico. Ora, esse tratamento não era eficaz porque os sintomas retornavam.

Com base no método catártico, sob influência de Joseh Breuer e da repetição do episódio traumático, Freud passa a explorar o sintoma do paciente ao invés de fazer a sugestão da proibição do sintoma por intermédio da hipnose. Nesse processo, ele percebe o papel da transferência na relação com o analisando, criando o método psicanalítico, e desconsidera o método catártico por este levar em conta que não se refere somente à repetição, mas ir além da repetição pela via da recriação (Maurano, 2006).

Apoiado nas experiências da hipnótica, do método catártico e da transferência, Freud (1917/1996ii) realizou uma diferenciação entre o método hipnótico e o método psicanalítico. A seu ver, o primeiro funcionava como um disfarce de algo da vida mental do paciente, e operava por meio de sugestão para bloquear os sintomas, deixando o sujeito estático e, por conseguinte, inábil para resistir a um novo modo de adoecimento. O tratamento analítico trabalha no direcionamento da etiologia dos sintomas, na raiz dos conflitos psíquicos que causam os sinais da doença, exigindo uma atividade laboral rigorosa tanto por parte do analista quanto do analisando, com vistas a dissolver as resistências internas do analisando.

O método psicanalítico não funciona com a hipnose e com a sugestão, mas pela associação livre, no sentido do sujeito falar a verdade de maneira detalhada (Ferenczi, 1923/2011d). Foi a partir da percepção da resistência do sujeito que Freud constatou o valor da transferência, tendo averiguado que o paciente apresentava o amor transferencial e exibia de modo repetitivo o material inconsciente, compreendendo-o como uma atualização.

O mestre de Viena interpretou o amor transferencial como um tipo de sintoma, sendo que o original encontra-se inserido entre o desejo e a censura. Quando a transferência é instaurada, ela pode ser interpretada, dado que a emergência da transferência sinaliza que os processos inconscientes foram despertados (Moretto, 2019a). Mas, o que é transferência? A transferência não se origina na/pela psicanálise, ela é antiga, tal como na medicina.

> O bom "doutor" que seduz crianças oferecendo-lhes balas, atrai por um artifício a afeição de seu pequeno paciente, afeição que desempenha um papel tão capital no apaziguamento da criança e, portanto, indiretamente, em sua cura (Ferenczi, 1923/2011d, p. 232).

A palavra transferência é oriunda do termo alemão *Überträugung*, o qual também significa transmissão, tradução e contágio. No conceito psicanalítico, ela adquire o sentido de laço afetivo intenso, que se estabelece de modo espontâneo e inconsciente na relação com o analista, trazendo à tona a base das representações que contornam a organização subjetiva do paciente (Maurano, 2006). O processo de transferência acontece por intermédio de uma substituição do afeto pela pessoa do analista ou uma pessoa significativa na vida do sujeito, sendo que o analista constituirá um papel de "intérprete disso que está sendo lembrado em ato" (Maurano, 2006, p. 16). Assim, a transferência é uma atualização das representações inconscientes, há uma presença do passado colocada em ato.

Na perspectiva de Ferenczi (1909/2011e), as transferências são: "reedições, reproduções de tendências e de fantasias que a progressão da análise desperta e deve tornar consciente, e que se caracterizam pela substituição de pessoas outrora importantes pela pessoa do médico" (p. 87). O paciente repete, nas circunstâncias indesejadas, as emoções muitas vezes dolorosas, revivendo-as e ainda podendo procurar romper o tratamento nesse momento (Freud, 1920/1996i). Ela pode acontecer a partir de afinidade física insignificante do analista, pelos gestos, nome, cor do cabelo etc. O sexo do analista também pode favorecê-lo e servir de percurso íntimo a ser explorado, como no caos da projeção de fantasias sexuais (Ferenczi, 1901/2011e).

Nessa circunstância transferencial, Freud (1917/1996jj) expõe que a transferência se presentifica desde o início do tratamento, podendo ser um recurso para o avanço terapêutico. Porém, ela pode se transformar em resistência ao longo da análise. Haja vista, de acordo com Ferenczi (1909/2011e), o fato de a adversidade da análise em neuróticos frequentemente estar articulada à transferência por transpor os sentimentos gerados pelos afetos inconscientes para o psicanalista, como um modo de retirar o seu conhecimento sobre o inconsciente. Ela é um aparato psíquico que demarca a neurose em geral, expressando-se em diferentes campos da vida, além de funcionar como uma disposição para o deslocamento em neuróticos.

Freud classifica a transferência em positiva e negativa. Esta segunda, a negativa, é caracterizada por sentimentos hostis direcionados ao analista; ao passo que a positiva se caracteriza por sentimentos afetuosos (simpatia, amizade, confiança etc.), aceitáveis à consciência. A negativa pode aparecer de maneira paralela à transferência de amor, retratando a ambivalência afetiva que a insere no serviço da resistência (Freud, 1912/1996hh). Assim, transferência não é sempre positiva e amistosa.

As funções da agressividade e de afronto com a figura do analista têm a mesma relevância na psicanálise. Esses afetos são uma reação ao evento desagradável de que o profissional não corresponde às sensações do paciente, mas ele as usa para a assimilação da renúncia e preparar o paciente para o combate da vida. O tratamento psicanalítico objetiva ensinar o sujeito a suportar com bravura, inclusive os elementos psíquicos dolorosos (Ferenczi, 1923/2011d; Maurano, 2006).

Quando o paciente realiza uma transferência positiva, cooperativa e amistosa, pode facilitar o trabalho do analista, fortalecendo a confiança na relação e permitindo que ele (analisante) fale de maneira livre nas sessões. Ela ofusca a visão do sujeito e o induz a uma atualização do inconsciente. Não quer dizer que a psicanálise valoriza somente o passado como comumente se ouve a respeito dessa modalidade de tratamento, ela julga a cronologia presente, passado e futuro, que é desviada da lógica particular que atua no funcionamento do inconsciente do psiquismo humano. "A transferência, é, portanto, a mola mestra do tratamento e ao mesmo tempo seu obstáculo, terreno onde ele arrisca fracassar" (Maurano, 2006, p.23).

Para possibilitar o seu trabalho, o psicanalista precisará ter conhecimento da posição que o analisando o coloca. Com a transferência, ele poderá realizar a sua pressuposição diagnóstica que norteará a sua direção clínica. Independentemente de ser um neurótico, psicótico ou perverso, a ética do trabalho de análise será a mesma. Na transferência, há a invocação do saber, originado da relação com a linguagem e com uma demanda de amor. A fala é direcionada ao Outro, o paciente se apropria de palavras e admite alguns significantes. O inconsciente aparece pelo resultado da fala do sujeito.

A prática da psicanálise não é diretamente avaliar as resistências, mas se ocupar da conexão do sujeito com o Outro (analista). O analista sustenta a transferência com base no suposto saber sobre o inconsciente do sujeito. A posição transferencial coincide com o local a que se destina Outro na trama edípica, portanto, entende-se que o lugar do analista na transferência é essa posição do Outro. Com base nisso, ele pode fazer a sua interpretação sobre o analisando, tal como este pode efetuar mais interpretações dele mesmo e não somente a análise sintomática (Moretto, 2019a).

O psicanalista, por sua vez, também pode realizar uma transferência positiva ou negativa, a qual denominamos de *contratransferência*, por lhe acender componentes de amor ou eróticos recalcados, ou mesmo provocar sentimentos agressivos na relação com o analisando. Isso pode acarretar resistência ao trabalho, que, se não for analisada, dificultará a elaboração psíquica (Maurano, 2006). É primordial, portanto, que o analista se encarregue das questões da sua contratransferência na sua própria análise e em supervisão clínica. Ele trabalha sozinho, todavia, temporariamente deve realizar supervisão para que possa se atentar aos fortuitos erros técnicos e se orientar na condição do tratamento (Ferenczi, 1923/2011d).

O psicanalista investigará a transferência, devendo cuidar das "resistências, que se acolhidas, podem ser trabalhadas" (Maurano, 2006, p. 19). As resistências significam o conflito do princípio do recalque e o que fez se expressar em sintoma. E a transferência é a saída do tratamento, desmembrada em cada uma das suas expressões; enquanto a análise é o meio para o avanço do tratamento. Notamos não ser possível revelar completamente os conteúdos inconscientes na análise, conforme aponta Moretto (2019a). Entretanto, com o processo analítico, o sujeito ganha esse saber. A cura psicanalítica se dá pela via da transferência e o fim da análise ocorrerá quando o sujeito revelar ao máximo o seu saber inconsciente.

Com base nas noções conceituais de resistências e de transferência, podemos considerar que as resistências expressas na transferência são específicas no idoso, manifestando-se por intermédio da regressão frequentemente exibida nessa fase da vida, tanto pela condição social que o desautoriza a ter uma posição de potência, quanto pela doença e pelas fragilidades físicas. Essa posição regressiva diretamente pode estar ligada a resistências encobertas de aceitações passivas. Por conseguinte, pressupomos que a persistência nos sintomas apresentados nos anciões está articulada à resistência analítica.

Como exposto anteriormente (ver 5.2 *A Psicanálise no Hospital*), o sintoma é uma forma de satisfação pulsional e, para solucioná-lo, o sujeito necessitará renovar o seu conflito da libido recalcada que pode ocorrer pela transferência. No neurótico, a libido é direcionada para o sintoma, sendo uma passagem de satisfação parcial, apesar de ter um custo.

O sintoma é compreendido como uma resolução do sujeito para lidar com o "real traumático", ou seja, para omiti-lo. Poderá chegar um momento em que há mais malefício do que benefício, fazendo com que o indivíduo procure a ajuda de um psicanalista. A transferência dirigida ao analista pode substituir o lugar do sintoma, e estará envolvida por um impulso de um saber, o qual pode se manifestar a qualquer momento e que terá firmado o sintoma. Nessa conjectura, os sintomas atuam como satisfações substitutas e escoam a energia que possibilitaria outra configuração ser investida em relações objetais, como a vida produtiva de trabalho, além da capacidade de amar (Maurano, 2006).

No neurótico, a libido fica recalcada como um mecanismo de defesa. Para torná-la disponível novamente é fundamental renovar o conflito a fim de descobrir uma nova solução com a ajuda das forças incitadoras no instante em que o sintoma se instalou. À vista disso, não basta rememorar as cenas inconscientes, é preciso criar versões do conflito a partir de possibilidades ofertadas pela transferência.

A transferência admite esse papel de representar os sintomas, isso acontece em decorrência da retirada da libido – que estava direcionada ao sintoma – e seu redirecionamento à transferência. É a partir do trabalho de interpretação que o conteúdo recalcado inconsciente se modificará em consciente, e o Eu se alargará por ação desse inconsciente. Dito de outra forma, quando se apropria desse conhecimento inconsciente, o Eu consegue combinar com a libido e fica propenso a se permitir alguma satisfação ou possibilitar a recusa da redução das exigências da libido através da derivação de uma parte dela pela sublimação (Freud, 1917/1996ii)

Para que a transferência seja vencida, o analista deve comprovar ao paciente que os seus sentimentos não se tratam de algo atual e não se aplicam ao psicanalista, mas se referem a uma repetição de um evento passado. A transferência pode ter uma função de sobrevir os sintomas, os quais deixam o seu significado primordial, adquirindo um novo sentido (a transferência). Desse modo, a função do analista é elucidar e disponibilizar o caminho para esse saber inconsciente.

Apoiada nessa sucinta explanação da transferência, é oportuno questionar: "Como a transferência se dá no contexto hospitalar?" Nesse ambiente, ocorre um desencontro transferencial em razão da demanda de amor do paciente pelo médico e não pelo psicanalista. A transferência sucede normalmente em direção à figura do médico. Apesar de resultar em transferências cruzadas, ainda sim é possível sustentar a psicanálise no hospital, mas será uma psicanálise complicada por facilitar a emergência do sujeito (Simonetti, 2018b).

Moretto (2019a) também reputa que a transferência do paciente no cenário hospitalar é destinada ao médico, já que o paciente vai ao hospital em busca do saber médico. Os pacientes podem ficar desapontados quando o psicanalista solicita que eles falem de si mesmos, já que o médico supostamente saberá o que eles têm. A partir disso, o analista lidará com a "transferência trabalhada", construída pela via do simbólico. O encontro com o paciente pode funcionar como uma solicitação de um terceiro, como o profissional de saúde e a família, sendo mais difícil ele mesmo fazer esse pedido. Desse modo, ele atende aquele que não pediu para ser atendido (Simonetti, 2018b).

Na visão de Carvalho e Couto (2011), a transferência no hospital pode ser direcionada à coordenação ou à instituição ou até mesmo ao serviço de psicologia. Nesse ambiente, o paciente institui cinco relações fundamentais com: o médico, a enfermagem, a psicologia, a família e a instituição. A transferência não é apenas a repetição de um sentimento, mas também a repetição de um lugar de colocação nos relacionamentos.

A psicologia hospitalar não possui uma relação dual entre paciente e profissional de saúde, posto que há o terceiro elemento: a instituição (hospital, sistema de saúde, governo etc.). Esta tende a anular a singularidade do indivíduo doente, deixando de ser um sujeito e o compreendendo como um objeto da prática médico-hospitalar (Simonetti, 2018a).

O analista deve identificar os significantes que atravessam as ligações paciente, equipe, família e instituição para analisar a quem a transferência se direciona. Nessa conjectura, o analista não terá que procurar recursos precisos para o desdobramento de uma análise com início, meio e fim, mas disponibilizar um encontro com o psicanalista (Carvalho & Couto, 2011).

Por fim, a transferência no hospital também está associada à competência do analista. O lugar colocado para ele pode ser confuso por haver dificuldades de compreensão da equipe de saúde em relação à sua função, e por esta acreditar que a sua presença é uma competência transformadora. A conquista do seu lugar nesse campo é feita pelo próprio psicanalista.

5.4 O *Setting* e o Tempo no Hospital. Existe análise nesse cenário?

O *setting* é composto por regras para que a intervenção analítica possa acontecer, como tempo, local, postura etc. Moretto (2019a) questiona a origem dessas regras, uma vez que Freud atendia no hospital, fazia intervenções caminhando pelos bosques de Viena e em hotéis, e Lacan realizava atendimentos nos corredores da Sainte-Anne. Possivelmente, essas normas se estabeleceram depois das dificuldades encontradas pelos psicanalistas.

Freud expôs que o instrumento de trabalho do psicanalista é a palavra na relação transferencial, sendo que o analista possui uma posição nessa conexão, a partir da qual realiza a sua intervenção. As regras fundamentais são a associação livre do analisando e a escuta flutuante do analista, que podem ser consideradas um contrato. Alicerçado nisso, o que muda no cenário hospitalar? O *setting* da psicanálise no hospital acontece de pé, quando o analista entrou nesse campo, teve que deixar a sua poltrona, o divã, o silêncio, a privacidade, as sessões, o dinheiro, o horário estabelecido para se colocar em um novo *setting*. Nesse universo, ele atende a beira leito, nos corredores, na recepção, no posto de enfermagem, onde for possível um pouco de privacidade e silêncio para estabelecer um diálogo (Simonetti, 2018b).

Embora haja essas mudanças físicas, quando o analista se transporta para o hospital, a característica de sua práxis não é o local onde ela se concretiza, e sim o ambiente em que o agente da psicanálise realiza o ato (Moretto, 2019b). Esse lugar não é concedido por suposição, mas por um espaço que necessita ser edificado em cada experiência que se compõe e que o analista possa ser agente, uma vez que não existe psicanálise no hospital sem ele. Dessa maneira, é um lugar que se ampara pelo desejo dele.

O empecilho encontrado pelo psicanalista no hospital também se dá por ser o profissional que se inseriu de forma recente nesse ambiente, adaptando-se sem perder a sua ética de trabalho, quer seja a de possibilitar a associação livre e a escuta e objetivando a emergência do sujeito no processo de adoecimento. O *setting* no hospital é temporário, a cada dia ele poderá atender em outro local, um dia no leito, outro dia no corredor, outro dia em outra unidade hospitalar, outro dia no posto de enfermagem etc. (Simonetti, 2018b).

Outra mudança do atendimento do psicanalista do hospital é o tempo de atendimento, pois é de outra ordem em relação ao do consultório. O tempo do sujeito é outro, é o tempo subjetivo, como aludimos no tópico 4.2 *Da Gerontologia à Freud: a questão do tempo*, e isso por ser profundo, dinâmico, desalinhado, confuso entre presente e passado, que não se conta no tempo cronológico, mas do significado presente e atual que o sujeito estabelece. Ele só é possível ser identificado na fala do paciente (Simonetti, 2018b).

Referente à essa questão, Freud (1913/1996e) cita no texto *Sobre o Início do Tratamento* a relação do dinheiro e do tempo no cenário do consultório. O tempo se refere a uma hora determinada para o início do tratamento acontecer e pode demandar tempo "de meio ano ou dois anos inteiros" (p. 145) (na época as sessões ocorriam mais de uma vez por semana). O tempo do tratamento psicanalítico depende do intervalo que leva para as transformações profundas da mente que decorrem de modo lento.

Em relação ao tempo breve no hospital, a ideia de que não é possível recusar uma demanda em virtude do tempo limitado, coloca essa possibilidade para as pessoas que têm pouco tempo de vida, por exemplo (Moretto, 2019a). Entretanto, na enfermaria não há tempo para o trabalho analítico avançar, ficando apenas nas entrevistas preliminares, dado que o tempo cronológico não coincide com o tempo do paciente entrar em análise. Em alguns casos, o paciente continua o processo analítico no serviço ambulatorial do mesmo hospital.

Cabe pontuar que entendemos entrevista preliminar como uma análise iniciada, embora não seja uma análise completa, não deixa de obter efeito analítico no paciente. Condiz com um início de um processo de transformação da pessoa em relação à doença e sua implicação dos sintomas que se queixa. Na entrevista preliminar, o analista possibilita fazer um diagnóstico psicanalítico (neurose, psicose ou perversão) para encaminhar o tratamento (Moretto, 2019a).

O tempo é divergente para os pacientes terminais, o atendimento destes que demandem análise são para os quais não ocorre uma análise propriamente dita, mas uma amenização da angústia de morte, pois esta advém da ausência de significantes. Nestes casos, o que o psicanalista pode fazer é disponibilizar uma escuta, como o Outro que viabiliza a fala, uma vez que as composições simbólicas podem dominar a angústia, mesmo que parcialmente (Moretto, 2019a).

Com relação ao pagamento, o valor cobrado não deve ser muito baixo por não chamar a atenção do paciente. Além disso, Freud recomenda evitar realizar tratamento gratuito, uma vez que sem a cobrança do paciente parece que aumenta sua resistência neurótica (Freud, 1913/1996e). Embasado nessas orientações de Freud, podemos notar que as mudanças do tempo e do pagamento são modificadas no ambiente hospitalar, implicando em empecilhos para se efetuar um trabalho analítico que proporcione uma mudança da mente e da posição subjetiva do sujeito por não haver tempo hábil para isso e pela impossibilidade de cobrança do modelo de consultório no hospital. Tanto em instituições públicas quanto em instituições particulares, o psicanalista recebe geralmente um salário fixo, não sendo pago por atendimento.

Além disso, o pai da psicanálise percebe que o tratamento psicanalítico é quase inacessível às pessoas pobres, frisando que a vida difícil do indivíduo faz com que muitas vezes não seja dominado pela neurose. Caso isso aconteça, também é muito árduo se desfazer dela. Todavia, ele enfatiza que há sujeitos menos favorecidos financeiramente que não exibem obstáculos, mesmo em tratamento gratuito (Freud, 1913/1996e). Baseado nisso, previa a necessidade de extensão da psicanálise para acessar às classes marginalizadas, embora essa modalidade de tratamento na nossa atualidade seja mais favorecida nas classes privilegiadas. O mestre de Viena se atentou para a exigência de garantir a assistência ao pobre, considerando que este também tem direito ao acompanhamento à sua mente, assim como tem direito a cuidados físicos. Salienta que os pobres poderão ter mais dificuldade ao tratamento do que os ricos, porque suas condições de vida árdua não viabilizam agradabilidade e a doença é uma oportunidade de ter mais direito ao auxílio social (Freud, 1919/1996a).

O pai da psicanálise, em seu texto *O Método Psicanalítico*, orienta para muitas imposições que o sujeito poderá fazer a respeito de um bom proveito do tratamento psicanalítico, como:

> [...] a faixa etária próxima dos cinquentas anos cria condições desfavoráveis [...] já não é possível dominar a massa do material psíquico, do tempo exigido para a cura tornar-se longo demais e a capacidade para desfazer processos psíquicos começa a enfraquecer (Freud, 1904/1996aa, p. 240).

Considerando que este estudo se trata da clínica psicanalítica no hospital público com idosos, entendemos que a adversidade dessa clínica com esse público específico parece ser mais um fator de confusão do trabalho do analista nesse cenário. Como fundamentado anteriormente, a clínica psicanalítica com idosos se interessa pelos aspectos conscientes e inconscientes, sendo estes ponderados como atemporais, o que lhe possibilita um trabalho analítico com pessoas de idade avança.

Para se colocar no lugar de analista, o psicanalista deve se desfazer dos seus preconceitos, dos seus sentimentos, das suas preferências para viabilizar uma escuta do sujeito. O estranho no contexto hospitalar é que próprio profissional informa o paciente sobre a existência do lugar de análise, de escuta analítica, mas não é isso que impedirá o início da análise, posto que o que impossibilita é a falta de demanda (Moretto, 2019a). Nesse cenário, existe análise?

Moretto (2019a) declara que o objeto do tratamento psicanalítico é o sujeito do inconsciente, desigualando-se das outras modalidades de tratamento como a medicina, a psiquiatria e a psicologia. A intervenção psicanalítica se procede pela associação livre do sujeito (falar o que vier à mente) para que possa identificar conteúdos inconscientes, ou seja, o paciente deverá recordar do que foi esquecido (que ficou recalcado).

Tornar consciente o conteúdo recalcado é um processo difícil, em decorrência de apresentar resistência por parte do indivíduo, posto que revelar um saber inconsciente muitas vezes lhe causa sofrimento por se reaver com a sua castração constitutiva, já que o neurótico não atura perder e elabora múltiplas estratégias para não perder nada. Na castração, o sujeito deixou de ser o objeto de desejo da mãe (objeto fálico ou de desejo do outro) para ser um ser faltante, desenrolando-se de modo singular a "resolução" da trama neurótica. Muitos neuróticos preferem a ilusão de serem completos do que se reconhecerem como seres faltantes.

O início do processo analítico pode acontecer na instituição desde que haja um analista e uma demanda de análise. Nesse sentido, o problema não é exatamente a instituição, uma vez que se o paciente no hospital procura o saber médico e se o seu interesse for apenas a dor orgânica, ele não terá demanda de análise. O sujeito pode apresentar essa demanda em qualquer contexto, seja no consultório, no ambulatório ou no hospital. O inconsciente não é encontrado exclusivamente no consultório bem mobiliado, nem dentro nem fora, ele está no próprio sujeito que fala e pode acontecer perfeitamente no leito de um hospital (Moretto, 2019a).

Do ponto de vista de Simonetti (2018b), não existe análise no hospital, embora haja a psicanálise ali. Para o autor, a grande disparidade entre a psicanálise no consultório e a psicanálise no hospital é o *setting*, comentando que o leito não é divã, dificilmente há privacidade e o tempo é restrito, o que não se altera é a técnica da associação livre e da escuta. Nesse ambiente ocorre atendimentos e não sessões, pois não é possível realizar uma análise tradicional de sessões de 50 minutos toda semana. Nesse mesmo sentido, Pinto (2011) também elucida que a intervenção do analista é importante no cenário hospitalar, embora não se trate de um processo de análise, mas ele pode alinhar de modo particular o encaminhamento da demanda do paciente.

A partir desta breve explanação, percebemos que não há análise no hospital, mas há psicanálise nesse local. Consideramos que os atendimentos a beira leito com pessoas doentes que apresentam demanda podem se tratar de uma entrevista preliminar e encaminhamento da demanda. Os casos de atendimentos ambulatoriais podem ir além das entrevistas preliminares, podendo se tratar de uma psicoterapia psicanalítica.

5.5 A Ética Psicanalítica

Uma ética, não uma psicologia.
Como a realidade se constitui.
Uma topologia da subjetividade.

(Lacan)

Para debater a ética da psicanálise é preciso comentar sobre os seus objetivos, os seus valores e a sustentação do seu trabalho. A ética se diferencia da moral e da lei, sendo a primeira (a moral) ligada aos costumes e às práticas sociais e é disseminada de "boca a boca" e a segunda (a lei) é uma regulamentação ou proibição estabelecida por registro formal por meio de códigos legais e, por fim, a ética se trata de escolhas do sujeito de como se portar na vida com os seus próximos (Simonetti, 2018b). Em outros termos, a ética não diz respeito às leis, nem das obrigações e ordenamentos sociais (Lacan, 1986).

A ética implica em uma responsabilidade pela escolha, distinguindo-se da lei e da moral que são de uma ordem estabelecida pelo externo. Na leitura psicanalítica, ela é a *ética da subjetividade*, prevalecendo o sujeito como objeto e como aplicação da sua técnica (Simonetti, 2018b). Ela considera a submissão do sujeito à lei do inconsciente, ou seja, essa lei está articulada ao desejo (Lacan, 1986).

No contexto analítico, a ética é o trabalho da técnica psicanalítica, que não toca uma especulação que recai sobre uma ordenação, mas traz uma dimensão que se denomina de experiência trágica da vida (Lacan, 1986) por considerar o inconsciente como verdade, a qual é inaceitável para aqueles que admitem somente a área consciente (Rosa & Rosa, 2009). Destarte, no ambiente hospitalar, a psicanálise favorece a "emergência do sujeito do inconsciente" sem intencionar solucionar os conflitos gerais da existência (Simonetti, 2018b).

A psicanálise no âmbito das regras ou contratos passou a ser do campo da ética com a contribuição de Lacan. Keth (2002) discorre que a ética possui um viés profissional a fim de proteger os pacientes em tratamento psicanalítico, como defender os analisandos dos "eventuais abusos cometidos pelos analistas em sua posição privilegiada em função do amor de transferência" (p.7). A autora alude que a ética psicanalítica não corresponde a um "dever conhecer", mas ao "deixar falar" a verdade inconsciente do analisando. O psicanalista objetiva abdicar a sua posição de suposto saber para estimular o analisando a saber, não tudo, mas ao menos poder se indagar.

O analista se coloca tecnicamente na posição de transferência desse "sujeito suposto saber", entretanto, posteriormente, caminha progressivamente até esvaziá-la, deixando um espaço para o sujeito tomar conhecimento sobre o inconsciente. Logo, no fim da análise, não gerou uma verdade, mas um outro saber, um saber que não se sabe.

Nesse sentido, o analista não deve ocupar um lugar de saber, mas uma posição de "não saber" para possibilitar a escuta dos pacientes, profissionais e familiares, sem permitir competições de poder, porque, dessa forma, pode acolher e dirigir as demandas no hospital sem obrigatoriamente atendê-las (Moretto, 2019a; Carvalho & Couto, 2011; Pinto, 2011). Isso se justifica pela situação do profissional não ter conhecimento do que é bom para o outro e por esse motivo não deve ordenar o que é ponderado "o melhor" para o analisando (Moretto, 2019a), pois a palavra pode ser entendida como não validação do seu sofrimento, acarretando mal-entendido e não viabilizando a alteração de posição do sujeito.

O mestre de Viena alertava que o psicanalista não necessita assumir o papel de decidir o destino do analisando, nem impor os seus ideais, função essa que o paciente pode demandar ao analista. Freud (1919/1996a) explanou que não podemos fugir de casos de pacientes em condição de extremo desamparo e com dificuldade de lidar com a vida, associando a intervenção analítica educativa. Nesse cenário, o analista terá uma posição de mestre e mentor e isso deverá ser realizado de maneira cuidadosa, fazendo com que o paciente ao ser educado se liberte e encontre sua própria satisfação para não se identificar com o profissional.

A ética psicanalítica é não ser diretiva, sendo uma técnica que proporciona o aparecimento da singularidade do paciente, já tão arrasado pelos protocolos médicos. Assim, no campo analítico, o analisando pode construir o seu próprio saber e, no contexto hospitalar, o psicanalista levará em conta a emergência do sujeito do inconsciente.

Pode-se distinguir a ética médica e a ética psicanalítica, a primeira é a ética do cuidado, a segunda também é uma ética do cuidado, mas que não objetiva a cura e não é contra esta, dado que sabe que a cura dificilmente é possível. Outro aspecto da ética psicanalítica é a singularidade de cada sujeito, considerando que cada pessoa lida ao seu modo com o adoecimento. No âmbito hospitalar, o profissional não pretende transformar o sujeito, muitas vezes a mudança do analisando acontece pela experiência do adoecimento e da internação (Simonetti, 2018b).

Além disso, não devemos reduzir a análise em uma mera técnica, tal como a ética psicanalítica propõe que o sujeito se responsabilize pelas suas escolhas e que o analista se responsabilize pelo seu desejo (de ser analista) (Pinto, 2011). A ética nesse ambiente consiste quando o sujeito resolve seus conflitos em consonância com os seus desejos. Esse processo de subjetivação é singular, posto que depende da forma como o paciente interpretou o real em um determinado contexto.

No panorama hospitalar, conforme Moura (2011), a clínica psicanalítica requisita alterações, dado que as pessoas expressam o sofrimento de outra ordem, fazendo com que o profissional reafirme a sua posição, seu território fora do comum e sua exigência ética imprescindível. No hospital, não há um analisando falando com o analista, mas uma pessoa falando com o analista, como seguimento, este escuta a partir do momento que a pessoa está se posicionando.

Outro fator ético profissional é nosso compromisso com a nossa própria análise para não nos abalarmos com o inconsciente do analisando, além de estarmos disponíveis às expressões do nosso próprio inconsciente. Com a nossa própria análise, conseguimos nos distanciar do poder, o qual é motivado a partir do amor de transferência (Keth, 2002).

Com a descoberta do desejo pelo sujeito no processo analítico, há possibilidade de se deparar com as questões da pulsão de morte. Para Keth (2002), a sublimação é a concepção psicanalítica que mais atinge o campo ético, e isso por possibilitar se defrontar com o problema que parece não ter resolução perante a associação do sujeito com a pulsão de morte. Esta origina resultados desorganizadores e destrutivos por manifestar uma força contrária à pulsão de vida, não a deixando dominar completamente.

Em outros termos, a sublimação viabiliza encarar a falta-a-ser (que se refere à falha humana, por exemplo, o sujeito falha no trabalho ou no amor, causando-lhe mal, sendo essa falha precisa e constituinte do humano) (Rosa & Rosa, 2009), a elaboração de uma particularidade, um estilo que vida que preencha a extensão do desejo.

Em suma, compreendemos que a ética psicanalítica, na circunstância desta pesquisa, é autorizar o sujeito idoso acessar o seu desejo inconsciente ou o seu desejo emergente e, a partir disso, poder fazer escolhas que direcionará a sua vida ou possibilitará uma mudança de posição subjetiva. Para isso, devemos nos abster do lugar do "saber", mesmo que, no início da análise, tenha que sustentar essa suposta posição, mas que, no final, o analisando possa se responsabilizar pelo seu desejo. Por outro lado, o analista opera a sua prática com base no seu desejo de ser analista, assumindo uma postura ética.

6

RESULTADOS E DISCUSSÃO

6.1 Resultados e Discussões das Entrevistas

A análise de dados das entrevistas foi realizada mediante a identificação de significantes, durante a leitura dos textos transcritos das entrevistas, efetuando-se recortes dos temas ou frases, os quais formaram categorias de conteúdos que consideramos significativos para a temática da pesquisa e com as quais buscaremos encontrar um novo sentido para o dado coletado.

Apoiado nisso, expomos, neste tópico, os conteúdos significativos das temáticas identificadas, resultados da análise das entrevistas, buscando dialogar com a literatura. Foram realizadas treze entrevistas com cinco mulheres e oito homens, entre 66 e 112 anos de idade, que estavam internados na Unidade de Internação do Hospital Municipal do Idoso Zilda Arns. Na análise das entrevistas, identificamos seis Unidades de Significado: *Envelhecer Atravessado pelo Adoecimento e seus Efeitos Individuais, Sociais, Corporais e Ideológicos; As Diferentes Representações do Trabalho Segundo os Gêneros; As Perdas, os Lutos e suas Consequências Psíquicas; Morte como um Futuro Próximo; Amparo Transcendental; Encontro Criativo com os Prazeres Atuais*. Passamos a descrever cada uma na sequência.

Na Unidade de Significado *Envelhecer Atravessado pelo Adoecimento e seus Efeitos Individuais, Sociais, Corporais e Ideológicos*, alguns participantes citaram que o envelhecimento é uma condição inata da vida e acontece de uma forma rápida e imperceptível. Articulamos essas descrições do envelhecer feitas pelos entrevistados à questão do processo de existência, do tempo subjetivo e da dificuldade de reconhecimento da velhice em nós mesmos.

Como vimos na revisão de literatura, o envelhecimento, assim como a morte, faz parte da existência (Freud, 1915/1996b), sendo inevitável, uma vez que começamos a envelhecer desde o nosso nascimento. Quando os idosos aludem que envelhecer ocorre de uma maneira rápida, associamos essa vivência à aproximação do tempo subjetivo da psicanálise, em razão do sujeito ponderar esse período com base na sua realidade pulsional, na significação vivencial, na memória afetiva e nas suas vivências, a partir de representações que se atualizam com o passar do tempo, as quais são inconscientes e não compõem uma relação com o tempo cronológico (Freud, 1915/1996b).

A ausência da percepção do envelhecimento mencionada pelos anciões, pode estar ligada à teoria de Beauvoir (2018) acerca do não reconhecimento da velhice em si mesmo, sendo mais fácil identificá-la no outro do que na própria pessoa. Esse problema de constatação do avanço da idade também está atrelado ao tempo subjetivo, em virtude da ausência de inscrição do tempo cronológico no nosso inconsciente. Por isso, muitos declaram que não se sentem velhos, como ilustramos no recorde de uma entrevista: *"Não me sinto velho, pra mim não mudou nada."* (Augusto, 66 anos de idade).

Não obstante, a idade avançada pode se tornar notável quando advém o adoecimento. Conforme a narrativa dos entrevistados, o envelhecimento normal, bom e alegre advém do momento que se tem saúde e condições para trabalhar; enquanto ruim na ocasião de adoecimento ou nos casos em que o indivíduo tem um estilo de vida que prejudica a saúde, seja a dependência do álcool, do tabaco e excesso de festas:

> *Envelhecer depende do modo que a pessoa levar a vida. Você leva uma vida regada de porcaria (bebida, droga, em bailões) é um mal envelhecimento. Você leva o envelhecimento mais ou menos como a lei de Deus, é um envelhecimento bom.* (Carlos, 84 anos de idade)

> *Envelhecer é a vida né? É trabalho... Tem o [envelhecimento] precoce também... é a pessoa se descarregar, aqueles vício, muito vício, muita festa, muito badaladas, é um envelhecimento precoce, vício principalmente, beber, fumar, é um envelhecimento precoce. Agora o envelhecimento normal como o meu, é trabalhar, é viver, às vezes viver uma vida saudável com a família, com a esposa, aquela vida prolongada com paz, né?* (Eduardo, 72 anos de idade)

> *É o dia a dia, conforme a gente vai passando, o tempo vai envelhecendo, mas eu não senti minha velhice, eu senti por causa da doença agora. Eu andava, faço comida, eu lavo louça se precisar, só não limpo casa porque não aguentava as coisas. Mas eu não me senti assim tão velha, cansada e acabada, eu me senti bem forte, agora depois dessa doença atacar... diverticulite, essa doença que me acabou.* (Jandira, 83 anos de idade)

Notamos que é o corpo que demarca o envelhecimento como vivência de envelhecer atravessado pelo adoecimento, dado que as mudanças corporais anunciam a passagem do tempo cronológico e não há uma inscrição psíquica antes desse anúncio corporal. Por essa razão, frequentemente a percepção da velhice se estabelece quando o indivíduo adoece. Com isso, pode ocorrer uma quebra do Eu jovem para o idoso ao perceber o adoecimento e que já não é mais o mesmo pela alteração do corpo e do Eu (em razão da psique e o corpo estarem integrados), podendo acarretar em despersonalização. O afrouxamento da ligação entre corpo e psique pode ameaçar a identificação do Eu com o corpo, causando o desencontro entre a imagem inconsciente do corpo e o corpo que envelhece na realidade.

Alguns participantes alegaram que o envelhecimento é um processo difícil, de definhamento, de regressão e de perda de força física, acarretando a sua desvalorização, como pode ser ilustrado pela seguinte vinheta:

> Envelhecer, eu acho que é como passar de um adulto para uma criança, né? É uma transição, todo mundo vai passar por isso, quer dizer que a nossa vida é uma vida boa... Mudou bastante coisa, que tá aí eles que podem contar a verdade, às vezes eu minto, tô esquecendo... eles tão louco, é uma carreira muito dolorida, muito doída, porque a gente que gosta de alguma coisa, tem um dom para aquela coisa, a gente gosta de viver, gosta de trabalhar, gosta de fazer as coisa, sempre põe o corpo em movimento. Agora, hoje em dia, a gente não pode fazer nada, a gente sente vergonha, graças a Deus que eles tão me acudindo, mas a gente fica com vergonha porque a gente não vale mais nada. (José, 86 anos de idade)

Vinculamos essa assimilação de desvalorização pontuada pelos velhos à falha corporal que comunica o envelhecimento, fazendo com que sujeito falhe subjetivamente por não conseguir se identificar sem o sofrimento ao que se apresenta. Essa falta de valor também pode ser vinculada em alguns casos a uma modalidade de preconceito do próprio idoso (autopreconceito), fenômeno caracterizado de *viejismo*.

Através da vinheta de José, percebemos que o idoso define o envelhecimento como uma passagem do adulto para criança, mostrando o fenômeno da regressão que pode ficar mais demarcada com o adoecimento, posto que a enfermidade pode mobilizar alteração da psicodinâmica por meio retirada do investimento libidinal dos objetos ou do mundo externo para redirecioná-lo ao próprio Eu - narcisismo. Por meio do narcisismo, o velho se protege da realidade dolorosa, do desgaste do corpo e da sua desvalorização social, podendo se mostrar mais retraído e isolado.

O sentimento de ser desvalorizado pelo ancião também pode ser relacionado à questão da modificação da visão social dele ao longo do tempo.

Como vimos nas pontuações da antropóloga Debert (2020), na época da "Idade do Ouro" os idosos eram pessoas com experiência e sabedoria, sendo respeitados pela sua família e comunidade.

Com o processo de industrialização, houve uma mudança da representação do velho, causando a alteração do seu *status* social. Isso se justifica, em parte, em razão da sua reputação de ser um peso para os jovens. Esse contexto também provocou uma supervalorização da juventude e da busca pela sua eternidade na sociedade ocidental. Essa perda de valor do ancião pelos mais jovens pode ser exemplificada pela fala de um entrevistado:

> *Quero deixar uma mensagem muito pequena se eles [jovens] tiverem cabeça como eu tive, seguir o meu exemplo né? Sempre procurar os conselhos dos mais velhos que tem experiência, tem vida vivida, né? Os mais velhos que só tem conselhos bons, os jovens de hoje, né, que muito pouco quer ouvir a gente, mas se eles quiserem um futuro melhor, uma vida melhor, que procura desde já pra fazer uma programação: primeiro estudar e ouvir conselhos bons, né?* (Eduardo, 72 anos de idade)

Percebemos a ausência de reconhecimento e valorização dos idosos pelos mais jovens, a partir da fala de Eduardo. O recorte pode representar a modificação da visão do idoso na sociedade, no passado tinha o reconhecimento como uma pessoa vivida e com experiências as quais eram transmitidas aos mais jovens e, hoje em dia, estes, por via de regra, não querem escutar os mais velhos, não validando a sua experiência de vida.

Existem preconceitos que podem se expressar pela atitude etarista principalmente de jovens, ao exibir o sentimento de desprezo no que tange às pessoas idosas, tal como leva-se em conta a possibilidade de discriminação dos velhos praticada em atos discriminatórios realizados pelos jovens. Isso pode ser exemplificado pela discriminação de alguns profissionais de saúde em relação ao velho nos momentos críticos da pandemia sanitária, quando não priorizavam os atendimentos de idosos no sistema de saúde, delimitando uma desigualdade de tratamento.

Outros aspectos da vivência de envelhecimento atravessado pelo adoecimento aludidos pelos participantes foram as mudanças físicas e fisiológicas:

> *Era gostoso de viver. Agora é meio.... tá bom, mas antes era melhor. A gente quando é novo é uma coisa, e quando é velho é outra... Muda até a fome, a comida né? Eu podia comer, mas os dentes não ajudam* (Joana, 84 anos de idade)

> *Sinto fraqueza, que dá, a gente não tem mais aquela força que nem de jovem, mas eu sempre tô alegre pela vida que Deus me deu, eu só agradeço a Deus de coração, viu.* (Roberto, 88 anos de idade)
>
> *Se você visse como era elegante, de maiô vermelho. Eu era bem bonita de corpo. Mas nunca fui convencida, por causa que meu marido me dava tudo, então não precisava de ninguém.* (Nadir, 100 anos de idade)

Como mencionamos previamente, a mudança corporal gera estranhamento no idoso, influenciando o seu Eu pela ameaça de desintegração. Também podemos relacionar a transformação do corpo ao valor estético da nossa sociedade. Conforme a teoria de Messy (1999), não é belo envelhecer, do contrário, isso faz ocorrer o fenômeno nomeado de *espelho quebrado*, quer seja a quebra do Eu Ideal ao revelar o Eu feiura.

A partir dessas alterações corporais e da desvalorização social (que dão notícia do envelhecimento para o indivíduo) que a demanda de prevenção dos sinais da velhice tem aumentado a produção da indústria mercadológica anti-idade. Esse dado é demonstrado pelo movimento financeiro dessas modalidades de indústria, em 2019, de aproximadamente 100 bilhões de dólares anualmente, considerando que, no início dos anos 90, não existia esse tipo de mercado mundial (Dias, 2019).

O aumento da produtividade estética, plástica, dermatológica etc. está articulado ao neoliberalismo. Nessa circunstância, o corpo passa a ser comercializado com a finalidade de atender o padrão estético estabelecido pela sociedade, em que não há lugar para a velhice. Assim, esta passa a ser tratada, medicalizada e combatida. Logo, o sujeito se torna um objeto, o seu próprio objeto na lógica da autogestão neoliberal, assumindo um papel de consumidor para poder existir e ser inserido no meio social, como um recurso de compensação de suas faltas e falhas.

Em adição às alterações físicas e fisiológicas, os idosos entrevistados compararam a vida do passado com a vida atual, apontando a inexistência de violência, como os assaltos nas suas juventudes. Também referiram que a vida era mais fácil e melhor quando eram jovens, pontuando que, além da mudança do corpo, da beleza e da fome, o perfil dos filhos mudou, antes tinham-se filhos adultos que cuidavam dos pais e hoje os pais têm de cuidar dos filhos, pois muitos deles são dependentes de drogas:

> *Hoje tem muita malandragem, uma matoeira né, começa a matar à toa. Antes não tinha, no meu tempo de jovem eu namorava minha mulher, era uns 4 km, de bicicleta, a pé, nunca fomos assaltados, andava em 3 colegas, nunca aconteceu nada com nós, 3 anos. Hoje não. Aquela região que já é mais bairro já... Deus o livre, muito perigoso. Naquela época era bom...* (sic) (Carlos, 84 anos de idade)

> *Hoje é os pais que tem de cuidar dos filhos* (sic), *naquele tempo os filhos cuidavam dos pais, hoje é o pai que tem de cuidar do filho pra não se perder e ainda se perde né? [...] Naquele tempo era mais fácil, né? Não era como hoje, o que tem hoje, né? Os filhos de hoje vai pras drogas, não vale nada, esses piás de hoje, Deus me livre, vai pras drogas e não presta pra nada, sabia? É uma pessoa... ele não tem, dá até mais, ele não tem... ficam umas pessoas inválidas praticamente.* (Eduardo, 72 anos de idade)

Muitos anciões podem ficar fixados no seu passado como ideal, realizando uma supervalorização desse período da vida. Achamos que há um hiato geracional. Do ponto de vista psíquico, para o idoso se torna difícil modificar o que aprendeu como valor e como regra (trabalho e constituição de família, por exemplo), ficando comumente fixado em seu tempo e em sua memória. Essa resistência do velho à mudança dos seus valores pode ser associada ao luto e à relutância da alteração de posição libidinal.

Freud (1917/1996dd), em *Luto e Melancolia*, ao tratar do luto a partir do teste de realidade – o qual revela que o objeto amado não existe mais na realidade –, refere que nesse processo sucede uma exigência ao enlutado de retirada da libido que estava conectada às representações daquele mesmo objeto. Esse desinvestimento libidinal é um processo doloroso e difícil por se tratar de uma perda de parte de si mesmo, e por esse motivo muitas pessoas resistem à sua mudança de posição libidinal.

É por meio do auxílio da análise dos sonhos que Freud alude em seu texto *Suplemento Metapsicológico à Teoria dos Sonhos* (1917/1996o), que em psiconeuróticos pode ocorrer, no estado de sono, a regressão do desenvolvimento da libido através do resgate do narcisismo primário. Na teoria da libido, o pai da psicanálise discorre que a origem da libido é o Eu; quando há a retirada da libido do objeto, esta se volta para o Eu e de modo narcísico. Por esse motivo, o Eu dificilmente quer mudar sua posição libidinal por se tratar de uma alteração do próprio Eu.

O contexto sociodemográfico também mudou no decorrer do tempo, por exemplo, no período da adolescência dos idosos brasileiros entrevistados, a população sobrevivia principalmente do trabalho agrícola; as famílias eram maiores, os filhos auxiliavam na atividade laboral familiar desde criança apesar de o acesso à educação era mais restrito.

Com o processo de industrialização, o perfil de trabalho se alterou ao longo dos anos, desenrolando-se em um avanço tecnológico na nossa atualidade. Esse sistema de produção no modelo capitalista proporcionou mais desigualdade social. Houve uma transição demográfica, as famílias se reduziram nesse período e a expectativa de vida brasileira aumentou. O envelhecimento não acontece apenas de modificações corporais, mas o meio social também se transforma, exigindo do idoso a vivência de diversos lutos.

O processo de trabalho que demarcou a época da fase infantil e adulta dos participantes encontra-se descrito na Unidade de Significado *As Diferentes Representações do Trabalho Segundo os Gêneros*. Muitos idosos alegaram iniciar a atividade laboral na infância ou na juventude, principalmente na agricultura. Outros trabalharam em muitas atividades, como em construção civil, professor, serralheiro, motorista, mecânico de carro etc., como demonstramos com base nos seguintes recortes: "*66 anos* [de trabalho], *mas na minha juventude nós era..., meu pai era do pinheiro, derrubava pinheiro, fazia ripa, e eu sempre ajuda ele a cortar na serra, as toras grossa, eu tinha 12 anos*" (Carlos, 84 anos de idade), "*Trabalhava na roça. Comecei* [trabalhar] *com 8 e fui até os 75 anos. Comia tudo natural, plantava, colhia.*" (Joana, 84 anos de idade), "*Eu comecei a trabalhar, passei a ser funcionário já com 12 anos de idade, entrei no Ministério da Comunicação, como mensageiro nos correios e telégrafos e lá fui fazendo minha carreira...*" (João, 83 anos de idade).

A maioria dos entrevistados exerce trabalho braçal, sendo a atividade laboral mais comum das classes sociais média e baixa no sistema capitalista. Tais dados auxiliam a demarcar o perfil do público estudado, para o qual leva-se em conta a circunstância da pesquisa em um hospital público com atendimento exclusivamente do SUS.

Evidenciou-se também que o trabalho pode ser um importante recurso de subjetivação (sentido dos símbolos para interpretar o mundo) para os idosos, como elucidamos na seguinte vinheta:

> *Muita falta* [trabalho] *e trabalhar um pouco, mexe com o corpo. Trabalho só braçal né. O trabalho é só família. Tudo bem, isso não tem jeito de abandonar, né? Tão gostoso, e a gente ali vive ali*

> *né. Freguesia, sempre fez trabalho bom, atendeu bem, não cai, ela só aumenta. Serviço bom ela aumenta. Então, está cheio de carro para arrumar.* (Carlos, 84 anos de idade)

Quando o trabalho é um meio de satisfação, uma vez que pode se vincular aos desejos e às motivações do trabalhador; ele é, também, um importante referencial de subjetivação (Dejours, 1992). A partir do processo civilizatório, o ser humano precisou se adaptar às restrições impostas pela civilização e renunciar às exigências pulsionais, favorecendo o desenvolvimento da estruturação psíquica neurótica dos indivíduos (Freud 1930/1996w).

O sujeito é social à medida que teve que ceder suas satisfações pulsionais para viver em sociedade e o custo disso foi sua posição de sofredor. O ser humano investe libidinalmente em pessoas, objetos ou ideais, compondo suas relações de amor, amizade, trabalho, casamento etc. (Freud, 1921/1996r) e, por esse motivo, o labor pode formar um significativo lugar de investimento psíquico, podendo ter uma função social, de produtividade, de criatividade, de atividade física e mental. A atividade laboral pode ser uma notável fonte de satisfação sublimatória (Dejours, 1992), como alternativa de escoamento de excitações pulsionais que se destinam ao domínio do trabalho.

Além do referencial subjetivo, percebemos, na análise das entrevistas, a diferenciação de gênero no campo de trabalho, sendo a atividade laboral para os homens entrevistados algo estruturante, aparecendo o dinheiro como um operacionalizador de vida que está articulado à representação do masculino na época dos participantes entrevistados. Essa característica sobreveio principalmente na entrevista de Eduardo, ilustrada nos seguintes trechos da fala do participante, de 72 anos de idade:

> *Bom se você quer que eu conto toda a minha trajetória [de vida] eu tenho que falar tudo eu que fiz, né? [...] Eu trabalhei até de ajudante de pedreiro, trabalhei muito na minha vida, sabe? [...] Pra mim, sempre foi importante* [o trabalho] *até aposentar e graças à Deus eu tô tranquilo que todo o trabalho, todo o meu trabalho contribuiu para a minha aposentadoria.*

> *Eu fui um rapaz dentro da minha casa era o braço esquerdo do meu pai, meu pai era o braço direito e eu era o esquerdo, sempre andei junto com ele, ele e a minha mãe... olha vale a pena essa entrevista, porque a minha mãe tudo que ela tinha necessidade ela corria em mim, necessidade assim nas finanças, né? Tudo que era finanças da casa era comigo.*

> *Só fiquei doente e vim parar aqui, né? Mas enquanto Deus me der vida eu vou continuar trabalhando, sabe? Eu quero produzir alguma coisa, né? Se tá entendendo? É eu e meus filhos, quero passar isso pros meus filhos também, já tenho meus filhos tudo é profissional, né? [...] Daí a minha vida foi essa aí, hoje eu tô feliz ainda porque fui um cidadão, né? Cidadão exemplar e graças à Deus, né?*

Na época dos entrevistados, o homem desempenhava um papel de provedor, principal responsável pela renda familiar. Reputamos que os idosos entrevistados são oriundos de uma cultura e uma sociedade que tinha o poder de normatizar as identidades, os gêneros e os sexos (assuntos que retomamos mais adiante), as quais julgamos ainda presentes na atualidade, embora existam esforços para desconstruir esses padrões.

No passado, tinha uma legislação brasileira, mais especificamente em relação ao Código da Família, o qual aludia que o homem era o chefe de família e a mulher a sua subordinada. Assim, ele tomava todas as decisões e a mulher não podia nem ao menos permanecer com o seu nome de solteira (Moraes, 2022). A contar com o papel do movimento feminista, possibilitou-se a mudança dessa legislação brasileira a partir da atualização da Constituição de 1988.

A atividade de trabalho pode ter um significado simbólico e material que se destina ao outro, ou seja, uma mensagem simbólica para alguém, de acordo com a singularidade de cada um e conforme a formação significativa do objetivo externo e do objeto interno. O trabalho pode ser satisfatório quando se associa ao desejo ou motivações. Assim, a atividade laboral auxilia na formação da imagem de si do sujeito, a qual pertence ao narcisismo, constituindo uma significação de ordem subjetiva que pode ter função econômica, social ou política (Dejours, 1992).

Alicerçada na análise da entrevista de Eduardo, deduzimos que o participante tem um Ideal de Eu com marcas identificatórias da Lei do pai e do Supereu paterno, que se firmaram pela passagem do *Complexo de Édipo* ao defender suas ideias sobre a importância do trabalho, da família, da ordem e da lei.

O salário ou o dinheiro recebido pelo trabalho pode compor o símbolo de poder, autonomia, planos, projetos, além de ser um mobilizador da vida do sujeito. Em concordância com Silva e Henriques (2019), o dinheiro tem o papel de atender a necessidade de sobrevivência do ser humano (alimentação, moradia, saúde etc.), mas também pertence à ordem do desejo, uma vez que, por ter um significado de troca de bens e serviços, pode obter uma representação de equivalências simbólicas, como as fezes (na fase anal, a partir do controle dos esfíncteres, a criança negocia o afeto com a mãe), e o pênis (representação fálica). O dinheiro pode figurar o meio de poder como um modo de detenção fálica, formando a ideia de não ser castrado e tudo se pode (ilusão de onipotência narcísica), ou seja, ele mascara a falta do sujeito.

O participante evidencia uma tonalidade de orgulho ao mencionar sobre sua carreira profissional e a dos filhos, demonstrando uma satisfação de realização pessoal e onipotência, a contar com o esforço laboral ao longo da vida, o qual combinamos ao modelo de vida neoliberal. Julgamos que a filosofia neoliberalista de gestão das empresas (da própria vida) pelo sujeito é resultada das violências sociais comuns do capitalismo: alteração do trabalho em mercadoria, modos de empregos com salários baixos, provisórios e temporários que venham a acender a insegurança no trabalhador, ou seja, um medo social que facilitou a instituição da neogestão empresarial (Dardot & Laval, 2016).

Esse novo governo de sujeito não conjectura um negócio em comunidade ou local de realização pessoal, e sim um lugar de competição e um instrumento. Por conseguinte, o sujeito deve se dedicar plenamente ao trabalho, buscando aperfeiçoamento contínuo, ser flexível às alterações exigidas pelo mercado de trabalho como se fosse um especialista de si mesmo, assim como um empreendedor de si mesmo para que possa sobreviver na competição. A economia na racionalidade neoliberalista se traduz pela disciplina pessoal (Dardot & Laval, 2016).

Essa noção de gestão de si mesmo traz a ideia de que o indivíduo pode ter domínio da própria vida, lhe imputa a crença de controle em razão das necessidades e dos desejos de cada um, construindo estratégias apropriadas. A palavra empresa pode ser entendida não apenas como uma metáfora nesse enquadramento, e sim o desenvolvimento da valorização do Eu. Ser bem-sucedida na carreira é considerada ser bem-sucedida na vida. Nesse sentido, o trabalho não é apreendido como castigo, mas como um gozo de si mesmo (Dardot & Laval, 2016).

As identificações com cargos, competências e funções e afinidades com grupos de consumo têm como objetivo substituir as colocações na família e no *status* social. A identidade se torna um produto a ser consumido (recursos naturais, humanos, institucionais, simbólicos etc.). Com base nisso, cria-se a fantasia de onipotência sobre os outros e as coisas (Dardot & Laval, 2016).

Outra questão de gênero foi identificada na análise das entrevistas, quando os entrevistados falam sobre a relação com as esposas:

> *A muié, a gente já não tá dormindo junto mesmo, faz uns 2 anos, a gente mora junto, mas a gente não dorme junto. Ela falou pra mim: "se você parar de beber, nós continua dormindo junto, vai pra igreja", falei "então, você vai cuidar da sua vida e eu vou cuidar da minha. Você fica na sua cama lá e eu fico na minha. Você cuida, lava a minha roupa e eu cuido da minha casa, cuido da minha chácara, pago o que eu tenho que pagar". Não sei... arrumar outra, também não arrumo outra, brinco com todo mundo, então minha vida é de boa. Ela vem aqui cuidar de mim.* (Augusto, 66 anos de idade)

> *Para mim significa que eu vivi bem, graças a Deus. Até chegar aqui, eu vivi muito bem. Apesar que, cheguei aqui por causa da minha companheira, senão não estava aqui também. Já tinha ido há muito, porque eu era muito desregrado antigamente, era jogo, era bebida, era festa, onde tivesse uma má companhia eu estava junto. [...] É que foi muito ruim para ela* [esposa]. *Me emociono... que eu não me lembro. Quando vejo o que ela faz para mim, eu me emociono, porque eu não merecia isso aí, ela fazer o que ela faz pra mim.* (Pedro, 74 anos de idade).

Identificamos um possível "machismo" nas entrevistas. O discurso de Augusto evidencia uma relação com a mulher sem levar em conta a opinião desta no sentido de que ela tem que aceitá-lo bêbado em sua casa; apesar de dormirem em camas separadas, ela tem a função de cuidar dele e das roupas dele; ele demonstra o desejo de arrumar outra, mesmo morando na mesma residência com a esposa.

Uma condição parecida se evidencia na entrevista de Pedro, a esposa teve que aguentá-lo "desregrado", indo a festas, bebendo, jogando etc., apesar do entrevistado indicar um certo arrependimento por ter feito a companheira sofrer com essa situação. Essas esposas tiveram que aturar o casamento difícil e ainda continuam cuidando desses maridos.

Na época da fase adulta dos participantes, a mulher "desquitada" tinha uma visão negativa pela sociedade, ou seja, sofria preconceito e o homem era malvisto por não "dominar" sua esposa, indicando um machismo estrutural, o qual se trata da oposição binária de sexo (como dado da natureza) e gênero (como inscrição da cultura e da sociedade) (Preciado, 2022; Butler, 2022). Para Judith Butler (2022), a teoria estrutural transformou o sexo em uma categoria social arquitetada pela cultura, tal como o gênero é pronunciadamente formado. Assim, entendemos que o papel desempenhado pela mulher/homem, feminino/masculino, heterossexualidade/homossexualidade é construído pela sociedade, ou seja, é ela quem define e normatiza as sexualidades, os gêneros e os sexos, propondo um controle social da política conservadora.

Os trechos das entrevistas revelam a liberdade dos homens da época para se divertir, trair, beber e fumar, enquanto o mundo mostrava-se mais opressor para mulher. Ela não podia fazer o mesmo, pois ficaria "mal falada", seria comparada a uma prostituta, também não podia se separar, ficando submetida a um casamento ruim. O papel da mulher nesse contexto era de uma posição passiva, tendo uma função de objeto e não de sujeito; já o homem tinha o poder de ser dominante. Essas nuances operam o indicativo de uma cultura patriarcal, em que os homens eram "chefes de família", tinham autoridade financeira, moral e política, ao passo que as mulheres ficavam submetidas a ele (posição masoquista).

Neste ponto, cabe realizar uma crítica em relação a essa vertente do patriarcado, que atua como silenciador da "urgência da vida das mulheres" (Costa, 2022, p. 12). Embora existam pessoas que apresentam uma visão crítica do patriarcado, muitas delas têm medo de falar sobre o assunto (ou são proibidas de falar), por não conseguirem fundamentar suas opiniões. Isso ocorre, muitas vezes, por não terem sido educadas nos assuntos de gênero e sexualidade. A ideia do patriarcado consiste em criar a fantasia de proteção, o que leva muitas mulheres acreditarem que serão beneficiadas por esse regime, apesar de o benefício ser (sempre e) para os homens. O patriarcado cria uma falsa ideia de proteção, mas ele é opressor, limitante e violento.

O machismo é um modo de violência que possui relação com a perversão social a partir de comportamentos e atitudes. Ele é resultado de uma construção simbólica de papéis sociais e de gênero que atravessa gerações. Os valores e as características são diferentes em cada sociedade. Em algumas comunidades, as diferenciações das representações entre o feminino e o masculino são mais salientadas, podendo ser de uma moral sexual conservadora, abstenção de prazer sexual e passividade sexual da mulher, bem como as atividades domésticas serem unicamente femininas (Farias, Sardinha & Lemos, 2021).

Na perspectiva psicanalítica, o machismo pode ser compreendido a partir da noção do binômio sadismo-masoquismo. A crença da superioridade do homem em relação à mulher na época jovem-adulto dos entrevistados pode estar associada às fantasias masculinas infantis de perfeição, onipotência e dominação. Segundo Fonseca (2010), existe uma vulnerabilidade feminina ao longo da nossa história e cujo aspecto masoquista ainda existe na nossa atualidade, a exemplo da submissão do feminino à condição social e estética, como depilar-se, realizar cirurgias plásticas, andar de salto alto etc.

Sobre isso, vale enfatizar que a mudança do lugar passivo destinado ao feminino na relação sádica masculina só se deu quando a supremacia masculina passou a ser questionada, e isso diante dos diversos acontecimentos sociais e tecnológicos que não justificavam a superioridade física do homem como um motivo de sua dominação social e subjetiva. Atualmente, percebemos uma participação profissional feminina mais marcante e uma tentativa de destituir da representação feminina as responsabilidades domésticas e os cuidados dos filhos como se fossem exclusivamente dela. Frente a isso, assimilamos que há representações diferentes do universo do trabalho segundo os gêneros.

Já na Unidade de Significado *As Perdas, os Lutos e suas Consequências Psíquicas*, buscamos articular os relatos dos idosos sobre as perdas de familiares por morte; perda da saúde; perda da funcionalidade, da rotina e limitações; perda do trabalho; e perda de vontade e sonhos. Com relação à perda por morte, comentaram o falecimento principalmente de pais, maridos e esposas, bem como o falecimento de filhos e irmãos, pontuando que sentem saudade dos entes queridos:

> *O resto tá tudo falecido* [irmãos]. *Até que faleceram novo, alguns com 60 anos, alguns com 62, alguns com 50, vareia* (sic). *E assim foi a vida, até hoje* (Roberto, 88 anos de idade).

> *Gosto muito da minha família, meus irmãos, meu pai e meu avó já morreram tudo, isso a gente tem saudade, daí, né? Saudade da vó, do vô, da mãe, do pai, já se foram, né?* (Gustavo, 68 anos de idade).

> *Eu tinha 5 filhos homens, um deles faleceu, então eu to com 4 filhos homens, tenho 9 netos e 6 bisnetos. Esse é meu ciclo de vida.* (João, 83 anos de idade).

A perda por morte fica cada vez mais recorrente no processo de envelhecimento. Nas entrevistas, os participantes expressaram certa conformidade e aceitação das perdas de familiares, alguns evidenciaram a crença na onipotência divina na decisão da vida e da morte, outros expuseram uma leitura da morte de entes queridos como parte do ciclo da vida. Frequentemente os idosos percebem que seus ascendentes faleceram, ficando assustados e conformados com o fato de que as pessoas que morrem são mais jovens ou com idades mais próximas das suas (Berlinck, 2008).

No que diz respeito à perda da saúde, a partir do processo de adoecimento, os participantes declararam o motivo da hospitalização e as doenças pré-existentes. A maioria internou por descompensação de doenças crônicas, como doença pulmonar, venosa, diabetes mellitus, hipertensão arterial e osteoporose, como se exprime nos seguintes trechos:

> Eu comecei a abusar no sal e juntei muita água no corpo e é pro pulmão. E então para evitar esses problemas, eu fiquei internado para tirar essa água do corpo e não ter mais complicações, que eu já tenho minha médica que trata o meu coração, minha cardiopata, ela é aqui do Zilda Arns e como tive essa água do pulmão, tomei muito Furosemida e ela falou que somente iria ter algum problema nos rins que força muito, né? (sic) (João, 83 anos de idade).

> Só agora esse AVC que eu vim pra cá, daí me deu problema na minha coluna, tem que fazer uma cirurgia (Augusto, 66 anos de idade).

Outros anunciaram como consequências das doenças crônicas: o acidente vascular cerebral, fratura do fêmur, amputação transtibial e edema pulmonar, cólica biliar, que acarretam perda de algumas funcionalidades, como visão e locomoção, tal como a exigência de restrição de alguns alimentos. Também associaram a etiologia das doenças oriundas do trabalho e da gestação. As consequências das doenças crônicas e da etiologia das patologias podem ser exemplificadas nas seguintes falas dos entrevistados:

> Um pequeno AVC acho, prejudicou o olho. Aí já to vendo o coração, tá bom, não sei o que, tá bom. A única doença que tenho é o pulmão que já tá cansado. É muito pó de tinta. Não tinha máscara naquele tempo. Hoje em dia usa a gente usa máscara quando tá perto. Quando eles tão pintando a gente já não fica perto... (Carlos, 84 anos de idade)

> Ignorância minha, burrice, eu acabo que, para mim não ia acontecer nada de anormal e no fim eu paguei caro para ver... Eu perdi a minha perna, deu trombose na perna eu perdi a perna, aí a outra os médicos queriam continuar... eu não liguei muito, "ah não, agora não vou perder a outra". O maior problema era o cigarro, mas eu vou diminuir o cigarro, o médico dizia pare eu dizia vou fumar só 10. Ainda fumo, 10 por dia. (sic) (Pedro, 74 anos de idade)

Sabendo que o processo de envelhecimento, na perspectiva geriátrica e gerontológica, é compreendido como um desgaste biológico natural do ser humano, tais alterações morfológicas e funcionais favorecem o adoecimento do idoso. Como aludimos acerca dos dados de doenças em idosos no Brasil na introdução deste livro, as doenças crônicas se apresentam em quase 40% desse público específico e aproximadamente 70% deles utilizam os serviços exclusivamente do SUS (SBGG, 2019). As doenças também podem estar vinculadas ao estilo de vida que o indivíduo teve ao longo da vida (alimentação, trabalho, cuidados de saúde etc.) e por essa causa alguns anciões associam o adoecimento ao modelo de trabalho desempenhado na vida.

Apesar de o SUS atender o público de todas as classes sociais, consideramos que seu perfil prevalente seja de pessoas menos favorecidas financeiramente, devido a gratuitidade do serviço. Dessa maneira, consideramos que o público entrevistado pertence à classe média (renda mensal per capita entre R$667,86 a R$3755,76) e à baixa (renda mensal per capita entre R$122,67 a R$667,86) (Alvarenga & Martins, 2021). Por conseguinte, são idosos que possivelmente tiveram piores condições de acesso à educação e à saúde ao longo da vida, impactando nas circunstâncias atuais de saúde e da qualidade de vida.

Na leitura psicanalítica, o adoecimento e a forma como se instalou a doença podem representar substituições de uma rede de ligações e de desejos inconscientes do sujeito. O adoecimento é um modo de eliminar a angústia, através da retirada de responsabilidade, pode ser uma maneira do velho sobreviver, carecendo de um mínimo de investimento narcísico, já que a libido fica mais escassa no envelhecimento, em virtude do embotamento narcísico, como defesa do idoso diante da realidade frustrante. Por isso, ele retira parte ou toda a libido do mundo externo, passando, frequentemente, a se importar progressivamente pelas suas memórias, dores, fantasias etc. Para Mendonça e Souza (2020), há um narcisismo senescente, sendo caracterizado por um processo necessário para que o idoso possa se adaptar ao corpo em transformação, exigindo constantes atualizações da economia narcísica.

A preocupação centrada em um órgão doente pode ser um recurso para se afastar da angústia do corpo decadente como um todo. A doença representa uma ferida narcísica aos ideais de onipotência e perfeição, colocando o sujeito em outro lugar de representação: "velho doente". O idoso poderá constituir um benefício secundário, pois com o adoecimento pode receber mais atenção, ser cuidado e tocado (Goldfarb, 1998).

Para o velho, discorrer sobre a sua queixa somática nesse corpo que está sofrendo, pode ser uma forma de falar dele mesmo, investindo libidinalmente nesse corpo para se afastar do reconhecimento da falta, da angústia de castração, levando em conta que o corpo não é mais objeto de desejo do outro, como resultado, não possui mais reconhecimento.

Como já pontuamos anteriormente, o processo de adoecimento também funciona como um anúncio do envelhecimento para o sujeito, desse modo, o envelhecimento se revela pelas mudanças do organismo, que este já não é o mesmo de antes, e por não haver inscrição psíquica do envelhecimento antes dessas transformações corporais. Esse anúncio das limitações do corpo também apareceu nas narrativas dos idosos, quando descreveram a perda de funcionalidade, da rotina e limitações.

Os entrevistados explanaram a perda de funcionalidade como a dificuldade de locomoção pela limitação física, de desempenho nas atividades básicas de vida diária e poucas atividades ocupacionais, assim como expuseram a existência de restrições alimentares devido às doenças e à ausência de dentes, do problema para realizar longas viagens e de não ter liberdade de expressão em virtude de residir na casa dos filhos pela demanda de cuidado. Alguns possuem mais limitações físicas, encontrando obstáculos para sair de suas residências e precisando do auxílio de familiares para realizar as atividades domésticas que não conseguem mais fazer. A perda de funcionalidade, da rotina e limitações podem ser ilustradas pelas próximas vinhetas:

> *Tudo as coisas de casa, limpo casa, lavo roupa, meus roupão, quase tudo, faço comida, quando chega gente eu faço café, faço almoço, agora não tô fazendo porque eu caí e quebrei a perna... Não posso andar, né? [...] Não faço nada. Eu tô com ela [neta] agora, o filho tá lá na casa trabalhando, ele faz comida, ele fica lá na casa, mas eu não posso fazer agora, por causa que eu não posso andar.* (sic). (Maria, 112 anos de idade).

> *Por enquanto até agora eu tava conseguindo fazer minhas partes, tomar banho, fazer minha barba, às vezes dar uma mão para as meninas lá, fazer um buraco na parede, pregar um parafuso, fazer uma coisinha ou outra, hoje a gente já não pode, não posso trepar, não tenho firmeza na perna. Se eu for andar demais, andar contra a coluna, ela dá aquele baque aqui e derruba. Daqui até ali o banheiro quantas vezes já teve um auxílio ali, se não tem... Aí cai.* (José, 86 anos de idade)

As limitações físicas são fatores que impactam significativamente na qualidade de vida dos idosos, ficando dependentes em algum nível (parcial ou total) de outras pessoas, das quais, muitas vezes, são familiares que desempenham o papel de cuidadores desses velhos. Alguns entrevistados se sentem inúteis e envergonhados por não conseguirem executar as atividades domésticas (limpar a casa, lavar a louça e a roupa, cozinhar etc.) ou básicas de vida diária (banho, vestimenta, locomoção, alimentação). Esses sentimentos produzidos pela falha do corpo, contribuem para a falha subjetiva dos idosos no sentido de que se identificam na condição de sofrimento, a partir dessas limitações do corpo. A restrição física representa uma ferida narcísica, quebrando a ideia de imortalidade e de onipotência do sujeito.

Frente às restrições físicas o idoso pode demarcar o narcisismo, apresentando o empobrecimento da libido, podendo acarretar em depressão vivida de forma dolorosa ou em melancolia por meio de rupturas de vínculos e vazio do Eu, manifestando ressentimento e culpa. O ancião pode se retrair mediante o afastamento do mundo externo. Caso ele não tenha uma rede de apoio consistente ou pela falta de reconhecimento social ou simbólico, pode se oportunizar o desenvolvimento da depressão.

As limitações não são apenas do corpo no processo de envelhecimento, mas também financeiras, como identificamos nas entrevistas a perda do trabalho. Os idosos aludiram a perda da atividade laboral em consequência do estado de saúde, da idade avançada, da pandemia e da aposentadoria, alguns idosos continuam trabalhando para complementar o benefício da aposentadoria. Descreveram a aposentadoria como fraca e insuficiente no Brasil, necessitando controlar os gastos, mas ao mesmo tempo ela é uma garantia de renda. A perda do trabalho pode ser ilustrada nas seguintes falas:

> *Não, porque agora com essa pandemia aí, nós fomos dispensados, até por causa da idade como já era aposentado federal então não havia mais possibilidade de trabalhar.* (João, 83 anos de idade)

> *Agora é mais difícil, eu lidava com mecânica, até era metido como um bom mecânico, agora não faço mais. Assim certas coisas, o tempo vai fazendo a gente deixar de lado.* (Pedro, 74 anos de idade)

> *Sou aposentado. Trabalho e vou tentar me recuperar do AVC para voltar a trabalhar né? Eu mexo com obra, construção e... hora que eu sarar esse braço aqui, aí eu vou voltar a trabalhar, mas é um servicinho pouco, né? Mas tem que trabalhar, fazer alguma coisa. O trabalho ajuda um pouquinho na renda nesse Brasil nosso é muito pouco, né? É pouquinho e tem que ganhar, ter uma rendinha... se eu fosse bem aposentado eu não ia trabalhar nesse serviço meu, né? Ia fazer outras coisas, né? É mais por causa da renda mesmo, você precisa mesmo.* (Gustavo, 68 anos de idade)

> *A vida pra frente é só Deus, eu tô nesse estado, tô aposentado, não pretendo exagerar, vou continuar a minha vida normal, né? Se eu puder trabalhar, eu vou continuar trabalhando, se não puder já tenho meu salário garantido, entendeu? Eu meu... como se fosse um seguro, né?* (Eduardo, 72 anos de idade)

A perda do trabalho por meio da aposentadoria pode sinalizar o processo de envelhecimento do sujeito, mesmo não sendo sinônimo de velhice. Os recortes das falas expõem a insuficiência da aposentadoria brasileira, precisando que muitos idosos, que conseguem exercer a atividade laboral, permaneçam trabalhando para complementar a renda familiar.

Beauvoir (2018) pontua que o idoso quando se aposenta, é retirado do seu campo profissional e pode lhe gerar o sentimento de desvalorização devido à insuficiência da renda. A autora alude que a aposentadoria deveria ser um momento da vida em que o idoso poderia fazer um bom proveito da sua liberdade (por não precisar mais trabalhar), mas ele não pode porque o dinheiro não é suficiente. Esse aspecto apontado pela filósofa está presente no trecho da fala de Augusto, quando este comunica que só continua trabalhando por necessidade, mas se tivesse uma aposentadoria suficiente estaria fazendo "outras coisas".

Em maio de 2021, foi divulgada pela Confederação Nacional de Dirigentes Lojistas (CNDL) uma pesquisa realizada com a parceria da *Offer Wise Pesquisas*, que apontou que 71% dos idosos brasileiros aposentados continuam trabalhando para complementar a renda e 40% dos idosos tem dificuldade para se inserir no mercado de trabalho. O Brasil encontra-se em penúltimo no ranking global da listagem dos melhores países para se aposentar com qualidade positiva em 2022, ou seja, o nosso país é um dos piores países para se aposentar, não ficando inferior somente em relação a Índia, que ocupou o último lugar. O Brasil ficou abaixo de muitos países da América Latina, como Chile, México e Colômbia[39], o que indica que o nosso país perde para muitos países subdesenvolvidos na aposentadoria com qualidade.

O tempo médio para usufruir da aposentadoria no mundo é entre 2 a 31 anos. Na França, os homens desfrutam da aposentadoria em média de 15 anos e as mulheres de 21 anos. Em contraposição, os sul-africanos conseguem usar apenas 2 anos para os homens e 8 anos para as mulheres. O tempo de usufruto da aposentadoria está relacionado à expectativa de vida

---

[39] Para mais, ver em: https://www.infomoney.com.br/minhas-financas/brasil-e-penultimo-pais-em-ranking-global-para-aposentadoria-com-qualidade-veja-lista/

do país. Nos Estados Unidos, por exemplo, os homens fruem do benefício por aproximadamente 10 anos e as mulheres por 14 anos, uma vez que a expectativa de vida deles é de 76 anos de idade e a das mulheres é de 81 anos de idade (Tupina, 2023).

Esse tempo de aposentado também depende da idade que se aposenta em cada país. Na Turquia, por exemplo, as mulheres podem se aposentar com 49 anos de idade e os homens com 51 anos. No caso do Brasil, o tempo médio do usufruto do benefício previdenciário é de 10 anos para homens e 22 para mulheres, mostrando que as mulheres desfrutam mais das pensões por viverem mais que os homens (Tupina, 2023). A expectativa de vida do homem brasileiro é de 73,1 anos de idade e da mulher é de 80,5 anos de idade (IBGE, 2020).

Embora a aposentadoria no Brasil tenha muitos pontos negativos e não seja considerada suficiente, ela é uma forma de segurança financeira. O levantamento da CNDL e do Serviço de Proteção ao Crédito (SPC Brasil) também mostrou que, com a crise econômica resultante da pandemia de Covid-19, ascendeu a dependência financeira das famílias brasileiras em relação à aposentadoria do idoso, demonstrando que 91% dos aposentados contribuem financeiramente para os gastos da família e 52% são os principais responsáveis pela renda familiar.

Os recortes das entrevistas e os dados de pesquisas expõem que mesmo a aposentadoria sendo muitas vezes insuficiente – pois frequentemente o idoso passa a ganhar menos do que no período em que trabalhava (Beauvoir, 2018) – ela é uma garantia financeira para muitas famílias brasileiras, ficando mais demarcada a sua seguridade no período pandêmico.

Por fim, a perda também se estende para a ausência de vontade e desejos, como pode ser exemplificada pela fala de Pedro, de 74 anos de idade, durante a entrevista: *"Eu até 8 anos atrás tinha vontade de comprar uma chácara no interior, onde eu tive uma porção de tempo. Mas agora eu não tenho mais. Não tenho mais vontade de nada"*.

A perda de vontade pode estar relacionada à questão da finitude. O relato de Pedro anuncia que essa perda se dá pela limitação do tempo, pois a construção do seu projeto desejado não condiz com o tempo de vida que lhe resta. Associamos a perda de vontade e desejo à depressão no idoso ou à melancolia, que remete a um momento em que o sujeito volta ao seu passado sem possibilidade de concertá-lo e não há projetos para o futuro, não conseguindo se reconectar com o presente (Birman, 1997).

Levamos em conta que as diferentes modalidades de perdas (entes queridos, funcionalidade, membro do corpo, desejo, trabalho etc.) e mudanças (corpo, financeiro, social, rotina etc.), acarretam lutos para o idoso. O luto é definido por Freud (1917/1996dd) como uma reação a perdas significativas, sendo um processo difícil, doloroso e que demanda tempo. Esse processo é muito particular para cada sujeito, assim, cada ancião lidará da sua maneira com as suas perdas, dependendo da sua subjetividade, da sua história de vida, dos recursos psíquicos e ambientais disponíveis, dos mecanismos de defesa e do contexto social e cultural do qual está inserido.

Alguns podem conseguir elaborar os lutos, exigindo-se o desligamento das representações dos objetos perdidos e o sacrifício do Eu, em razão da perda do "pedaço de si". Outros idosos não conseguem realizar a elaboração, podendo resolver suas perdas por via da regressão narcísica e da melancolia que podem ser expressas de distintas formas (idealização do passado, fixação em ideais, objetos ou corpo (retorno ao Eu Ideal), morte psíquica, entre outras).

A noção do idoso do seu pouco tempo de vida se enuncia na Unidade de Significado *Morte como um Futuro Próximo*. A morte é vista como um futuro próximo para os entrevistados, exibindo a onipotência divina na decisão de vida ou morte para cada pessoa. Alguns referiram desejo de morte e a associaram ao descanso, ou seja, alívio do sofrimento. Apesar de reconhecerem que tiveram momentos de alegria, relataram medo da morte, outros não têm medo de morrer e só de ficarem limitados fisicamente. A morte representa se separar da família, e pode acontecer a qualquer momento, sem aviso prévio. A noção da proximidade da morte faz com que tenhamos um aproveitamento da vida, grande exemplo é estarmos próximos das pessoas que amamos. Exemplificamos essa Unidade de Significado pelas vinhetas a seguir:

> *Viver até o dia em que Ele me chamar. E como eu comento com minha esposa, eu não vou por minha conta. Se ele não me chamar, eu não vou, vou ficando aí. [...] Eu tô na mão de Deus. Louco para ir, né, mas não que eu vá na minha conta não.* (Pedro, 74 anos de idade)

> *Essa é a minha família, pra mim é viável tudo isso, mesmo que eu tenho só mais uns 5, 6 anos de vida, mas até agora eu cumpri a minha missão.* (Gustavo, 68 anos de idade)

> *A gente vai esperar, né, até a hora que Deus marcou, é o destino da gente, para a gente conseguir descansar e descansar, mas... trabalhei bastante, também gozei bastante, assim como sofri criei meus filhos direitinho, estão tudo criado.* (José, 86 anos de idade)

> *Eu não* [medo de morrer]*, eu quero ficar bão. Se tiver que morrer, não nasci pra semente mesmo...Só agora, agora deu esse AVC, já sofri né, mas não tenho medo de morrer não, vou operar, vou operar, eu não vou ficar... Deus que me perdoe, mesma coisa que tá aleijado né?* (Augusto, 66 anos de idade)

> *Sabe viajar pra Martes que só de ida e não tem a volta? Não quero nem pensar, eu fiquei pensando que eu ia, aconteceu de amortecer meu pé né e dá outro AVC, uma dessas a gente não sabe né? Pode agravar o negócio e pode morrer né? A morte é assim né a gente não sabe, às vezes pode ser a hora.* (Gustavo, 68 anos de idade)

Ponderando que as entrevistas acontecerem em um contexto de adoecimento dos idosos, correlacionamos o padecimento à inevitável percepção da finitude, ficando mais recorrente essa noção de proximidade da morte na velhice. Quando o corpo falha, o sujeito velho se depara com a realidade do corpo biológico e ele pode começar a fazer planos de curto prazo, como aproveitar para ficar próximo das pessoas que ama, uma vez que sabe que não terá muito tempo vida. Assim, o sujeito passa a pensar mais no possível e não no ideal almejado, limitando o Eu Ideal e o Ideal de Eu para possibilitar recriar o seu próprio mito (Berlinck, 2008).

O corpo fragilizado do idoso pode mobilizá-lo a angústias primitivas que condizem com o medo da morte, da perda da sua independência e da sua autonomia (Cherix, 2015). O medo da morte é manifestado, mesmo não havendo a inscrição da morte no nosso psiquismo, a partir dessas angústias realísticas resultadas das transformações do corpo no processo de envelhecimento, que dizem respeito ao medo de castração (conflito entre o Eu e o Supereu) (Freud, 1923/1996d).

A angústia de castração é constituinte da fase fálica, todavia, ela representa o medo da separação dos órgãos sexuais (o pênis representa para o menino a união com a mãe e para a menina, por ser "castrada" representa a perda do amor materno) (Freud, 1926/1996v). É uma experiência psíquica inconsciente que se atualiza ao longo da existência do sujeito e se manifesta simbolicamente pela falta, assim, ele é esburacado por ser mortal.

A temática da morte retratada pelos entrevistados geralmente está ligada à crença religiosa. Na Unidade de Significado *Amparo Transcendental*, os idosos aludiram sobre a crença religiosa e a onipotência divina nos acontecimentos da vida e do futuro. Deus é considerado a fonte de força, salvação e conquistas, que auxilia no trabalho, na saúde, anos de vida e qualidade de vida. Deus acima de tudo, independente da religião. Aconselham a seguir uma vida dentro da Lei de Deus. Essa Unidade de Significado pode ser representada pelas sequentes vinhetas:

> *Então, viva cada dia dentro da lei de Deus, que vocês vão viver cada dia certo. É simples não é não é muito fácil se encontrar não é. Porque fazer o que Deus quer não é fácil.* (Pedro, 74 anos de idade)

> *Para mim foi alegre com a graça de Deus, que olha no trabalho eu sempre pensei em Deus, que Deus me dá força para vencer, e estou vencendo graças a Deus.* (Roberto, 88 anos de idade)

> *Eu sou religioso, né? Sou evangélico, né? Sou evangélico, tenho a bíblia tá ali na gaveta, né? Sou evangélico e sou bastante, procuro ser obediente a minha disciplina na igreja, né? Procuro ser obediente, não dá trabalho pro pastor, com a diretoria da igreja, o meu dever, né? De ser obediente, isso já faz 27 anos que sou evangélico, sabe? 27 anos que sou evangélico de uma igreja e procuro o meu perfil nunca dei trabalho pra pastor e também pra superior, né, da igreja né? Então, essa é a minha vida e pretendo ir até o fim, pretendo até cumprir minha carreira e guardar fé* (Eduardo, 72 anos de idade)

A religião pode trazer uma sensação de proteção para o ser humano, como uma compensação do seu desamparo (Pereira, 1999). Para Freud (1930/1996w), ela pode movimentar um sentimento de eternidade e de onipotência, como no narcisismo primário. A religião possui uma significação muito particular para cada sujeito, podendo ser uma fonte sublimatória, mas também pode funcionar como um mecanismo de defesa, quando o idoso se fixa de forma obsessiva nas doutrinas da igreja ou pelas identificações não mortais, como crença na alma, para não lidar com a realidade difícil do corpo frágil, da proximidade da morte e dos diversos lutos.

A Unidade de Significado *Encontro Criativo com Prazeres Atuais* apresenta atividades que os velhos consideram prazerosas, assim como o autocuidado e o sentido da vida na atualidade. Alguns alegaram gostar de cuidar da família, dos animais, das plantas, da própria alimentação e realizar atividades artesanais. O sentido da vida para alguns participantes se trata de buscar manter a família unida, enfrentando os desafios do estilo de vida atual. Acreditam que viver bem é ter amizades e um bom relacionamento com a família. Os prazeres atuais dos entrevistados podem ser mostrados nas seguintes vinhetas:

> *É, o meu fim é realmente isso aí, manter sempre a família unida. É um fator muito sério, que atualmente para se ver uma família unida está difícil. Quando a vida muito modificada e os conceitos são muito diferentes mas a gente pretende manter ela sempre unida.* (João, 83 anos de idade)

> *Viver é muito bom né? Viver é viver bem, ter amizades, boas amizades, viver bem com a família. É isso. Eu tenho isso...A gente tá aqui e depois tem os sobrinhos, tem... eu tenho um netinho, eu amo ele... viver é assim, né?* (Gustavo, 68 anos de idade)

Os participantes expuseram o prazer como cuidado de objetos, de outras pessoas e de si mesmo, evidenciando que o prazer está ligado à capacidade sublimatória mediante o encontro da satisfação, mesmo que parcial, em atividades socialmente aceitas, sublimando a pulsão de morte, ou seja, inibe o objetivo original da pulsão e investe em objetos culturais, como trabalho, esporte, hobby etc.

Compreendemos que o sujeito consegue descobrir as fontes de prazer atuais a partir das suas experiências passadas de prazer e desprazer. A introdução dessa descoberta de sentimentos (prazer e desprazer) do indivíduo se deu na sua primeira infância quando o aparelho psíquico materno ou o representante deste serviu para identificar as suas excitações pulsionais, auxiliando a regulá-las (buscando reduzir o desprazer e possibilitar a experiência de satisfação) (Birman, 2021).

A dependência do infante do aparelho psíquico materno pode ser exemplificada pela fase oral, quando as representações inconscientes da figura materna no ato de amamentar se instituíram no inconsciente do bebê, possibilitando a este estrear no seu centro simbólico a interpretação das vivências de prazer ou desprazer. Dessa maneira, quando o desprazer da fome da criança é reduzido com o auxílio do outro que oferte o alimento, pode favorecer a experiência da satisfação para o bebê, fazendo com ele busque de modo repetitivo essa satisfação primária, quando a necessidade retorna (Garcia-Roza, 1985). A forma como os pais ou seus representantes manipularam o corpo do bebê e o jeito que a criança captou esses estímulos sensoriais e psíquicos são fatores que formam a futura vida erótica do bebê, sendo esse processo singular para cada pessoa (Minerbo, 2014).

É a partir do narcisismo primário que o corpo e o sujeito se formam com o apoio do outro, pois não existe sujeito que se realiza sem o outro. Desse modo, o ser humano é constituído a partir da relação com o outro, da composição dos investimentos das imagens parentais no organismo que transformou o autoerotismo em narcisismo (Birman, 1997). No desenvolvimento do Eu, sucede-se o afastamento do narcisismo primário com o recurso do deslocamento da libido do Eu Ideal para Ideal do Eu demandado pelo externo, produzindo satisfação da realização desse ideal. Para que isso aconteça, é necessário que o narcisismo primário seja bem constituído para que o Eu possa se sentir de forma integral sem ser permanentemente ameaçado.

Precisamos do outro para encontrar o prazer, bem como esse outro nos mostra que somos faltantes, a contar com o nosso desamparo, dessa forma, sempre buscaremos de maneira ilusória o complemento de nós mesmos no outro. A experiência de vida do idoso pode ser tornar um sentido de relação com os outros (Mannoni, 1995), como meio de transmissão dos seus conhecimentos para os mais jovens ou cuidar dos seus relacionamentos que são significativos para a sua vida, como os familiares e os amigos.

A partir disso, consideramos que no envelhecimento ocorre o retorno do polimorfismo, traçando a fase pós-genital que se qualifica pelo prazer encontrado nas zonas erógenas secundárias sem os registros perversos, deixando a primazia genital, constituindo uma nova dinâmica de investimentos objetais e de relacionamentos, assim, a libido pode ser reformulada e reinvestida com criatividade (Mendonça & Souza, 2020).

O sentido da vida exposto por alguns participantes se estende para o planejamento da vida e seus desejos. Os idosos manifestaram desejos de reabilitação para adquirir mais independência, principalmente para se locomover, passar a residir na própria casa, poder comemorar o próximo aniversário, viajar, cuidar dos bens, plantar, pescar e se alimentar. Alguns expuseram o desejo de transmitirem os seus conhecimentos para outras pessoas e gerações, como ensinar atividades de artesanato e as experiências de vida, assim como criar um projeto de trabalho para beneficiar o meio ambiente. Exemplificamos os desejos e planos nas vinhetas a seguir:

> *Ver se eu vou morar na casinha, a pessoa me cuida, e vai indo melhor.* (Joana, 84 anos de idade)

> *Ah, fazer o aniversário agora em junho, né, ver se dá para fazer, né. Quando eu não faço a festinha, a filha faz.* (sic). (Maria, 112 anos de idade).

> *Eu penso em passar cuidando da minha chacrinha, plantar um feijão, plantar milho, criar uma galinha, criar porco, matar o*

bichinho e comer. Na hora que eu cansar de carpir, vou lá no rio pescar um lambarizinho, pra limpar, frita... meu plano é esse. (Augusto, 66 anos de idade).

Mas o que eu quero dizer pra você é o seguinte, o que eu aprendi o que você já ouviu eu vou passando para os meus filhos e que que meus filhos vai (sic) até e passa pros filhos deles também, né? Quero que eles passam pra geração deles, eu já tenho duas netas, como eu já falei pra você e um neto, duas netas e um neto. (sic) (Eduardo, 72 anos de idade).

Os idosos relataram os planos de vida associados às demandas atuais, por exemplo o desejo de sair da casa do filho para morar na própria casa. Os planos se caracterizam de curto prazo, evidenciando a noção da finitude dos idosos entrevistados. Os participantes mostram que continuam desejando, uma vez que o desejo não possui idade cronológica, mas este precisa ser adaptado com base na realidade do pouco tempo de vida. Assim, o ancião precisa ter criatividade diante das novas exigências pulsionais, concebendo novas interpretações dos seus desejos e das manifestações inconscientes.

6.2 O Caso de Antônio

Concedi o nome fictício de Antônio para o caso estudado. Antônio possui 86 anos de idade (atualmente), natural de Minas Gerais - MG, tem ensino médio completo, aposentado, exerceu atividade laboral ao longo da vida em construção civil e de inspetor de um colégio particular, declarou que não dispõe de uma religião específica, tem dois filhos, reside sozinho e, no mesmo terreno de sua residência, moram a filha e genro.

Antônio iniciou o acompanhamento psicológico no ambulatório de psicologia do Hospital Municipal do Idoso Zilda Arns, em outubro de 2015, veio encaminhado pela psicóloga da UTI do mesmo hospital. A esposa do paciente faleceu na UTI, dia 10 de outubro de 2015, por complicações do seu quadro clínico. Segundo as informações do paciente, a cônjuge internou onze (11) vezes no hospital por anemia crônica e descompensação da diabetes. Estavam casados há quarenta e dois (42) anos e tiveram um filho e uma filha.

No primeiro atendimento, no mesmo mês do falecimento da esposa (outubro de 2015), Antônio estava choroso, expondo pesar, tristeza e dor pela perda recente de sua companheira, relatou a crença de que ela faleceu em decurso da realização de um "feitiço" e que nos últimos trinta (30) anos de casados tinham muitos conflitos. Enfatizou que pessoas jovens como eu (psicóloga) não acreditam em "trabalhos", "feitiços" ou "macumba", entretanto, pessoas da idade dele acreditam.

No início dos atendimentos, o paciente expôs como demanda algumas vivências do luto, como tristeza, vazio, saudade e raiva, tinha a sensação de que estava indo visitar sua esposa no hospital no percurso para os atendimentos psicológicos, já que o ambulatório ficava localizado no hospital, onde a cônjuge do paciente faleceu. Verbalizou-me certo dia: *"Bom te ver para entender a situação* [morte da esposa]*"* ao constatar que a companheira não estava mais no espaço físico da instituição.

Antônio necessitou adaptar a sua vida sem a presença física da esposa. Por conseguinte, ele passou a ter que lidar com os conflitos de seus filhos, que geralmente eram mediados pela companheira, e com as tarefas domésticas, como realizar a limpeza da casa e cozinhar. A cônjuge também era a responsável pela gestão financeira da casa, logo, o paciente deixava o seu salário com ela e, posteriormente, a aposentadoria para realizar os pagamentos das contas e as compras da residência. Antes da esposa falecer, Antônio deixou o seu cartão bancário da aposentadoria com a filha para que ela ficasse responsável pela organização financeira do seu domicílio.

Antônio contou a sua história de vida. Nasceu em uma chácara no interior de Minas Gerais (MG), é o filho mais velho de nove (9) irmãos e trabalhou na roça na infância. Descreveu a mãe como trabalhadora e sem demonstração de afeto de amor e o pai como muito doente e severo. Sofria agressões físicas do pai, mas se sentia amado por ele. Afirmou que era um filho obediente e não gostava de desagradar a mãe.

Paciente narrou que conheceu sua esposa aos seus trinta e sete (37) anos de idade, ela tinha dezessete (17) anos e estava noiva de outro homem na época. Ele não havia tido relacionamentos amorosos prévios até conhecer a sua companheira, mencionando em diversos atendimentos que *"ela foi a única mulher da minha vida"*. Ela rompeu o noivado para ficar com ele. Namoraram por um período e logo se casaram. Antônio descreveu o seu casamento como bom nos primeiros onze (11) anos de relacionamento, afirmando que tinham demonstrações de afeto e carinho, todavia, nos últimos trinta (30) anos de casados, o relacionamento deixou de ser bom, pois a cônjuge era muito brava e causadora de conflitos.

O paciente acredita que o seu casamento se desestruturou em consequência de um feitiço. Explicou que a macumba foi realizada pelo ex-noivo da companheira, quando ela se encontrou com ele (ex-noivo) em uma viagem à São Paulo. Na crença de Antônio, o ex-noivo realizou um "trabalho" (feitiço) contra a ela. Desde então, acredita que a cônjuge se transformou, passando a ser agressiva verbalmente, adoeceu e faleceu sem explicação. De acordo com o paciente, os médicos não estabeleceram um diagnóstico exato para a esposa e, para ele, uma pessoa não morre apenas por anemia e diabetes.

Antônio se mudou para o estado do Paraná por conta do trabalho, exercendo a atividade laboral por muitos anos em construção civil e, posteriormente, trabalhou como inspetor de um colégio. A esposa era diarista e auxiliava na complementação da renda familiar. Diversos conflitos do casal relatados pelo paciente estavam relacionados à questão financeira. Descreveu que em seu relacionamento havia muitas discussões e desentendimentos, mas, ao mesmo tempo, era marcado por demonstrações de cuidado e de carinho um com o outro.

Após aproximadamente quatro (4) meses de atendimento, Antônio mencionou que os sentimentos de vazio e tristeza decorrentes da perda da esposa estavam amenizando. Na maioria das sessões, evidenciou o seu conflito interno pela ambivalência afetiva de amor e ódio na sua relação com a companheira. Ele afirmou ter certeza de que ela o traiu, pontuando algumas situações de desconfiança da infidelidade de sua cônjuge.

Contou que certo dia saiu mais cedo do trabalho e foi direto para casa, quando chegou na sua residência, a porta de entrada estava trancada, sendo que era comum a esposa deixar destrancada. Bateu na porta de sua morada, visto que estava sem a chave, e após um tempo quem atendeu foi um conhecido que, na época residia nos fundos da sua casa, e este informou que a esposa de Antônio não estava em casa. Paciente achou estranho, fez o movimento de entrar e viu sua cônjuge com um vestido e despenteada. Pensou naquele momento que a companheira estava de vestido por ser mais rápido de vestir caso ela estivesse nua, e estava despenteada como se estivesse deitada. Imaginou que os dois estavam na cama, tendo relação sexual, entretanto, fingiu que nada aconteceu, apesar do sentimento de ódio direcionado à esposa e ao conhecido ("traidor"), justificando que pensou no seu filho que ainda era bebê.

Antônio sempre planejou se divorciar de sua esposa, mas o que *"segurava o seu casamento"* era o filho. Nas palavras do paciente: *"Não iria aceitar outro homem cuidar do meu filho"*, preferindo suportar uma traição para não se separar do descendente. Planejou se divorciar da esposa quando o filho completasse dezoito (18) anos de idade e, quando finalmente o descendente estava próximo dos dezoito (18), a companheira engravidou novamente, nascendo uma filha.

Em uma das brigas com a esposa, Antônio chegou a verbalizar que gostaria de se divorciar e ela recusou a separação. A cônjuge o humilhava verbalmente e ele, frequentemente, mostrava-se passivo nas discussões, uma vez que tinha medo de agredi-la fisicamente. Deixou de ter relação sexual com a esposa nos últimos dez (10) anos de casados para se "vingar" de um comentário que ela fez e que ele não gostou, pois compreendeu (pelo comentário dela) que a estava violentando sexualmente e não queria fazer isso.

Após o falecimento da companheira, passou a lidar com os conflitos entre os filhos. Regularmente eles brigavam por questão financeira, como a divisão do terreno onde residiam. Na ocasião em que a esposa de Antônio faleceu, o filho e a filha moravam no mesmo terreno dele, mas em casas separadas. O paciente versou que o filho fazia uso abusivo de drogas e de álcool. Em dezembro de 2016, o filho decidiu se internar em uma clínica psiquiátrica para tratar da sua dependência, ficando internado por volta de onze (11) meses. Após alta da clínica, ele (o filho) passou a residir na região metropolitana da cidade, não retornando para casa no mesmo terreno do paciente.

Antônio teve desentendimentos com a filha em razão da questão financeira, ficando demarcado no início do ano de 2017. A filha ficou responsável pela administração financeira da casa, como foi dito anteriormente, quando o paciente deixou o seu cartão bancário da aposentadoria com ela, no período em que a esposa estava doente. Antônio referiu que faltavam alguns alimentos do seu hábito em casa, como leite e pão para tomar o café da manhã, posteriormente, o telefone foi cortado e ficou alguns dias sem luz por falta de pagamento.

A partir disso, eu questionei para o paciente o motivo de não pegar o seu cartão da aposentadoria de volta e ele me respondeu que tinha medo da filha desistir do curso técnico de enfermagem que ele estava pagando para ela, pontuando que tinha o desejo de que a filha tivesse uma formação para conseguir um bom emprego, acreditando que se pedisse o seu cartão bancário de volta ela poderia chantageá-lo com a desistência do curso. Assim, Antônio passou a coletar e vender latinhas e vendia ferros velhos que tinha na sua casa para comprar a ração do cachorro, do qual o filho pediu para cuidar enquanto estivesse internado na clínica psiquiátrica, pois a filha se recusava a comprar a ração para o cachorro do irmão (em virtude do conflito entre eles), e a ração das galinhas que o Antônio criava em seu terreno. O paciente não se importava de ficar privado de alimento, mas não admitia que faltasse mantimento para os seus animais de estimação. Desde a morte da esposa, passou a se dedicar aos cuidados das suas hortas e dos animais domésticos.

Diante da condição de privação financeira que Antônio estava sofrendo, eu fiquei incomodada com a situação e pensei em realizar uma denúncia no Disque Idoso Paraná e, após uma supervisão, decidi questionar ao paciente o que ele gostaria que fosse feito frente à situação, oferecendo uma possibilidade de lhe dar autonomia de escolha diante da situação do que se caracterizava como abuso financeiro. Antônio relatou que tinha consciência de que estava sofrendo violência e que tinha *"motivos suficientes para colocar a filha na cadeia"*, mas não desejava fazer isso com ela, frisando que a sua decisão era passar pelas dificuldades financeiras até a filha terminar o curso técnico e que solicitaria o seu cartão bancário de volta. Decidi respeitar a escolha que o paciente estava fazendo.

Após a formatura da filha, Antônio não solicitou o seu cartão bancário da aposentadoria de volta, justificando que estava aguardando a filha adquirir um emprego. Em setembro de 2017, o paciente retomou o seu cartão. Nesse período, expressou expectativa de colocar suas contas em dia, pagar um plano funerário, recolocar a linha telefônica em sua residência e viajar para visitar seus familiares nos estados de São Paulo e Minas Gerais. Demonstra uma melhora na sua qualidade de vida após readquirir o dinheiro da sua aposentadoria, dado que passou a pagar suas contas e atender às suas necessidades.

No início de 2018, Antônio manifestou pela primeira vez que gostaria de constituir um novo relacionamento amoroso, afirmando que sentia *"falta de uma companheira"*, já que não tinha o apoio de seus filhos e se sentia muito sozinho. Entretanto, expôs a reflexão de que não tinha coragem de constituir um novo relacionamento, em virtude dos traumas psicológicos que sofreu na convivência com a esposa, destacando que sofreu muito em seu casamento.

Antônio apresentava em seu discurso a marca da ambivalência afetiva de amor e ódio que tinha na relação com a cônjuge, expondo a reflexão de que precisava esclarecer algumas situações do passado para se libertar. Verbalizou em algumas sessões a vontade de realizar vingança da traição da esposa, referindo que gostaria de procurar "o conhecido", com o qual ela o teria traído, e pontuou o desejo de matá-lo. Em uma das sessões, em dezembro de 2019, o paciente relatou que sua "ficha caiu" somente após o falecimento da esposa de que estava sofrendo maus-tratos da companheira.

Acompanhei este caso durante quatro (4) anos no ambulatório do hospital, constituindo aproximadamente 100 sessões no total. Em decorrência da pandemia da Covid-19, os atendimentos ambulatoriais foram suspensos a partir de 2020. Dessa forma, tentei entrar em contato com o paciente por telefone, mas não tive sucesso. Em julho de 2020, consegui falar com o Antônio por telefone. Contou que estava construindo uma quitinete no fundo da sua casa, e que inicialmente planejou fazer essa construção para o filho residir, mas mudou de ideia, pois ele decidiu morar na quitinete, ficando assim mais afastado da filha. Paciente alegou em algumas sessões o receio da filha e o genro tentarem declarar que ele seria incapaz de administrar o seu próprio dinheiro, acreditando que, ao realizar o acompanhamento no ambulatório, era uma forma de se assegurar, a partir da minha avaliação, sua capacidade e autonomia para gerir a própria vida.

No início de 2021, consegui um novo contato por telefone com o Antônio e este informou que seu filho havia falecido no final do ano de 2020. Mencionou que lhe informaram que ele faleceu por consequência de um câncer, mas não acreditou nesse dado, expondo como hipótese de que seu filho foi morto por assassinato. Antônio acredita que o filho tinha retornado ao uso abusivo de álcool e drogas e que, por resultado desse modo de vida, acabou sofrendo homicídio. Apesar da tragédia, ele afirmou que não estava triste com o falecimento do descendente, pontuando que sentiria mais pela morte dos seus cachorros do que pela morte do filho.

Tive mais um contato com o Antônio, em outubro de 2021, o paciente conta novamente sobre o seu relacionamento conflituoso que tinha com esposa, mostrando de forma repetitiva os conteúdos trazidos ao longo do acompanhamento psicológico.

Após a aprovação da emenda do projeto de pesquisa, em fevereiro de 2023, entrei em contato com o Antônio e expliquei o projeto de pesquisa e a proposta de retomar o acompanhamento psicológico na modalidade on-line. Antônio expressou interesse em realizar o tratamento, justificando que estava se sentindo muito deprimido. Comentou que tinha dificuldade para falar ao telefone (Antônio não possui celular, apenas telefone fixo), mas estava disposto participar da pesquisa.

Com isso, fui à casa dele para explicar mais uma vez a pesquisa e para ele assinar o Termo de Consentimento Livre e Esclarecido (TCLE), conforme estava estabelecido no projeto de pesquisa. Em virtude do período pandêmico e por se tratar de uma pesquisa com o público considerado de risco para complicações da doença da Covid-19, ficou determinado que eu iria até a residência do participante, sendo este preferencialmente vacinado contra a Covid-19, para apresentar o TCLE para ser lido e assinado.

Antônio me deu autorização para utilizar os dados dos atendimentos psicológicos anteriores, no período do ambulatório, na pesquisa, como expus inicialmente. A partir dos atendimentos por telefone, o paciente trouxe algumas queixas atuais que são descritas a seguir.

Antônio pontua que está mais limitado fisicamente, afirmando que não possui a mesma disposição de antes, apresenta muitas dores no corpo e artrose. Gostaria de visitar sua irmã no Estado de Minas Gerais, mas afirmou que não há mais condições físicas para fazer uma viagem de ônibus de longa distância. Tem receio de ter um "branco", contando que há 20 anos, quando a esposa era viva, teve um episódio de dissociação, ficando andando pelo quintal de sua casa enquanto falava coisas sem sentido, almoçou e só retornou a sua consciência após tirar um cochilo à tarde. No dia a dia, quase não sai de casa, mas continua cuidando da horta e dos animais.

Ademais, denomina-se de "trabalhador derrotado" ao aludir que não foi capaz de criar os filhos para o mundo da forma que idealizou, referindo que o filho era dependente de drogas e faleceu por conta de um envolvimento com questões ilegais; e descobriu por conhecidos que moram em seu bairro que a filha e o genro também estão fazendo uso de drogas. Genro e filha ficaram desempregados por alguns meses de 2023 e, nesse período, pediram dinheiro e o cartão do banco de Antônio emprestados.

Na época que a filha estava desempregada, Antônio fez um empréstimo no banco para a descendente e mesmo assim ela havia pegado o seu cartão bancário da aposentadoria e gastado mais. Paciente discorreu que estava endividado, sua aposentadoria reduziu significativamente por conta dos descontos e dos juros dos empréstimos e já não conseguia pagar o Imposto Predial e Territorial Urbano (IPTU) dos dois imóveis que possui. Expôs a percepção de que essa situação era um *caso de polícia*, mas preferia morrer do que ver a filha na cadeia, justificando que não existiam casos de criminalidade na família.

Paciente compara a criação dos seus filhos a dos filhos da irmã (sobrinhos), inaugurando a hipótese de que o cuidado se inicia desde a gestação da mulher. Refere que os seus sobrinhos são *"pessoas de bem"* (que, na sua percepção, são indivíduos com uma profissão reconhecida socialmente), explicando que um sobrinho é um médico cirurgião, outro é professor universitário e outro é policial. Eles dão dinheiro para a mãe (irmã de Antônio), apesar desta ter uma aposentadoria. Já os seus filhos, um faleceu jovem e a outra tira o seu dinheiro. Conclui que nesta vida aprendeu a sofrer. Acha que, quando falecer, sua casa será trocada por drogas. Salienta também que, quando morrer, gostaria de deixar saudade, mas acha que isso não acontecerá.

Antônio, diante desses problemas, expressou sentimento de desilusão, abordando que: *"não consigo ver uma luz no fim do túnel, só escuridão"*, evidenciando uma dificuldade de resolução dos seus conflitos familiares e financeiros. Afirmou que tem o desejo de constituir um novo relacionamento amoroso, mas não possui condições psíquicas e físicas para assumir um, justificando que sua relação com esposa foi traumática e, para a sua concepção, um relacionamento envolve sexo e referiu que perdeu muito a sua potência sexual. Embora tivesse uma relação difícil com a esposa, menciona que sente saudade dela e que tem sonhado com ela.

Antônio tem cuidado da sua saúde. Realiza acompanhamento com uma geriatra do Sistema Único de Saúde (SUS), a qual solicitou diversos exames. Paciente vai às consultas e aos exames sozinho, evidenciando uma independência e uma autonomia física.

Sete meses após o reinício do acompanhamento psicológico do paciente, na modalidade remota, Antônio versa que está conseguindo finalmente enxergar uma *"luz no fim do túnel"*, porque o genro resolveu iniciar tratamento psiquiátrico pelo uso abusivo de drogas. Filha e genro conseguiram um emprego em uma faculdade particular do município e eles têm possibilidade de realizar um curso de nível superior de forma gratuita por serem funcionários da instituição. Além disso, paciente encontra uma solução para as suas dívidas ao bloquear o cartão de crédito e pagar as dívidas com o dinheiro que tinha guardado na poupança, apesar de ficar sem reserva financeira, não possui mais dívidas. Recebeu a visita da irmã de Minas Gerais e do sobrinho e tiveram a oportunidade de viajarem juntos para visitar uma outra irmã que reside no interior do estado do Paraná.

6.2.1 Construção do Caso de Antônio

Considerando a forma subjetiva e de sofrimento de Antônio, realizei algumas reputações breves sobre este caso, para as quais tomei como embasamento principalmente a obra *Neurose e Não-Neurose* (Minerbo, 2014) e alguns conceitos freudianos. A partir das concepções teóricas dos processos psíquicos de base, dos elementos e das instâncias constitutivas do aparelho psíquico da neurose e da não neurose, propus que o caso de Antônio se aproxima da organização psíquica neurótica, levando em conta as variadas características manifestadas pelo paciente que demarcam esse quadro clínico específico, como a ambivalência afetiva, o recalcamento, a angústia de castração etc.

Antônio apresenta como característica a capacidade de pensar (racionalidade), no sentido de que ele demonstra nos atendimentos um discurso bem elaborado e uma lógica consensual. O paciente evidencia um funcionamento psíquico regido principalmente pelo princípio de realidade (adia a satisfação, perpassando de forma temporária pelo desprazer como um meio para obter o prazer) (Freud, 1920/1996i), haja vista conseguir realizar uma delimitação entre o seu desejo e a realidade externa.

O planejamento de Antônio de se divorciar da esposa quando o filho completasse 18 anos e o período de dificuldade financeira que ele vivenciou quando deixou a filha como responsável pela gestão financeira da casa podem ser exemplos de funcionamento do princípio de realidade. Ele posterga o rompimento do relacionamento ruim com a cônjuge e delonga a retomada da sua aposentadoria somente quando a filha terminasse o curso técnico e adquirisse um emprego, renunciando seu bem-estar para beneficiar as pessoas que ama. Acrescenta-se a isso o traço masoquista do paciente de tolerar um relacionamento abusivo e preferir "passar fome" do que dizer "não" para a filha, sujeitando-se a uma violência verbal e ao abuso financeiro. Retomamos esse aspecto masoquista posteriormente.

Compreendo que o paciente iniciou o acompanhamento psicológico em um momento crítico de sua vida, decorrente da morte da esposa. Demonstrou vivências comuns do luto pelo falecimento da companheira, como tristeza, vazio, raiva etc. O luto, de acordo com Freud (1917/1996dd), é a reação à perda do objeto amado, geralmente a morte de um ente querido, mas também pertence à uma perda simbólica, como o rompimento de laços afetivos ou a fragmentação de representações significativas que ocupam o lugar de objeto. O paciente, além de perder a esposa, também perderia o filho, posteriormente.

No período de luto pela perda da cônjuge, Antônio tinha a sensação de que estava indo visitá-la no hospital no percurso para os atendimentos psicológicos, evidenciando a expectativa de reencontrá-la. Essa expectativa é aludida por Allouch (2004), ao afirmar que uma das características comumente expressa por aqueles que perderam recentemente um ente querido, isto é, a expectativa de reencontrar a pessoa na rua, em casa ou em qualquer outro lugar. Inicialmente, o enlutado considera o objeto um desaparecido que pode reaparecer em qualquer lugar e hora. Isso torna impossível aceitar a perda do objeto. A experiência subjetiva não permite realizar a prova da realidade da morte, e o sujeito não consegue acreditar no que aconteceu.

Entendo que essa reação de negação da morte da esposa era parte do processo de luto, não fixando esse mecanismo de defesa por tempo prolongado no caso de Antônio. Além disso, considero que quando o paciente dizia *"Bom te ver para entender a situação"*, era como se eu funcionasse como um "teste de realidade" da morte da companheira, parte constituinte do processo normal do luto.

O paciente, diante das demandas apresentadas após a morte da esposa, compreendeu a necessidade de adequar a sua rotina sem a presença dela, assumindo os papéis que eram desempenhados pela cônjuge, seja ao lidar com os conflitos dos filhos ou assumir as atividades que antes eram desenvolvidas pela companheira no domicílio, como limpar a casa, cozinhar, pagar as contas etc. Além do mais, o paciente se dedicava aos cuidados da sua horta e dos animais domésticos como uma forma de lazer. Nesse contexto, há indicativos de que Antônio possui uma capacidade sublimatória, já que aparentemente consegue investir nas atividades domésticas de modo prazeroso, mesmo passando por uma experiência dolorosa de perda.

Antônio evidencia a característica da ambivalência afetiva amor-ódio na relação com a esposa e certo controle, por exemplo, deixar de ter relação sexual com ela nos últimos dez anos de casados. Por meio desses dados, pode-se articular o lugar e a função do objeto na economia libidinal de Antônio: a esposa é seu objeto erótico e o papel dela na economia libidinal pode ser associado à fase anal da evolução da libido, ocorrendo o ponto de fixação nesse período, o qual se caracteriza pela erotização que se encontra no ânus e a satisfação está vinculada ao controle dos esfíncteres, que determina uma relação objetal ativa ou passiva – traços da gratificação anal.

Sob essa perspectiva, a pulsão na subjetividade neurótica é regredida para algum ponto de fixação da sexualidade infantil, na medida em que a potencialidade da angústia de castração impede o investimento pulsional nos objetos edipianos – bloqueio edipiano (Minerbo, 2014), impossibilitando a superação do Édipo. Assim, no caso de Antônio, entendo que o ponto de fixação está na fase anal e apresenta o recalcamento da agressividade ou do ódio proveniente dessa fixação.

Nesse contexto do *complexo de Édipo*, hipotetizei que o fato de o paciente constituir um relacionamento amoroso apenas aos 37 anos de idade e se casar com uma pessoa vinte anos mais nova está relacionado à fantasia de incesto. O pai edipiano se casa com a filha como uma forma de realização de desejo inconsciente incestuoso. A partir disso, conjectura-se que o Antônio exprime uma culpa inconsciente da realização desse desejo, colocando-o em uma posição de merecedor de punição (ele é "punido" pelo pai, pela esposa e pelos filhos).

A representação do pai do Antônio, que o "punia" na infância por meio de agressões físicas, é aquele que proíbe e pune severamente o desejo incestuoso, sendo a figura principal da fantasia da castração que origina a neurose obsessiva. Para a criança neurótica: "Tenho medo da Lei, mas não deixe de lembrá-la a mim ininterruptamente; peço-lhe que me dê ordens, me proíba e, se preciso for, me castigue" (Nasio, 1991, p. 90).

Segundo isso, correlaciono a suposta fixação na fase anal de Antônio com a neurose obsessiva, dado que o paciente apresenta a ênfase da ambivalência nas relações objetais, como, por exemplo, a polaridade amor e ódio nos relacionamentos com a esposa e filhos e a adequação da sua vida às normas e regras sociais (pagar as contas em dia e ter uma vida regrada), demarcando assim a castração, bem como um Ideal de Eu fortalecido, entre outras características.

Associa-se a característica masoquista (passividade) de Antônio à essa fase de fixação do desenvolvimento da sexualidade infantil mediante a suposta violência verbal que sofria da esposa e a financeira na relação com a filha, como mencionei anteriormente. Considero que o momento em que eu sugiro ao paciente tomar uma decisão frente às possíveis vivências de violência financeira que ele estava sofrendo, foi uma maneira de lhe dar autonomia, sair da posição passiva e assumir a responsabilidade da sua escolha.

O aspecto do recalcamento do afeto de ódio e da agressividade aparece na relação de Antônio com a esposa, principalmente a partir da suspeita da traição desta, bem como o ódio passa a ser direcionado ao "traidor" e ao desejo do paciente de matá-lo, além de demonstrar o desejo de agredir fisicamente a esposa nos momentos de discussões.

Outra característica da neurose obsessiva do caso estudado pode ser associada à condição do trabalho de luto posterior. O desejo do paciente de se vingar do suposto amante pode constituir um sentido de ação, haja vista que ele fica remoendo a fantasia sem nunca fazer a prova da realidade enquanto estava com a esposa. Destarte, existe um gozo nessa fantasia. Esta foi cuidadosamente mantida durante anos, a qual sustenta também o motivo da esposa ser cruel com ele e Antônio, por sua vez, no seu papel passivo, de agredido e de bom 'filho' que tudo suporta. A partir disso, levei em conta que há uma relação com a história de vida do paciente que precisa ser recuperada.

Mais um traço da neurose obsessiva sinalizado no paciente é a projeção da fantasia da ideia de feitiço realizado pelo outro maligno (no caso o ex-noivo da esposa), como uma forma de negar o desejo feminino da sexualidade e o desejo da morte da esposa. A crença em feitiço ("encantamento") de Antônio pode ser uma forma de deslocamento da sua pulsão agressiva para não lidar com a traição da mulher; por exemplo, resultando no encobrimento da pulsão agressiva. Desconsiderei a ideia de feitiço como uma formação de delírio psicótico neste caso estudado.

O delírio é uma invenção psíquica de um sentido para a experiência emocional que não pertence às significações culturais. Assim, o delírio possui uma "natureza" de discordância simbólica, aproximando-se das subjetividades não neuróticas (Minerbo, 2014). Por considerar a história de vida e a subjetividade neurótica do paciente, sendo que esta exibe uma função realitária bem estabelecida; e a angústia de castração como função estruturante de seu psiquismo, presumi que a ideia de feitiço se aproximava mais do mecanismo de defesa de projeção e deslocamento do neurótico obsessivo, do que de uma formação de delírio.

É possível relacionar a ideia de feitiço apresentada por Antônio ao aspecto do "estranho" nos casos de neuroses obsessivas, por exemplo, a superstição do medo do mau-olhado, que para o paciente, o "mau-olhado" foi gerado pelo ex-noivo da esposa. O paciente possui medo da inveja do ex-noivo (já que Antônio "roubou a sua noiva"), posto que projetou nele a inveja que teria sentido no seu lugar. "Assim, o que é temido é uma intenção secreta de fazer o mal, e determinados sinais são interpretados como se aquela intenção tivesse o poder necessário às suas ordens" (Freud, 1919/1996cc, p. 257), constituindo a ideia de onipotência do pensamento.

Para Freud, o elemento que amedronta o sujeito expõe alguma coisa recalcada que retorna. Esse elemento assustador resulta então o estranho, que provoca medo e horror por não ser conhecido e nem familiar. O estranho se refere à dinâmica do inconsciente e o conteúdo recalcado do paciente que retorna na forma de superstição é da ordem da pulsão de morte.

Esse movimento de deslocamento da pulsão agressiva também aparece quando o paciente afirma que não está triste pela morte do filho. Presumi que o desligamento dos filhos (não sentir tristeza pela morte do filho e se mudar para a quitinete para se afastar da filha) seria uma forma de Antônio se proteger, uma vez que quando ele investe nos objetos, ou seja, quando ama, é maltratado. Afinal, ficamos desprotegidos quando amamos. Nesse sentido, os animais não lhe causam frustrações, podendo justificar a relevância dos bichos para o paciente.

Associei a posição subjetiva atual do paciente (neurótico obsessivo) de se colocar em uma posição passiva e de sofredor a alguns pontos da história de vida de Antônio, com a sua relação com a mãe e o pai. A mãe não demonstrava afeto e o pai era muito severo. O paciente expressava necessidade de reconhecimento da mãe pela obediência e tinha um pai punidor que o agredia fisicamente, apesar de admitir que ele o amava. Além disso, articulei a característica da mãe trabalhadora ao fato de o paciente trabalhar ao longo da vida; e a condição do pai doente com a esposa do paciente que tinha doenças crônicas. Com base nisso, pude conjecturar que a identificação do paciente era com a mãe e se relaciona com objeto de amor do modelo do pai (doente e punidor).

Outro ponto que correlacionei à posição subjetiva do paciente é o fato do paciente deixar o seu dinheiro do salário e da aposentadoria com a esposa e, posteriormente, com a filha, retirando a sua autonomia de gerir o próprio dinheiro. Mais um ponto é a abstinência sexual com a esposa nos últimos dez anos de casados, evidenciando inibição sexual e favorecendo a substituição pela fantasia sadomasoquista (desejo de se vingar do suposto traidor posteriormente).

Ao longo do acompanhamento do caso de Antônio, tive a impressão de que o paciente se mantinha fixado ao seu passado, principalmente na relação com a esposa, expondo pensamentos obsessivos ligados ao período em que estava casado. A partir disso, admiti duas hipóteses. A primeira, de que era uma forma do paciente manter a esposa viva na sua realidade psíquica, apesar de ele ter a função realitária bem estabelecida, visto que apresenta a percepção de que a companheira não está mais presente no mundo externo, assim o processo de desligamento da libido de Antônio em relação à esposa encontra-se em curso. Essa fixação ao passado pelo paciente também pode se aproximar de uma posição depressiva de Antônio, um modo de revisitar o seu passado para tentar corrigi-lo. Apesar disso, Antônio efetua projetos para o futuro, enaltecendo o desejo de constituir um novo relacionamento. Embora tenha medo de sofrer novamente, como sofreu em seu casamento, ao mesmo tempo deseja um novo objeto de amor.

A segunda hipótese se traduz numa forma de regressão narcísica do paciente, como uma das saídas diante das perdas de objetos de amor (por falecimento ou por não ser correspondido à sua exigência de amor), ameaça de morte e frustrações do processo de envelhecimento. Acredito que a hipótese da regressão narcísica do paciente pode se tratar de um mecanismo de defesa frente à realidade frustrante da perda da esposa e da aproximação da morte, contudo, ele não deu indícios de uma saída melancólica como resolução das suas perdas, dos seus lutos e da ameaça de castração (medo da morte), por não evidenciar uma perda existencial e uma dificuldade para aceitar a perda da esposa, tal como não demonstrou idealizar o seu relacionamento com a esposa e com a mãe, assim como não indicou sinais de autorrecriminação, tidos como traços comuns da melancolia.

Com relação aos aspectos transferenciais (desejos inconscientes que se atualizam) e contratransferenciais (reações inconscientes da analista ao analisando), considero que tanto o paciente quanto eu apresentávamos uma transferência e uma contratransferência positivas. Antônio mencionava que eu o tratava como um rei. O nosso vínculo pode ter se constituído como função para ele na retificação do modo como se sentia tratado pelos pais e pela esposa.

Após a retomada dos atendimentos de Antônio, percebi que o paciente estava mais debilitado por estar deprimido e mais limitado fisicamente, embora ele apresentasse uma autonomia física para ir aos médicos e para realizar exames. Deduzi que o falecimento do filho, a decepção com as atitudes e os comportamentos da filha e até mesmo a percepção de um corpo mais frágil estavam associados à essa "debilidade" do paciente. Ele indica conseguir delimitar o que é da ordem do seu desejo, como vontade de ter um novo relacionamento amoroso, e o que é da ordem da realidade do corpo, dado que compreende a sua limitação corporal que se torna um empecilho para constituir um novo relacionamento.

Além disso, denotou a noção da proximidade da morte ao me questionar qual será o fim da sua casa e que memória deixará com a sua ausência, quando morrer, apresentando o desejo de deixar saudade para as pessoas, ou seja, desejo de construir a sua história e sua memória. Apesar do corpo estar mais frágil, ele continua realizando as atividades domésticas.

Conjecturei que o caso de Antônio, por se tratar de um idoso de 86 anos de idade, não apresentou características que demarcassem a idade avançada durante o período de acompanhamento ambulatorial, indicando a inexistência de um envelhecimento subjetivo. O paciente dava sinais de que se sentia jovem, apesar de expor a noção de um tempo limitado de vida. Correlacionei esse sentimento de ser jovem do paciente com o conceito de envelhescência, termo criado por Berlinck (2008). A envelhescência é entendida como um desencontro entre o inconsciente atemporal e o corpo no tempo cronológico, em outras palavras, trata-se de um encontro da alma sem idade com o corpo que envelhece. O autor salienta que a envelhescência é diferente de envelhecer, a qual se apresenta como um período da vida que é desprezível pela cultura ocidental e se diferencia do preconceito e do estigma social. A partir disso, ponderei que Antônio é um envelhescente por demonstrar uma adaptação do seu corpo nessa cultura sem criar espaço para uma crítica social destrutiva, evidenciando uma experiência e uma habilidade de pensar em prol da vida.

Contudo, após a retomada do acompanhamento psicológico na modalidade remota, o paciente expôs algumas marcas do envelhecimento, possivelmente pelo reconhecimento de um corpo mais frágil. Será que o paciente, mesmo sendo envelhescente, está passando pela velhice ou conforme o avançar da idade a limitação do corpo aparece como uma condição inata desse processo? Possivelmente, ele está passando pelos dois processos. Antônio entende a sua limitação do corpo ao referir a dificuldade de realizar longas viagens (como visitar a irmã em Minas Gerais) e de sair de casa. O seu corpo já não corresponde ao seu meio de desejo, uma vez que percebe que gostaria de se casar novamente, mas não possui condições corporais (perda da potência sexual), financeiras (por estar endividado) e psíquicas (por medo de sofrer novamente).

O caso de Antônio me mostrou que é possível realizar uma clínica psicanalítica com idosos no hospital, uma vez que Freud (1904/1996aa; 1905/1996l) se mostrava descrente em relação a essa possibilidade. O paciente apresentou que a pulsão e a libido não envelhecem, contudo, com a fragilidade do corpo, com as perdas de entes queridos, com a perda da potência sexual etc. exigem uma atualização da dinâmica pulsional e da libido de Antônio, demandando uma reformulação das interpretações dos seus desejos e das suas manifestações inconscientes. Outro fator é que, apesar de Ferenczi (1919/2011a) afirmar que na velhice pode ocorrer o declínio da capacidade sublimatória, o paciente do caso estudo não apresentou essa característica.

Na compreensão psicodinâmica de Antônio, entendemos que o paciente expressa uma subjetividade com características neuróticas obsessivas, sendo a marca do conflito entre o Id e o Supereu. Associei esse conflito aos aspectos subjetivos do paciente, como o possível desejo inconsciente de "violentar" a companheira e a vontade de matar o amante da esposa, expondo o mecanismo de defesa de formação reativa ao agir de maneira contrária ao seu desejo pulsional, ou seja, ao contrário de brigar com a esposa, mostrava-se amoroso e muitas vezes passivo para não a agredir.

Conforme o processo de envelhecimento do paciente, principalmente a partir da retomada do atendimento na modalidade remota, interpretei que, embora mantivesse sua subjetividade neurótica, houve uma certa modificação da dinâmica das instâncias psíquicas de Antônio, sobressaindo um reposicionamento de sua subjetividade com traços da depressão, sendo uma possível defesa pela regressão causada pela angústia de separação (intensa ambivalência afetiva em relação ao objeto), ficando em uma posição depressiva, que pode ocorrer de forma temporária.

Tomei como hipótese que o conflito do paciente passou a ser principalmente entre o Ideal do Eu, Id e realidade. Quando o paciente realiza uma comparação entre os filhos da irmã e os seus filhos, demonstra um desapontamento e uma insatisfação por não ter conseguido, como pai, proporcionar uma vida melhor para os descendentes, evidenciando uma quebra do seu Ideal do Eu, de um pai ideal. Paciente expressa decepção em relação à filha, posto que idealizava uma filha com uma carreira profissional bem-sucedida e tristeza pela perda do filho. Além disso, tem o fato de Antônio entender que deseja constituir um novo relacionamento amoroso, mas não consegue pela sua limitação corporal e pelo pouco tempo de vida.

Por fim, considero que alguns aspectos do modo de funcionamento psíquico neurótico de Antônio podem ter sido manifestados a partir da perda da companheira. Suponho, porém, que muitos traços subjetivos já se apresentavam no paciente. Outros, no entanto, surgiram após a experiência dolorosa da perda da esposa, resultando na potencialização da expressão do ódio, fixação no passado, ambivalência, entre outros.

7

CONSIDERAÇÕES FINAIS

> *Que possamos atingir uma psicanálise ampliada,*
> *um pensamento clínico mais crítico,*
> *uma escuta inclusiva e produção de saber democrática,*
> *seja qual for o lugar de fala do que estejamos partindo.*
>
> (Zago)

Com base nos objetivos desta pesquisa, analisamos algumas vivências de envelhecer em idosos atravessados pelo adoecimento no contexto hospitalar. Apesar das entrevistas não serem realizadas com o método psicanalítico de livre associação, encontramos resultados generalizáveis válidos acerca das vivências de envelhecimento que se somam ao campo da psicanálise. A partir da construção do caso deste estudo, deparamo-nos com essas vivências de modo singular a partir da leitura psicanalítica.

Notamos, pelos discursos dos participantes, que a vivência de envelhecer ocorre geralmente a partir do adoecimento ou das alterações corporais, da imagem ou das perdas reais ou simbólicas que fazem parte do processo de envelhecimento. Ou seja, essas mudanças comunicam para o idoso a passagem do tempo cronológico, podendo ocorrer a inscrição psíquica do envelhecimento.

Faz-se importante explanar a definição de adoecimento, patologia ou anormalidade, pois o entendimento de saúde e doença é relativo em decorrência dos diferentes aspectos envolvidos, como o contexto social, cultural, experiência de vida, percepção subjetiva de cada indivíduo em relação ao seu processo de envelhecer etc. No nosso contexto ocidental, a compreensão de doença está associada a desajustes de ordem biológica no funcionamento do organismo. Essa noção é derivada da influência do modelo biomédico de saúde. Acrescenta-se a isso uma normatização social do padrão de beleza e uma valorização da juventude na nossa sociedade, fazendo com que o envelhecimento seja negado e seja motivo de várias intervenções (cirurgias plásticas, procedimentos estéticos e de beleza), as quais atuam como um modo de "tratar" o envelhecimento, podendo resultar na medicalização da velhice.

Com base na noção de normatividade[40] de Canguilhem (2009), assimilamos que o idoso pode criar suas próprias normas de vida conforme sua singularidade e adaptação em consonância com os seus limites e possibilidades. Dessa forma, muitos velhos que possuem doenças crônicas (diabetes, hipertensão arterial, insuficiência cardíaca etc.) e que apresentam determinadas limitações físicas seriam considerados doentes para o padrão da fisiologia, mas esses idosos podem não se sentir doentes e se considerarem saudáveis, criando uma nova ordem vital, ou seja, ultrapassando as normas sociais que definem o normal. De outro modo, idosos que possuem "parâmetros normais" da fisiologia podem se julgar doentes (Martins et al., 2021). Portanto, a noção de saúde e doença pode ser estabelecida pela própria pessoa, mas esta pode sofrer influência da normatividade social e da cultura em que está inserida.

Apoiado nisso, percebemos, com base nos depoimentos das entrevistas, que muitos idosos se identificaram com o padrão de doença da medicina (doença orgânica) e com o padrão de velhice da sociedade e da cultura (fragilidade, incapacidade e fora do padrão de beleza). A partir disso, notamos que o psiquismo desses anciões não conseguiu criar novas normas a partir do corpo envelhecido e de sua imagem, logo, o Ideal de Eu não elaborou novas normas, anunciando um Eu fragilizado e desamparo. Diante disso, a crença religiosa se mostrou profícua para muitos anciões entrevistados, como um recurso simbólico de aplacamento parcial do desamparo por conceder uma sensação de proteção.

Apesar de Mucida (2018) comunicar que não existe o envelhecimento do sujeito e Goldenberg (2021) versar a existência da *bela velhice*, acreditamos que quando o envelhecer é atravessado pelo adoecimento, o inconsciente, mesmo desconhecendo a passagem do tempo cronológico e da morte, será afetado. O inconsciente é considerado atemporal em relação ao tempo progressivo da consciência, mas possui uma lógica própria. Portanto, ele pode ser atualizado de maneira descontínua e súbita por meio de atualizações de alguns materiais, relações e dinâmicas, surgindo uma espécie de ação materializada. Com base nisso, vimos que o Eu do sujeito, ao subjetivar o adoecimento, é impactado pela fragilidade do corpo e pela percepção da finitude, sendo o psiquismo convocado a um trabalho de luto. Pode muitas vezes haver resistências psíquicas diante de perdas significativas e da ameaça de morte, exigindo do psiquismo uma atualização do narcisismo

---

[40] Para Canguilhem (2009), o conceito de normal está articulado à norma.

e da dinâmica da libido. Posto isso, o indivíduo enfermo pode ficar mais abatido e até mesmo menos desejante, visto o corpo em transformação gerar mudanças nas intensidades dos afetos, das pulsões e dos desejos, embora não seja possível mensurá-los quantitativamente. Assim, levamos em conta que nessa conjectura do padecimento não é *belo envelhecer*.

A partir da consideração de que o envelhecimento impacta o inconsciente principalmente com o adoecimento, é validada a nossa ideia do significado da palavra *atravessado* que empregamos no título deste livro, em razão de o sujeito ser atravessado pelo inconsciente. Assim, a enfermidade possui um âmago psíquico com marcas do inconsciente, afetando o sujeito da psicanálise.

É importante advertir que, para responder sobre as vivências de envelhecer estabelecidas como objetivo geral desta pesquisa, obtivemos uma abrangência limitada pela circunstância da coleta de dados ter ocorrido em um hospital público durante um contexto de pandemia sanitária. Percebemos essa característica do nosso estudo ao lermos outros trabalhos – como as pesquisas de Goldenberg (2021) – e notar que o público desta autora era o velho, em sua maioria com ensino superior (médico, professor, jornalista, sociólogo, engenheiro, psicólogo etc.), e com bom estado de saúde, distinguindo-se do nosso perfil de idosos. Pressupomos que o envelhecimento nas classes sociais mais favorecidas e sem a inscrição do adoecimento pode se caracterizar como uma "bela velhice", como se refere a autora, mas infelizmente grande parte dos idosos brasileiros não está inserida nessa realidade de estudo de Goldenberg.

A vivência do adoecimento foi associada por alguns idosos à desvalorização, denotando uma perda de valor resultante das sequelas da enfermidade, como a limitação física e a perda de autonomia em razão da dependência parcial ou total de terceiros para realizar atividades básicas ou instrumentais da vida diária. Diante disso, notamos que muitos anciões adoecidos não conseguem aceitar sua limitação física, identificando-se com o sofrimento que lhes é apresentado por não elaborarem psiquicamente as perdas acarretadas pelas falhas do corpo real. Essa desvalorização pode ser uma espécie de autopreconceito, *veijismo*, que se caracteriza pela identificação do idoso com os Ideais de Eu jovem perante os valores sociais da contemporaneidade neoliberalista: assim o Ideal de Eu se desencontra do corpo em transformação, marcado pela fragilidade.

Relacionamos o modo de vivenciar o envelhecimento ao enquadramento do neoliberalismo, em que não há lugar para o velho. O idoso pode se sentir fracassado, improdutivo, feio e impotente por não ser mais capaz de responder aos valores empresariais que colocam todos como empresários de si mesmos. O neoliberalismo produz um sujeito de competição, buscando ao máximo seus resultados. Nessa lógica, há uma crença de bem-estar material, posição de realização pessoal e sucesso para o comércio (Dardot & Laval, 2016).

Nesse âmbito de competitividade, individualidade, de tendência à psicopatologização dos sofrimentos psíquicos, do tratamento do corpo como mercadoria, da mercantilização das relações sociais e da ideia de liberdade subjetiva, pressupomos que o idoso se depara com variados lutos complexos, podendo se sentir culpado pelo seu próprio sofrimento e adoecimento nesse universo cuja ideologia consiste em um sujeito que se autoengendra por si só e não pelo laço social.

Retomando a vivência do adoecimento, outros entrevistados e o paciente da construção de caso deram também indícios da aceitação das limitações corporais, percebendo que não conseguem realizar longas viagens, sair de casa com frequência ou comer determinados alimentos. Todavia, encontram outros modos de satisfação possíveis e capacidades sublimatórias como uma vicissitude da pulsão, por exemplo, realizando artesanatos, cuidando de plantas, de animais domésticos e dos entes queridos, indicando uma conciliação harmônica entre o Eu e o corpo na realidade, como acontece no envelhescente. Nessa conjuntura, quando há a possibilidade de um encontro do psiquismo sem idade com o corpo real, adquire-se uma efetivação de um significante positivo; por conseguinte, o trabalho do Eu produz um ato de subjetivação que se refere a um trabalho de luto e uma recriação de si mesmo.

Esse contexto do adoecimento na condição de envelhescente se aproxima da nossa hipótese inicial de pesquisa: os idosos atravessados pelo adoecimento podem vivenciar o padecimento quando este é subjetivado por meio de um desequilíbrio psíquico em relação ao estado anterior (antes do adoecimento), o qual convoca o psiquismo a um trabalho de luto. Verificamos que alguns idosos entrevistados e o paciente da construção de caso denotam a validade desta hipótese, embora esse dado não tenha aparecido em todos os casos. No entanto, no caso de Antônio a hipótese foi ratificada, uma vez que julgamos que ele expôs com o padecimento da esposa e com a própria fragilidade do corpo um conflito psíquico, fazendo com que o seu psiquismo trabalhasse em uma possibilidade elaborativa do seu relacionamento com a companheira do passado (antes do adoecimento da esposa), no sentido de uma ressignificação das suas perdas.

Podemos compreender que para realizar o trabalho de luto do adoecimento no envelhecer, o idoso pode retornar ao estado anterior (antes do adoecimento), buscando atualizar o seu conflito psíquico (trauma e fantasia) como uma forma de insistência em tornar real certas vivências traumáticas, a fim de que, posteriormente, por meio da repetição, esses conflitos psíquicos (atuais e passados) possam ser elaborados psiquicamente. Nesse processo, o sujeito necessitará se reformar no sentido narcísico, modificando o seu desejo por intermédio do trabalho de análise ou da resolução do luto natural[41] ou da função terapêutica do real[42].

Além disso, reputamos ser significativo o meio favorável e acolhedor como outro elemento que contribui para o processo de elaboração psíquica das perdas e transformações do idoso, pois ele, se sentindo amparado pelo ambiente, pode reduzir o nível de ansiedade e os mecanismos de defesa, auxiliando-o no trabalho de luto.

Ainda nesse sentido de subjetivação, consideramos a atividade laboral uma outra vivência que julgamos importante nos relatos dos participantes. Quase todos os idosos, principalmente do sexo masculino, mencionaram a relevância do trabalho enquanto marcas significativas de suas vivências, indicando uma representação que se atualiza com o passar do tempo e que constrói um notável referencial de subjetivação.

Além das alterações corporais e da importância da atividade laboral, mais uma vivência relatada pelos participantes foi a ideia de que a sociedade era melhor no passado em comparação ao presente. Observamos uma desconformidade dos valores morais atuais e da época da juventude dos participantes. Notamos uma rigidez de opinião de ordem moral por parte de alguns entrevistados, pois pareciam estar fixados em seu tempo, em suas memórias, naquilo que aprenderam como válido, evidenciando uma conotação consistente da Lei do Pai e do Supereu e da crença de antigamente como um "mundo melhor". Também reparamos no discurso "machista",

---

[41] O luto, mesmo sendo um processo muito doloroso, pode acabar naturalmente. O enlutado terá que renunciar suas perdas e uma parte de si mesmo, exigindo uma transformação do Eu (Santos & Belo, 2021).

[42] Dunker (2006) denominou de função terapêutica do real quando um sujeito vivencia um trauma em determinadas circunstâncias (perigo real ou danos causados pelo real), e apresenta uma favorável recuperação dos danos causados pelo real, indicando ocorrer uma organização do narcisismo e uma diminuição do sofrimento psíquico.

anunciando uma diferença de gênero e o *status* do masculino como detentor de poder (fálico) e onipotente muito marcante, circunscrevendo o sistema patriarcal e o machismo estrutural.

Como já elucidamos previamente, entendemos que o machismo estrutural é oriundo do estabelecimento e da normatização social dos sexos, gêneros e identidades. Ou seja, uma produção da heteronormatividade com interesses políticos conservadores de controle social em relação à multiplicidade insegmentável dos sexos, das sexualidades e dos gêneros. Nesse cenário, há uma naturalização das identidades por meio da construção de gênero pela cultura e pela sociedade, passando a ser entendida enquanto uma categoria, e o gênero também é fruto de uma construção, resultando em relações binárias de contrato sexual (homem/mulher, heterossexual/homossexual, masculino/feminino, biológico/não biológico) (Preciado, 2022; Butler, 2022). Devemos assimilar que o corpo livre é aquele que transpõe a aparência, reinventa o trabalho, estimula as artes e comunicações (Gonçalves Filho, 2021).

Entendemos que o machismo estrutural apresentado no discurso dos participantes possivelmente se trata de uma alienação (redução da capacidade de pensar por si próprio), uma vez que eles reproduzem uma narrativa imposta pela normatização social e cultural (homem ou mulher heterossexual), bem como a coloca em prática como modelo de vida. É relevante considerarmos que até recentemente existia uma legislação brasileira (Código da Família), que referia que o homem era o chefe de família e a mulher a sua subordinada. A partir disso, julgamos que se torna mais difícil para o velho desconstruir a naturalização das identidades por ter crescido grande parte da vida na política do controle sexual, que ainda é presente nos nossos dias atuais.

Por conseguinte, torna-se difícil para os idosos (não somente desta faixa etária) realizar uma mudança de posição libidinal diante da quebra da imagem da identidade masculina como o responsável pela renda da família, que ganha dinheiro, que tem o poder e que "manda na casa", uma vez que essa transformação exigirá um trabalho de luto penoso, ordenando uma mudança do próprio Eu; ou seja, o sujeito precisará perder parte dele mesmo para realizar esse processo de elaboração psíquica.

O trabalho de luto é complexo no envelhecimento em razão das diversas mudanças e perdas. Além da perda da saúde com o adoecimento, os participantes expuseram outras modalidades de perdas, como de entes queridos, do trabalho, da autonomia e do desejo, como vivências comuns do envelhecer. A perda por morte fica paulatinamente mais recorrente no processo de envelhecimento, e conforme o avançar da idade, os idosos vão percebendo que cada vez mais ocorrem perdas de entes queridos próximos à sua idade, incitando a percepção de finitude.

A partir disso, muitos entrevistados e o caso deste estudo expuseram a compreensão do pouco tempo de vida que lhes restam. De acordo com essa noção de fim de vida, alguns começaram a realizar planos de curto prazo, mostrando a adaptação dos seus projetos de vida e desejos em consonância ao intervalo de vida, recriando o Ideal de Eu.

Outros não conseguiram realizar esse planejamento de curto prazo, mostrando-se mais deprimidos por se identificarem com sofrimento diante da ameaça de morte. Esses lutos requeridos na velhice são articulados a perdas de objetos fundamentais para a constituição do sujeito; dependendo do tipo de investimento libidinal no objeto ou na sua representação, como casamento, profissão, trabalho, dinheiro, identidade, Ideal de Eu etc., o velho pode vivenciar lutos intensos. Quando ocorre o investimento narcísico no envelhecimento, o idoso retira a libido do meio externo e a redireciona para o próprio Eu, podendo ser um complicador do trabalho de luto quando o velho não consegue lidar com os vazios deixados pelos objetos de amor perdidos, identificando-se com esses objetos de forma narcísica (incorporação), desembocando em melancolia. No âmbito da melancolia, a perda objetal se torna uma perda do Eu.

As saídas psíquicas ou resolutivas que o ancião encontrará para lidar com as mudanças do corpo, do meio, dos valores, da noção da finitude, perdas (entes queridos, trabalho, Ideal de Eu, saúde, potência sexual, entre outras) podem se efetuar por diferentes mecanismos de defesas (regressão, formação reativa, anulação projeção, recalcamento, sublimação etc.) com formação de sintomas e psicopatologias, pela via melancólica ou via elaboração dos lutos. Para Ferenczi (1907/2011), o sujeito pode apresentar muitas fixações em divergentes estágios do desenvolvimento libidinal, desenvolvendo várias neuroses.

Os caminhos de satisfações ou as saídas libidinais para as limitações corporais no envelhecimento ocorrem de forma singular, cada idoso encontrará o seu modo de resolução frente ao corpo na realidade por meio de propósitos de vida e atividades sublimatórias, como a transmissão dos seus conhecimentos e da sua experiência de vida para as gerações mais jovens, a participação de atividades comunitárias, a obtenção de uma segunda ocupação, a sustentação dos laços sociais com os amigos e familiares, entre outras, podendo construir a sua história e a sua memória.

Alicerçadas nessas vivências de envelhecer, consideramos que as múltiplas mudanças e perdas apresentadas nessa fase da vida convocam o inconsciente a uma mudança, caso contrário, não haveria resistência, formação de sintomas e nem necessidade de trabalho de luto. Destarte, a precisão da elaboração psíquica das perdas se dá justamente pela necessidade do psiquismo se colocar perante as circunstâncias, propriamente porque há uma resistência psíquica em relação à ameaça de morte, que se trata da castração e que, em última instância, impacta o psiquismo.

As alterações que podem ocorrer no inconsciente senescente, quando este é afetado pela reatualização do complexo de castração exigidos pela realidade do corpo em processo de envelhecimento, são: atualização do narcisismo, empobrecimento da libido, mudanças dos afetos e da dinâmica das pulsões (podem sobressair as expressões da pulsão de vida ou de morte). Como resultado, o Eu pode ficar mais defendido frente à fragilidade do corpo e à finitude (morte), e o idoso poderá se tornar menos desejante, chocado e afetado pelos preconceitos sociais, ficando o seu Eu fixado no Ideal de Eu jovem e dificultando o trabalho de luto; outra possibilidade é a subjetivação das transformações e das perdas decorrentes do envelhecer. Dessa maneira, o afrouxamento do Supereu poderá viabilizar a flexibilidade do Ideal de Eu em direção à realidade, oportunizando o trabalho de luto da juventude e da resolução tardia do complexo de castração. Logo, o idoso pode admitir a sua fragilidade e a sua finitude, ficando o seu Eu menos ameaçado pelo envelhecimento.

Visando responder aos objetivos específicos desta pesquisa, a qual se procedeu mediante a revisão narrativa, encontramos uma limitação bibliográfica sobre o tema da velhice no Brasil. A partir disso, utilizamos pesquisas de alguns autores brasileiros, embora estes empregaram muitas pesquisas internacionais, principalmente de países desenvolvidos, que se justifica pelo processo recente do envelhecimento no nosso país e nos países em desenvolvimento.

Acerca do objetivo específico de descrever a visão social do envelhecimento no Brasil, observamos que o nosso país possui um panorama negativo da velhice, pois há influência do discurso gerontológico brasileiro que caracteriza o idoso como frágil e excluído pela família e pelo Estado, como meios para validar uma tensão teórica-acadêmica sobre a velhice e para impor ações vigentes com o intuito de construir um envelhecimento bem-sucedido. Não obstante, esse discurso favoreceu a sensibilização da sociedade brasileira em relação às demandas do envelhecimento e da aposentadoria, mas também permitiu ocultar os aspectos positivos da velhice, contribuindo para a imagem do velho como doença. O discurso social é recheado de dicas para combater o declínio do corpo e reduzir os gastos com saúde, e acaba por incentivar novos comércios para as indústrias do rejuvenescimento.

Não podemos destinar a visão do idoso no Brasil como responsabilidade única do discurso gerontológico brasileiro. Cada um de nós tem responsabilidade na construção dessa perspectiva, da qual também existe algo de circunstancial oriundo do contexto neoliberalista, como aludimos previamente. De certa forma, o discurso gerontológico possui sentido ao mencionar que o idoso é marginalizado na sociedade, uma vez que na nossa contemporaneidade não se constitui uma posição social válida do velho pela ideia dele não mais ser um competidor no mercado e na empresa de si mesmo.

Percebemos que ainda existe o preconceito da idade pelas narrativas dos participantes e pela literatura, que se expressa por práticas etaristas, como a discriminação e preconceitos dos idosos. Posto que há uma lei que proíbe as práticas de discriminação, como cor, sexo, etnia, idade, crença religiosa, a partir da Declaração Universal dos Diretos Humanos, não foi possível assegurar o fim da discriminação no mundo (Nogueira, 2021). Isso se evidenciou na pandemia da Covid-19, mostrando uma discriminação dos anciões no Brasil, causando prejuízo dessa população ao acesso à saúde. Esse dado expõe a marca da necropolítica[43], na qual idosos são considerados vidas descartáveis no nosso sistema político.

Passando para o outro objetivo específico, o de construir a concepção teórica de sujeito da psicanálise, constatamos que assim como a literatura da velhice é escassa no Brasil, a psicanalítica também se mostrou limitada. Com base nisso, recorremos às revisões narrativas de alguns autores contemporâneos que contribuíram para a construção teórica da velhice, bem como alguns textos freudianos para fundamentar os conceitos básicos psicanalíticos e embasar uma possível leitura do envelhecimento.

A revolução psicanalítica foi a criação de um psiquismo marcado pelo inconsciente, que fez com que o sujeito não se limitasse à consciência. Em outras palavras, a psicanálise considera o sujeito um ser conflituoso, pois

---

[43] Termo necropolítica, criado por Achille Mbembe, diz respeito ao poder político de quem vive e de quem morre (Mbembe, 2016).

de um lado há o consciente, que representa socialmente o Eu e acredita possuir domínio da vida, conduzido pelo inconsciente, e este, por sua vez, é marcado pela dualidade da pulsão de vida e da pulsão de morte. Assim, o indivíduo não domina a sua vida psíquica, pois ele é dirigido pelo desejo inconsciente. Em suma, o que interessa para a clínica psicanalítica é o sujeito do desejo inconsciente e não o ser biológico, filosófico cartesiano e psicológico.

Embasamos o sujeito do inconsciente para realizar uma possível leitura psicanalítica do envelhecimento. Assente na importância do inconsciente, a psicanálise compreenderá o envelhecimento associado à ordem psíquica sem deixar de considerar o meio social e cultural. Para tanto, a fim de entendermos o envelhecer, foi preciso levar em conta os conceitos de tempo e corpo psicanalíticos. Apontamos que a psicanálise conceitua o tempo tal qual uma construção subjetiva que possui ordenamento pelas instâncias psíquicas, estabelecendo a história vivencial (significação das vivências que se atualizam com o passar do tempo) do sujeito, que por sua vez se diferencia da linearidade cronológica.

Nesse sentido, o corpo psicanalítico também é instaurado por uma demarcação subjetiva a partir da história libidinal de cada pessoa. Reiteramos que as reminiscências manifestas à consciência mediante o afeto, situam-se no corpo e possuem correlação com um depósito libidinal. A partir disso, a psicanálise assimila o envelhecimento como um desencontro entre a imagem inconsciente do corpo (não marcado pelo tempo) e o corpo que envelhece na realidade, levando a um conflito psíquico no idoso.

Tal conflito gera no velho uma condição de desamparo frente às transformações do corpo, às perdas e à percepção da finitude, reaparecendo a angústia de castração. Há uma possível abrangência metapsicológica do processo de envelhecimento, como apontado por Mucida (2018), a partir das repercussões da percepção do ancião da sua finitude, ensejando uma ideia de que existe um conflito entre o Eu (que reconhece a finitude) e o Id (que não admite a morte).

Por meio das perdas e das mudanças associadas ao envelhecer, o psíquico do idoso é convocado a agir e a realizar o trabalho de luto (ou não). Este trabalho lhe exigirá uma atualização do narcisismo e de novas interpretações dos desejos e das manifestações inconscientes, conforme a singularidade de cada sujeito (história de vida, recursos psíquicos, meio social e cultural que está inserido etc.). Deduzimos também que na velhice podem ocorrer mudanças na dinâmica das instâncias psíquicas (Eu, Id e Supereu), independentemente da estrutura psíquica do sujeito, circunscrevendo o reposicionamento do sujeito psíquico.

Por fim, transpondo para o último objetivo específico que foi o de refletir as possibilidades e os desafios de uma psicanálise no hospital, consideramos a viabilidade de atuação do analista no hospital, embora haja muitos empecilhos na sua práxis. Compreendemos que a psicanálise no contexto hospitalar objetiva reposicionar subjetivamente o sujeito perante a doença, não se tratando de adequá-lo ao padrão da normalidade, mas sim de um compromisso com a verdade do sujeito.

Por ter em vista o corpo subjetivo, a psicanálise no campo hospitalar dará importância ao *pathos* como um excesso ou déficit das excitações e não necessariamente à doença da medicina. Apesar do sofrimento causado pelo adoecimento, reputamos que alguns idosos podem encontrar benefícios no padecimento, como ser olhado e tocado, receber atenção de diversos profissionais etc. Mediante a doença, o velho pode criar laços com o Outro, embora possa reativar sua condição de desamparo. Assim, a atuação do psicanalista com idosos no hospital pode ser uma abertura para um processo de subjetivação a partir do adoecimento, do envelhecimento ou da própria internação, podendo provocar novos posicionamentos do idoso.

Conduzindo para alguns desafios do analista no hospital, podemos mencionar a questão de que a psicanálise não é uma profissão, o trabalho do psicanalista do hospital se dá pela via da psicologia. Não há concurso ou vaga para o psicanalista, mas existe para o psicólogo no cenário hospitalar. Assim, na psicologia hospitalar, há alguns psicanalistas e outros não. A psicanálise entra no hospital pela via da psicologia.

Reconhecemos os limites impostos pela circunstância hospitalar para que a psicanálise possa atuar nesse viés; ponderamos que nos casos dos atendimentos psicanalíticos realizados com pacientes idosos hospitalizados nas Unidades de Internação ou Enfermarias, não há tempo hábil para que uma análise possa acontecer. Essa dificuldade se dá em consequência do limite imposto pelo período exigido de hospitalização para atender os cuidados necessários de saúde do paciente, possivelmente com intervalo breve (internação de alguns dias), tal como o analista poderá não ter tempo suficiente para identificar a transferência e a quem se destina no cenário institucional.

Além do mais, o paciente não está internado para procurar um analista, mas sim para receber o atendimento médico; como resultado, a demanda de atendimento psicológico frequentemente não é a do sujeito hospitalizado; também durante os atendimentos psicanalíticos podem aparecer inúmeras interrupções ou ruídos, como o barulho do ambiente, conversas paralelas, equipe de saúde intervindo, afetando a associação livre do paciente e a escuta do analista, dentre outros impasses.

Ainda que haja todos esses empecilhos, acreditamos que a entrevista preliminar, a de demarcação norteadora do tratamento analítico, a contar com a assimilação da função do sintoma e a identificação da organização subjetiva do sujeito, pode ser iniciada durante esse tempo de internação hospitalar, caso haja demanda por parte da pessoa e a presença do psicanalista, como afirmou Moretto (2019a).

Diante dos desafios nesse ambiente, consideramos a indispensabilidade do analista de acompanhar o seu tempo, precisando aderir às mudanças do meio e trabalhando para construir o seu lugar, a sua colocação e a sua função. É preciso ultrapassar os limites dos consultórios particulares e construir diferentes lugares na sociedade. Para a psicanálise se expandir, é insuficiente transpor a prática clínica do modelo clássico, necessitando adequá-la ao novo ambiente.

Reconhecemos a possibilidade de ampliação deste estudo, visto que, mesmo compreendendo algumas vivências de envelhecer de idosos atravessados pelo adoecimento, a pesquisa ficou limitada pela quantidade de participantes e pela circunstância de um hospital público em tempos de pandemia da Covid-19.

Ainda que haja muitos desafios no trabalho com idosos atravessados pelo adoecimento no contexto hospitalar, acreditamos que é possível realizar um trabalho psicanalítico com esse público específico nesse recinto pela oportunidade de viabilizar um trabalho psíquico das transformações e perdas demarcadas nessa fase da vida, possibilitando a construção da individualidade, da historicidade e da capacidade de criação para se adaptar à realidade. Embora tenhamos comunicado diversas perdas nas vivências de envelhecer com marcas do adoecimento, reputamos que também há ganhos, sobretudo quando o idoso consegue realizar o trabalho de luto e pode descobrir outras formas de obter prazer e criativamente construir novos sentidos de vida.

Sono coloquial

Da velhice

sempre invejei
o adormecer
no meio de conversa.
Esse descer de pálpebra
não é nem idade nem cansaço.
Fazer da palavra um embalo
é o mais puro e apurado
senso da poesia.

(Mia Couto, 2006)

REFERÊNCIAS

Abraham, K. (1970). *Teoria Psicanalítica da Libido*. Rio de Janeiro, RJ: Imago.

Abraham, N., & Torok, M. (1995). *A Casca e o Núcleo*. São Paulo: Editora Escuta.

Agostinho, M. R.; Peres, S. L., & Santos, J. W. (2009). *2009: 70 anos da morte de Sigmund Freud*. Recuperado de: chrome-extension://efaidnbmnnnibpcajpcgl-clefindmkaj/http://faef.revista.inf.br/imagens_arquivos/arquivos_destaque/nzygGMmoYiIlTxu_2013-5-13-12-48-49.pdf

Allonnes, C. R. (2004). O Estudo de Caso: da ilustração à convicção. In: Allonnes, C. R.; Assouly-Piquet, C.; Slama, F. B.; Blanchet, A.; Douville, O.; Giami, A.; Ngyyen, K.; Plaza, M., & Samalin-Amboise, C. (Orgs). *Os Procedimentos Clínicos nas Ciências Humanas:* documentos, métodos e problemas. São Paulo: Casa do Psicólogo.

Allouch, J. (2004). *Erótica do Luto no Tempo de Morte Seca*. Rio de Janeiro: Companhia de Freud.

Alvarenga, D. & Matins, R. (2021). Classe média 'encolhe' na pandemia e já tem mesmo 'tamanho' da classe baixa. In *G1* (online). Recuperado de: https://g1.globo.com/google/amp/economia/noticia/2021/04/17/classe-media-encolhe-na-pandemia-e-ja-tem-mesmo-tamanho-da-classe-baixa.ghtml

Alves, J. E. D. (2018). Esperança de vida diante da emergência sanitária e climática. In *Centro de Estudos Estratégicos da Fiocruz*.

Alves, M., & Araújo, L. (2020). Interseccionalidade, Raça e Sexualidade: compreensões para a velhice de negros LGBTI+. *Revista de Psicologia da IMED*, 12(2), 161-178. doi: https://doi.org/10.18256/2175-5027.2020.v12i2.3517

American Psychiatric Association - APA. (2014). *Manual diagnóstico e estatístico de transtornos mentais*: DSM-5. Porto Alegre: Artmed.

Aulagnier, P. (1999). Nascimento de um corpo, origem de uma história. *Revista Latinoamericana de Psicopatologia Fundamental*, 2(3), 9-45. https://dx.doi.org/10.1590/1415-47141999003002

Baptista, R. (2022). Estatuto da Pessoa Idosa: lei é rebalizada para garantir inclusão. *Agência Senado*. Recuperado de: https://www12.senado.leg.br/noticias/materias/2022/07/25/estatuto-da-pessoa-idosa-lei-e-rebatizada-para-garantir-inclusao

Beauvoir, S. (2018). *A Velhice*. Rio de Janeiro: Nova Fronteira.

Belo, F. (2020). *Clínica Psicanalítica On-line*: Breves Apontamentos Sobre Atendimento Virtual. São Paulo: Zagodoni.

Berlinck, M. T. (2008). Envelhescência. In M, T. Berlinck. *Psicopalotologia Fundamental*. São Paulo: Escuta.

Berlinck, M. T., & Fédida, P. (2000). A clínica da depressão: questões atuais. *Revista Latinoamericana de Psicopatologia Fundamental*, 3(2), 9-25. https://doi.org/10.1590/1415-47142000002002.

Bezerra. D. M. (2018). O significante em Jacques Lacan e sua contribuição para uma história da loucura. *Anais do Encontro Internacional e XVIII Encontro de História Anpuh-Rio*. Recuperado de: chrome-extension://efaidnbmnnnibpcajpcglclefindmkaj/https://www.encontro2018.rj.anpuh.org/resources/anais/8/1529341953_ARQUIVO_ANPUHtexto2018.pdf

Bianchi, H. (1993). *O Eu e o Tempo*: psicanálise do tempo e do envelhecimento. São Paulo, SP: Casa do Psicólogo.

Birman, J. (1997). *Estilo e Modernidade em Psicanálise*. São Paulo: Editora 34.

Birman, J., (2003). *Freud e a filosofia*. Rio de Janeiro: Jorge Zahar.

Birman, J. (2018). Clínica e Poder na Pesquisa Psicanalítica. In: Fulgencio, L.; Birman, J.; Kupermann; & Cunha, E. L. (Orgs). *Modalidades de Pesquisa em Psicanálise*: Métodos e Objetivos (pp. 23-45). São Paulo: Zagodoni.

Birman, J. (2020). *O Sujeito na Contemporaneidade*: espaço, dor e desalento na atualidade. Rio de Janeiro: Civilização Brasileira.

Birman, J. (2021). *As Pulsões e seus Destinos:* do corporal ao psíquico. Rio de Janeiro: Civilização Brasileira.

Bleger, J. (2003). *Temas de Psicologia*: entrevistas e grupos. São Paulo: Martins Fontes

Borim, F. S. A.; Barros, M. B. Z., & Botega, N. J. (2013). Transtorno mental comum na população idosa: pesquisa de base populacional no Município de Campinas, São Paulo, Brasil. *Cadernos de Saúde Pública*, 29(7), 1415-1426. Recuperado de: https://doi.org/10.1590/S0102-311X2013000700015

Bratkowski1, P. S., & Fedrizzi, R. I. (2021). Ruídos entre nós: escuta em tempos de atendimento remoto. *Sociedade de Psicologia do Rio Grande do Sul*, 9(3), 33-37. https://doi.org/10.29327/217869.9.4-6

Butler, J. (2022). *Problemas de Gênero*: feminismo e subversão da identidade. Rio de Janeiro: Civilização Brasileira.

Camarado, A. A., & Pasinato, M. T. (2007). Envelhecimento, Pobreza e Proteção Social na América Latina. *Papeles de Población*, 56, 1-37. Recuperado de: https://www.ipea.gov.br/portal/index.php?option=com_content&view=article&id=4851

Camarado, A. A. (2020). Os dependentes da renda dos idosos e o coronavírus: órfãos ou novos pobres?. *Diretoria de Estudos e Políticas Sociais*.

Canguilhem, G. (2009). *O normal e o patológico*. Rio de Janeiro: Forense Universitária.

Caon, J. L. (1996). Psicanálise: Metapsicologia. In: Slavutzky, A.; Brito, C. L. S.; Sousa, E. L. A. (Orgs). *História Clínica e Perspectiva nos Cem Anos da Psicanálise* (pp. 61-74). Porto Alegre: Artes Médicas.

Carvalho, S. B., & Couto, L. F. S. Moura, M. D. (2011). A presença do Psicanalista no Hospital Geral: sua escuta e suas intervenções. In: Batista, G.; Moura, M. D.; & Carvalho, S. B. (Org.), *Psicanálise e Hospital 5*: a responsabilidade da psicanálise diante da ciência médica (pp. 111-132). Rio de Janeiro: Wak Editora.

Castilho, G. & Bastos, A. (2015). Sobre a velhice e lutos difíceis: "eu não faço falta". *Psicologia em Revista*, 21(1), 1-14. https://dx.doi.org/DOI-10.5752/P.1678-9523.2015V21N1P1

Castro, G.S. (2017). Precisamos Discutir sobre o Idadismo. *Estudos sobre Envelhecimento*, 28(67), 38-55.

Castro, V. C.; Borghi, A. C.; Mariano, P. P.; Fernandes, C. A. M.; Mathias, T. A. F.; & Carreira, L. (2013). Perfil de Internações Hospitalares de Idosos no Âmbito do Sistema Único de Saúde. *Rev Rene*, 14(4), 791-800.

Castro, B. R.; Silva, G. O.; Cardoso, A. V.; Rocha, L. S.; & Chariglione, I. P. F. S. (2020). A expressão do idadismo em tempo de COVID-19: uma reflexão teórica. *Kairós-Gerontologia*, 23(28). https://doi.org/10.23925/2176-901X.2020v23i0p479-497

Capitão, C. G., & Carvalho, E. B. (2006). Psicossomática: duas abordagens de um mesmo problema. *Psic: revista da Vetor Editora*, 7(2), 21-29.

Ceccarelli, P. R. (2017). Psicanálise, sexo e gênero. *Estudos de Psicanálise*, (48), 135-145.

Cherix, K. (2015). Corpo e Envelhecimento: uma perspectiva psicanalítica. *Rev. SBPH*, 18(1), 39-50.

Cherix, K., & Coelho, N. E. Jr. (2018). Luto e melancolia nas demências: a psicanálise na clínica do envelhecimento. *Trivium - Estudos Interdisciplinares*, 10(2), 182-195. https://dx.doi.org/10.18379/2176-4891.2018v2p.182

Chermann, L. (2022). *Psicanálise e Tecnologia: o virtual na relação analítica*. Dissertação (Mestrado em Psicologia), Universidade de São Paulo, São Paulo.

Cocentino, J. M. B., & Viana, T. C. (2011). A Velhice e a Morte: reflexões sobre o processo de luto. *Rev. Bras. Geriat. Gerontol.*, 14(3), 591-599. https://doi.org/10.1590/S1809-98232011000300018

Confederação Nacional de Dirigentes Lojistas (CNDL). (2021). 52% dos Idosos são os Principais Responsáveis pelo Sustento da Casa, Revela a Pesquisa da CNDL/SPC Brasil. In *CNDL* (online). Recuperado de: https://cndl.org.br/politicaspublicas/52-dos-idosos-sao-os-principais-responsaveis-pelo-sustento-da-casa-revela-pesquisa-da-cndl-spc-brasil/

Conselho Federal de Psicologia – CFP. Resolução CFP Nº 11/2018. Regulamenta a prestação de serviços psicológicos realizados por meios de tecnologias da informação e da comunicação e revoga a Resolução CFP nº 11/2012. Recuperado de: https://e-psi.cfp.org.br/resolucao-cfp-no-11-2018

Conselho Federal de Psicologia – CFP. Resolução Conselho Federal de Psicologia nº 4, de 26 de março de 2020. Dispõe sobre regulamentação de serviços psicológicos prestados por meio de Tecnologia da Informação e da Comunicação durante a pandemia do COVID-19.

Costa, J. F. (2021). Prefácio à Edição Original. In: Souza, N. S. *Tornar-se negro* (pp.23-44). Rio de Janeiro: Zahar.

Costa, L. (2022). O patriarcado funciona como silêncio. *Revista Cult*: edição 284, (25), 8-15.

Dardengo, C. F. R., & Mafra, S. C. T. (2019). Os conceitos de velhice e envelhecimento ao longo do tempo: contradição ou adaptação?. *Revista De Ciências Humanas*, 18(2). https://periodicos.ufv.br/RCH/article/view/8923

Dardot, P. & Laval, C. (2016). *A Nova Razão do Mundo*: ensaio sobre a sociedade neoliberal. São Paulo: Boitempo.

Debert, G. G. (2020). *A Reinvenção da Velhice*: Socialização e Processos de Reprivatização do Envelhecimento. São Paulo: Universidade de São Paulo.

Dejours, C. (1992). *A Loucura do Trabalho*: Estudo de Psicopatologia do Trabalho. São Paulo: Cortez-Oboré.

Dias, D. A. S. (2019). Envelhecimento e Internação Hospitalar: observações psicanalíticas. In: Neto, O. D. & Belo, F. (Org.) *Psicologia Hospitalar e Psicanálise*: escuta e cuidado ao idoso (pp. 61-80). Belo Horizonte: Artesã.

Dockhorn, C. N. B. F., & Macedo, M. M. K. (2015). Estratégia Clínico-Interpretativa: Um Recurso à Pesquisa Psicanalítica. *Psicologia: Teoria e Pesquisa,* 31(4). https://doi.org/10.1590/0102-37722015042473529535

Dolto, F. (1984). Esquema Corporal e Imagen del Cuerpo. In: Dolto, F. (Org). *La Imagen Inconsciente del Cuerpo* (pp. 9-22). Barcelona: Paidós.

Dunker, C. I. L. (2006). *A função terapêutica do real: entre trauma e fantasia*. São Paulo: Escuta.

Dunker, C. I. L. (2017). A Psicanálise como Ciência: crítica e ideologia em tempos de "pós-verdade" II. In *Blog da Boitempo* (online). Recuperado de: https://blogdaboitempo.com.br/2017/05/30/a-psicanalise-como-ciencia/

Dunker, C. I. L. (2019). Prefácio: uma aula clínica. In: Moretto, M. L. T. *O que pode um Analista no Hospital* (pp. 13-17). Belo Horizonte: Artesã.

Dunker, C. (2021). Sofrimento e Racismo sob a Perspectiva da Psicanálise. In: Costa et al. (Org.) *Relações Raciais na Escuta Psicanalítica* (pp. 63-80). São Paulo: Zagodoni.

Dunker, C. (2023). A Hipótese Depressiva. In: Safatle, V.; Silva, N. Jr.; & Dunker, C. (Orgs.) *Neoliberalismo*: como gestão do sofrimento psíquico (pp. 177-214). Belo Horizonte: Autêntica.

Dunker, C.; Paulon, C.; Sanches, D.; Lana, H.; Lima, R. A.; & Bazzo, R. (2023). Neoliberalismo à Brasileira. In: Safatle, V.; Silva, N. Jr.; Dunker, C. (Org.) *Neoliberalismo*: como gestão do sofrimento psíquico (pp. 215-254). Belo Horizonte: Autêntica.

Elia, L. (2010). *O Conceito de Sujeito*. São Paulo: Zahar.

Estevão, I. R. (2018). Sobre Três Eixos da Pesquisa em Psicanálise: clínica, teoria e extensão. In: Fulgencio, L.; Birman, J.; Kupermann; & Cunha, E. L (Org.). *Modalidades de Pesquisa em Psicanálise*: Métodos e Objetivos (pp. 69-79). São Paulo: Zagodoni.

Faria, M. R.; Sardinha, L. S. & Lemos, V. A. (2021). Uma Compreensão Psicanalítica do Machismo e da Perversão Social. In: *Congresso Internacional em Saúde* (pp.1-3). Rio Grande do Sul. Recuperado de: https://publicacoeseventos.unijui.edu.br/index.php/conintsau/article/view/19810

Fédida, P. (1991). *Nome, figura e memória:* a linguagem na situação psicanalítica. São Paulo: Escuta.

Fédida, P. (1999). *Depressão*. São Paulo: Editora Escuta.

Ferenczi, S. (2011a). Para compreender as psiconeuroses do envelhecimento. In: *Obras Completas* de Sandor Ferenczi (V.3, pp. 155-161). São Paulo, SP: editora WMF Martins Fontes (trabalho original publicado em 1919).

Ferenczi, S. (2011b). O Conceito de Introjeção. In: *Obras Completas* de Sandor Ferenczi (V.1, pp. 155-161). São Paulo, SP: editora WMF Martins Fontes (trabalho original publicado em 1912).

Ferenczi, S. (2011c). O Progresso da Formação Psicanalista. In: *Obras Completas de Sandor Ferenczi* (V.4, pp. 237-243). São Paulo, SP: editora WMF Martins Fontes (trabalho original publicado em 1928).

Ferenczi, S. (2011d). A Psicanálise a Serviço do Clínico Geral. In: *Obras Completas de Sandor Ferenczi* (V.3, pp. 227-240). São Paulo, SP: editora WMF Martins Fontes (trabalho original publicado em 1923).

Ferenczi, S. (2011e). Transferência e Introjeção. In: *Obras Completas de Sandor supereu* (V.1, pp. 87-123). São Paulo, SP: editora WMF Martins Fontes (trabalho original publicado em 1909).

Fernandes, M. H. (1999). A Hipocondria do Sonho e o Silêncio dos Órgãos: o corpo na clínica psicanalítica. *Percurso* (2)23, 43-52. Recuperado de: http://revistapercurso.uol.com.br/pdfs/p23_texto05.pdf

Fingermann, D. (2009). O tempo na experiência da psicanálise. *Revista USP*, São Paulo, 81, 28-71. doi: https://doi.org/10.11606/issn.2316-9036.v0i81p58-71

Figueiredo, A. C. (1997). *Vastas confusões atendimentos imperfeitos*: a clínica psicanalítica no ambulatório público. Rio de Janeiro: Relume Dumará.

Figueiredo, L. C. (2002). A Ética da Pesquisa Acadêmica e a Ética da Clínica em Psicanálise: o encontro possível na clínica psicanalítica. In: Queiroz, E. F., & Silva, A. R. R (Org.). *Pesquisa em Psicopatologia Fundamental*. São Paulo: Escuta.

Figueiredo, A. C. (2004). A construção do caso clínico: uma contribuição da psicanálise à psicopatologia e à saúde mental. *Revista Latinoamericana de Psicopatologia Fundamental*, 7(1). https://doi.org/10.1590/1415-471420040010066

Figueiredo, L. C., & Minerbo, M. (2006). Pesquisa em psicanálise: algumas ideias e um exemplo. *Jornal de Psicanálise*, *39*(70), 257-278. Recuperado de: http://pepsic.bvsalud.org/scielo.php?script=sci_arttext&pid=S0103-58352006000100017&lng=pt&tlng=pt

Fonseca, F. L. (2010). O masoquismo masculino nos sujeitos: a repetição inconsciente. *Revista Brasileira de Psicanálise*, 44(3), 145-156. Recuperado de: http://pepsic.bvsalud.org/scielo.php?script=sci_arttext&pid=S0486-641X2010000300014&lng=pt&tlng=pt

Fonseca, M. A. A. & Vorcaro, A. M. R. (2019). Psicanálise e Medicina. In: Neto, O. D. & Belo, F. (Org.) *Psicologia Hospitalar e Psicanálise*: escuta e cuidado ao idoso. (pp. 33-60). Belo Horizonte: Artesã.

Fortes, I.; & Macedo, M. K. (2018). Quem é o psicanalista pesquisador? Questões cruciais sobre o Método Psicanalítico de Pesquisa. In: Fulgencio, L.; Birman, J.; Kupermann; & Cunha, E. L. (Org.). *Modalidades de Pesquisa em Psicanálise*: Métodos e Objetivos (pp. 106-122). São Paulo: Zagodoni.

Freud, A. (2006). *O Ego e os Mecanismos de Defesa*. Porto Alegre: Artmed. (Trabalho original publicado em 1975).

Freud, S. (1996a). Linhas de Progresso na Terapia Psicanalítica. In J. Strachey (Ed.), *Edição Standard Brasileira das Obras Psicológicas Completas de Sigmund Freud* (Vol. 17, pp. 171-284). Rio de Janeiro: Imago. (Trabalho original publicado em 1919).

Freud, S. (1996b). O Inconsciente. In J. Strachey (Ed.), *Edição Standard Brasileira das Obras Psicológicas Completas de Sigmund Freud* (Vol. 14, pp. 165-224). Rio de Janeiro: Imago. (Trabalho original publicado em 1915).

Freud, S. (1996c). Análise Terminável e Interminável. In J. Strachey (Ed.), *Edição Standard Brasileira das Obras Psicológicas Completas de Sigmund Freud* (Vol. 23, pp. 231-270). Rio de Janeiro: Imago. (Trabalho original publicado em 1937).

Freud, S. (1996d). O Ego e Id. In J. Strachey (Ed.), *Edição Standard Brasileira das Obras Psicológicas Completas de Sigmund Freud* (Vol. 19, pp. 15-82). Rio de Janeiro: Imago. (Trabalho original publicado em 1923).

Freud, S. (1996e). Sobre o Início do Tratamento. In J. Strachey (Ed.), *Edição Standard Brasileira das Obras Psicológicas Completas de Sigmund Freud* (Vol. 12, pp. 137-160). Rio de Janeiro: Imago. (Trabalho original publicado em 1913).

Freud, S. (1996f). Leonardo da Vinci e uma Lembrança da sua Infância. In J. Strachey (Ed.), *Edição Standard Brasileira das Obras Psicológicas Completas de Sigmund Freud* (Vol. 11, pp. 67-141). Rio de Janeiro: Imago. (Trabalho original publicado em 1910).

Freud, S. (1996g). A Interpretação dos Sonhos. In J. Strachey (Ed.), *Edição Standard Brasileira das Obras Psicológicas Completas de Sigmund Freud* (Vol. 5, pp. 371-700). Rio de Janeiro: Imago. (Trabalho original publicado em 1900).

Freud, S. (1996h). Os Instintos e suas Vicissitudes. In J. Strachey (Ed.), *Edição Standard Brasileira das Obras Psicológicas Completas de Sigmund Freud* (Vol. 14, pp. 117-164). Rio de Janeiro: Imago. (Trabalho original publicado em 1915).

Freud, S. (1996i). Além do Princípio de Prazer. In J. Strachey (Ed.), *Edição Standard Brasileira das Obras Psicológicas Completas de Sigmund Freud* (Vol. 18, pp. 13-78). Rio de Janeiro: Imago. (Trabalho original publicado em 1920).

Freud, S. (1996j). Repressão. In J. Strachey (Ed.), *Edição Standard Brasileira das Obras Psicológicas Completas de Sigmund Freud* (Vol. 14, pp. 147-164). Rio de Janeiro: Imago. (Trabalho original publicado em 1915).

Freud, S. (1996k). Três Ensaios da Teoria da Sexualidade. In J. Strachey (Ed.), *Edição Standard Brasileira das Obras Psicológicas Completas de Sigmund Freud* (Vol. 7, pp. 119-217). Rio de Janeiro: Imago. (Trabalho original publicado em 1905).

Freud, S. (1996l). Sobre a Psicoterapia. In J. Strachey (Ed.), *Edição Standard Brasileira das Obras Psicológicas Completas de Sigmund Freud* (Vol. 7, pp. 241-254). Rio de Janeiro: Imago. (Trabalho original publicado em 1905 [1904]).

Freud, S. (1996m). Projeto para uma Psicologia Científica. In J. Strachey (Ed.), *Edição Standard Brasileira das Obras Psicológicas Completas de Sigmund Freud* (Vol. 1, pp. 347-396). Rio de Janeiro: Imago. (Trabalho original publicado em 1895).

Freud, S. (1996n). Sobre o Narcisismo: uma introdução. In J. Strachey (Ed.), *Edição Standard Brasileira das Obras Psicológicas Completas de Sigmund Freud* (Vol. 14, pp. 77-108). Rio de Janeiro: Imago. (Trabalho original publicado em 1914).

Freud, S. (1996o). Suplemento Metapsicológico à Teoria dos Sonhos. In J. Strachey (Ed.), *Edição Standard Brasileira das Obras Psicológicas Completas de Sigmund Freud* (Vol. 14, pp. 225-244). Rio de Janeiro: Imago. (Trabalho original publicado em 1917).

Freud, S. (1996p). Totem e Tabu. In J. Strachey (Ed.), *Edição Standard Brasileira das Obras Psicológicas Completas de Sigmund Freud* (Vol. 14, pp. 13-168). Rio de Janeiro: Imago. (Trabalho original publicado em 1913).

Freud, S. (1996q). A Organização Genital Infantil: uma interpolação na teoria da sexualidade. In J. Strachey (Ed.), *Edição Standard Brasileira das Obras Psicológicas Completas de Sigmund Freud* (Vol. 19, pp. 155-164). Rio de Janeiro: Imago. (Trabalho original publicado em 1923).

Freud, S. (1996r). Psicologia de Grupo e a Análise do Ego. In J. Strachey (Ed.), *Edição Standard Brasileira das Obras Psicológicas Completas de Sigmund Freud* (Vol. 18, pp. 79-156). Rio de Janeiro: Imago. (Trabalho original publicado em 1921).

Freud, S. (1996s). A Dissolução do Complexo de Édipo. In J. Strachey (Ed.), *Edição Standard Brasileira das Obras Psicológicas Completas de Sigmund Freud* (Vol. 19, pp. 191-201). Rio de Janeiro: Imago. (Trabalho original publicado em 1924).

Freud, S. (1996t). As Psiconeuroses de Defesa. In J. Strachey (Ed.), *Edição Standard Brasileira das Obras Psicológicas Completas de Sigmund Freud* (Vol. 3, pp. 51-74). Rio de Janeiro: Imago. (Trabalho original publicado em 1894).

Freud, S. (1996u). Minhas Teses sobre o Papel da Sexualidade na Etiologia das Neuroses. In *J. Strachey (Ed.), Edição Standard Brasileira das Obras Psicológicas Completas de Sigmund Freud* (Vol. 7, pp. 255-266). Rio de Janeiro: Imago. (Trabalho original publicado em 1906 [1905]).

Freud, S. (1996v). Inibições, Sintomas e Angústia. In J. *Strachey (Ed.), Edição Standard Brasileira das Obras Psicológicas Completas de Sigmund Freud* (Vol. 20, pp. 81-174). Rio de Janeiro: Imago. (Trabalho original publicado em 1926).

Freud, S. (1996w). O Mal-Estar na Civilização. In *J. Strachey (Ed.), Edição Standard Brasileira das Obras Psicológicas Completas de Sigmund Freud* (Vol. 21, pp. 67-150). Rio de Janeiro: Imago. (Trabalho original publicado em 1930).

Freud, S. (1996x). O Futuro de uma Ilusão. In J. Strachey (Ed.), *Edição Standard Brasileira das Obras Psicológicas Completas de Sigmund Freud* (Vol. 21, pp. 15-63). Rio de Janeiro: Imago. (Trabalho original publicado em 1927).

Freud, S. (1996y). Sobre a Transitoriedade. In J. Strachey (Ed.), *Edição Standard Brasileira das Obras Psicológicas Completas de Sigmund Freud* (Vol. 14, pp. 317-319). Rio de Janeiro: Imago. (Trabalho original publicado em 1916 [1915]).

Freud, S. (1996z). Conferência XXXI: A Dissecção da Personalidade Psíquica. In J. Strachey (Ed.), *Edição Standard Brasileira das Obras Psicológicas Completas de Sigmund Freud* (Vol. 22, pp. 63-84). Rio de Janeiro: Imago. (Trabalho original publicado em 1933 [1932]).

Freud, S. (1996aa). O Método Psicanalítico. In J. Strachey (Ed.), *Edição Standard Brasileira das Obras Psicológicas Completas de Sigmund Freud* (Vol. 7, pp. 233-254). Rio de Janeiro: Imago. (Trabalho original publicado em 1904 [1903]).

Freud, S. (1996bb). Neurose e Psicose. In J. Strachey (Ed.), *Edição Standard Brasileira das Obras Psicológicas Completas de Sigmund Freud* (Vol. 19, pp. 163-171). Rio de Janeiro: Imago. (Trabalho original publicado em 1924).

Freud, S. (1996cc). O Estranho. In J. Strachey (Ed.), *Edição Standard Brasileira das Obras Psicológicas Completas de Sigmund Freud* (Vol. 17, pp. 235-273). Rio de Janeiro: Imago. (Trabalho original publicado em 1919).

Freud, S. (1996dd). Luto e Melancolia. In J. Strachey (Ed.), *Edição Standard Brasileira das Obras Psicológicas Completas de Sigmund Freud* (Vol. 14, pp. 245-263). Rio de Janeiro: Imago. (Trabalho original publicado em 1917).

Freud, S. (1996ee). Rascunho G. In J. Strachey (Ed.), *Edição Standard Brasileira das Obras Psicológicas Completas de Sigmund Freud* (Vol. 1, pp. 246-253). Rio de Janeiro: Imago. (Trabalho original publicado em 1895).

Freud, S. (1996ff). Rascunho E. In J. Strachey (Ed.), *Edição Standard Brasileira das Obras Psicológicas Completas de Sigmund Freud* (Vol. 1, pp. 235-241). Rio de Janeiro: Imago. (Trabalho original publicado em 1894).

Freud, S. (1996gg). Reflexões para o Tempo de Guerra e Morte In J. Strachey (Ed.), *Edição Standard Brasileira das Obras Psicológicas Completas de Sigmund Freud* (Vol. 14, p. 285-316). Rio de Janeiro: Imago. (Trabalho original publicado em 1915).

Freud, S. (1996hh). A Dinâmica da Transferência. In J. Strachey (Ed.), *Edição Standard Brasileira das Obras Psicológicas Completas de Sigmund Freud* (Vol. 12, pp.121-134). Rio de Janeiro: Imago. (Trabalho original publicado em 1912).

Freud, S. (1996ii). Conferências Introdutórias sobre a Psicanálise. Conferência XXVIII: Terapia Analítica. In J. Strachey (Ed.), *Edição Standard Brasileira das Obras Psicológicas Completas de Sigmund Freud* (Vol. 16, pp. 449-464). Rio de Janeiro: Imago. (Trabalho original publicado em 1917 [1916-17]).

Freud, S. (1996jj). Conferências Introdutórias sobre a Psicanálise. Conferência XXVII: Transferência. In J. Strachey (Ed.), *Edição Standard Brasileira das Obras Psicológicas Completas de Sigmund Freud* (Vol. 16, pp. 433-448). Rio de Janeiro: Imago. (Trabalho original publicado em 1917 [1916-17]).

Fulgencio, L. et al. (2018). Apresentação. In: ___ (Orgs.) *Modalidades de Pesquisa em Psicanálise*: Métodos e Objetivos (pp. 13-22). São Paulo: Zagodoni.

Garcia-Roza, L. A. (1985). *Freud e o Inconsciente*. Rio de Janeiro, RJ: Zahar.

Garcia-Roza, L. A. (2008a). *Introdução à Metapsicologia Freudiana*: artigos de metapsicologia, 1914-1917. Rio de Janeiro, RJ: Jorge Zahar.

Garcia-Roza, L. A. (2008b). *Introdução à Metapsicologia Freudiana*: a interpretação do sonho, 1900. Rio de Janeiro, RJ: Zahar.

Goldfarb, D. C. (1998). *Corpo, Tempo e Envelhecimento*. São Paulo: Casa do Psicólogo. [Versão digital]. Recuperado de: http://www.redpsicogerontologia.net/xxfiles/Livro%20em%20PDF.pdf

Goldafarb, D. C. (2004). *Do Tempo da Memória ao Esquecimento da História*: um estudo psicanalítico das demências. Tese (Doutorado em História), Universidade de São Paulo, São Paulo.

Goldenberg, M. (2022). *A Invenção de uma Bela Velhice*: projetos de vida e a busca da felicidade. Rio de janeiro: Recorde.

Gonçalves Filho, J. M. (2021). Posfácio. In: Nogueira, I. B. *A Cor do Inconsciente*: significações do corpo negro (pp.23-29). São Paulo Perspectiva.

Henning, C. E. (2015). Interseccionalidade e Pensamento Feminista: as contribuições históricas e os debates contemporâneos acerca do entrelaçamento de marcadores sociais da diferença. *Mediações*, 20(10), 97-128. doi:10.5433/2176-6665.2015v20n2p97

Henning, C. E. (2017). Gerontologia LGBT: Velhice, Gênero, Sexualidade e a Constituição de 'Idosos LGBT'. *Horizontes Antropológicos*, (47), 283-323. https://doi.org/10.1590/S0104-71832017000100010

Instituto Brasileiro de Geografia e Estatística – IBGE (2020). *Em 2019, expectativa de vida era de 76,6 anos*. Recuperado de: https://agenciadenoticias.ibge.gov.br/agencia-sala-de-imprensa/2013-agencia-de-noticias/releases/29502-em-2019-expectativa-de-vida-era-de-76-6-anos

Iribarry, I. N. (2003). O que é pesquisa psicanalítica?. *Ágora: Estudos em Teoria Psicanalítica*, 6(1), 115-138. doi: 10.1590/S1516-14982003000100007

James, S. (2006). Apêndice A: O uso de Conceito de Regressão de Freud. In: ___ (Ed.), *Edição Standard Brasileira das Obras Psicológicas Completas de Sigmund Freud* (Vol. 1, pp. 397-400). Rio de Janeiro: Imago. (Trabalho original publicado em 1895).

Kehl, M. R. (2002). *Sobre Ética e Psicanálise*. São Paulo: Companhia das Letras.

Kovács, M. J. (2012). *Educação para a morte desafio na formação de profissionais de saúde e educação*. São Paulo: Casa do Psicólogo, FAPESP.

Kreuz, G., & Franco, M. H. P. (2017). O luto do idoso diante das perdas da doença e do envelhecimento - Revisão Sistemática de Literatura. *Arquivos Brasileiros de Psicologia*, 69(2), 168-186.

Labaki, M. E. P. (2012). *Morte*. São Paulo, SP: Casa do Psicólogo.

Lacan, J. (1998). *Escritos*. Rio de Janeiro, RJ: Jorge Zahar. (Trabalho original publicado em 1901-1981).

Lacan, J. (1999). *O Seminário Livro 5: as formações do inconsciente*. Rio de Janeiro, RJ: Zahar. (Trabalho original publicado em 1957-1958).

Lacan, J. (1986). *O Seminário Livro 7: a ética da psicanálise*. Rio de Janeiro: Jorge Zahar.

Lacan, J. (2005). *Seminário, livro 10: a angústia*. Rio de Janeiro: Jorge Zahar. (Trabalho original publicado em 1962-1963).

Lang, C. E., & Andrade, H. V. (2019). Formalização e clínica psicanalítica: a estrutura, o significante e o sujeito. *Cadernos de psicanálise*, Rio de Janeiro, *41*(40), 99-119.

Langer, M. (1964). *Maternidad y Sexo Estudio:* Psicoanalítico y Psicosomático. Buenos Aires: Tauro.

Laplanche, J. & Pontalis (2001). *Vocabulário de Psicanálise*. São Paulo, SP: Martins Fontes.

Laval, C. (2016). Prefácio à Edição Brasileira. In: Dardot, P., & Laval, C. (Org.). *A Nova Razão do Mundo*: ensaio sobre a sociedade neoliberal (pp.7-9). São Paulo: Boitempo.

Laznik, M. C. (2003). *O Complexo de Jocasta*: feminilidade e sexualidade pelo prisma da menopausa. Rio de Janeiro: Companhia de Freud.

Lei nº 8.842, de 4 de janeiro de 1994. Dispõe sobre a Política Nacional do Idoso, cria o Conselho Nacional do Idoso e dá outras providências. Ministério do bem-estar social. Diário Oficial da União. Recuperado de http://www.planalto.gov.br/ccivil_03/leis/l8842.htm

Lei nº 10.741, de 1 de outubro de 2003. Dispõe sobre o Estatuto da Pessoa Idosa e dá outras providências. (Redação dada pela Lei nº 13.423, de 2022). Diário Oficial da União. Recuperado de: http://www.planalto.gov.br/ccivil_03/leis/2003/l10.741.htm

Lima, A. (2002). Crítica do gozo capitalista. In Quinet, A., Peixoto, M. A., Viana, A. & Lima, R. (Ed.) *Psicanálise, Capitalismo e Cotidiano* (pp. 39-41). Goiânia: Germinal.

Loyola, A. I, F.; Leite; Matos, D. L.; Giatti, L.; Afradique, M. E.; Peixoto, S. V.; & Lima-Costa, M. F. (2004). Causas de internações hospitalares entre idosos brasileiros no âmbito do Sistema Único de Saúde. *Epidemiologia e Serviços de Saúde*, 13(4), 229-238. https://dx.doi.org/10.5123/S1679-49742004000400005

Mäder, B. J. (2016). *Caderno de psicologia hospitalar*: considerações sobre assistência, ensino, pesquisa e gestão. Curitiba: CRP-PR.

Mannoni, M. (1995). *O nomeal e o inomeável*: a última palavra da vida. Rio de Janeiro, RJ: Jorge Zahar.

Marques, S. (2011). *Discriminação da Terceira Idade*. Lisboa, Portugal: Fundação Francisco Manuel dos Santos.

Martins, N. F. F. et al. (2021). O processo saúde-doença e a velhice: reflexões acerca do normal e do patológico. *Research, Society and Development*, 10(1), 1-7. http://dx.doi.org/10.33448/rsd-v10i1.11977

Maurano, D. (2006). *A Transferência*: uma viagem rumo ao continente negro. Rio de Janeiro: Jorge Zahar.

Mbembe, A. (2016). Necropolítica. *Revista do PPGAV/EBA/UFRJ*, (32), 123-151. Recuperado de: https://revistas.ufrj.br/index.php/ae/article/view/8993

Melo, K. (2020). Golpes financeiros contra idosos cresceram 60%, diz Febraban. In *Agência Brasil*. Recuperado de: https://agenciabrasil.ebc.com.br/economia/noticia/2020-09/golpes-financeiros-contra-idosos-cresceram-60-diz-febraban

Mendonça, A. M. & Souza, D. M. (2020). *O Adulto Maduro no Divã*: aplicações teóricas. Terra de Areia – RS: Triângulo Graf. Ed.

Messy, J. (1999). *A Pessoa Idosa Não Existe*. São Paulo: ALEPH.

Minerbo, M. (2014). *Neurose e Não Neurose*. São Paulo, SP: Casa do Psicólogo.

Ministério da Saúde do Brasil. (2022). Luto prolongado é um transtorno mental, segundo a Organização Mundial da Saúde. In *Gov Br*. (online). Recuperado de: https://www.gov.br/saude/pt-br/assuntos/noticias/2022/setembro/luto-prolongado-e-um-transtorno-mental-segundo-a-organizacao-mundial-da-saude

Monteiro, K. C. C.& Lage, A. M. V. (2007). Depressão – Uma Psicopatologia Classificada nos Manuais de Psiquiatria. *Psicologia Ciência e Profissão*, 27(1), 106-119. https://doi.org/10.1590/S1414-98932007000100009

Moraes, M. L. Q. (2022). Ruth, ontem e hoje. *Revista Cult*, 286(25), 28-31.

Moretto, M. L. T. (2019a). *O que pode um psicanalista no hospital?*. Belo Horizonte: Artesã.

Moretto, M. L. T. (2019b). Psicanálise e hospital hoje: o lugar do psicanalista. *Revista da SBPH*, 22(spe), 19-27. Recuperado de http://pepsic.bvsalud.org/scielo.php?script=sci_arttext&pid=S1516-08582019000200003&lng=pt&tlng=pt

Motta, C. C. R., Hansel, C. G., & Silva, J. (2010). Perfil de internações de pessoas idosas em um hospital público. *Revista Eletrônica De Enfermagem*, 12(3), 471–7. https://doi.org/10.5216/ree.v12i3.6865

Moura, M. D. (2011). O Psicanalista à altura do seu tempo? Respostas da Psicanálise ao Chamado Médico. In: Batista, G.; Moura, M. D.; & Carvalho, S. B. (Org.), *Psicanálise e Hospital 5*: a responsabilidade da psicanálise diante da ciência médica. (pp. 99-110). Rio de Janeiro, RJ: Wak Editora.

Moura, A., & Nikos, I. (2000). Estudo de caso, construção do caso e ensaio metapsicológico: da clínica psicanalítica à pesquisa psicanalítica. *Pulsional Revista de Psicanálise*, 13(140/141), 69-76.

Mucida, A. (2009). Identificação e envelhecimento: do espelho que não se quebra e outros espelhos. *Kairós*, 12. Recuperado de: https://revistas.pucsp.br/index.php/kairos/issue/view/213

Mucida, A. (2018). *O sujeito não envelhece*. Belo Horizonte, MG: Autêntica.

Munanga, K. A. (2021). Prefácio. In: Nogueira, I. B. *A Cor do Inconsciente*: significações do corpo negro. (pp.23-29). São Paulo Perspectiva.

Nasio, J.-D. (1991). *A Histeria*: Teoria e Clínica Psicanalítica. Rio de Janeiro, RJ: Zahar.

Nasio, J.-D. (1997). *O Livro do Amor e da Dor*. Rio de Janeiro: Jorge Zahar.

Naome, L. (2022). Após pressão, OMS recua em classificar a velhice como doença. *Jornal da USP*. Recuperado de: https://jornal.usp.br/atualidades/apos-pressao-oms-recua-em-classificar-a-velhice-como-doenca/

Netto, M. P. (2017). Estudo da Velhice/Histórico, definição do campo e termos básicos. In: Freitas, E. V. & Py, L. (2017). *Tratado de Geriatria e Gerontologia* (v. 4), Rio de Janeiro: Guanabara Koogan.

Niskier Flanzer, S. (2006). Sobre o ódio. *Interações*, 22(22), 215-229. Recuperado de: https://www.redalyc.org/articulo.oa?id=35402210

Nogueira, I. B. (2021). *A Cor do Inconsciente*: significações do corpo negro. São Paulo Perspectiva.

Oliveira, M. P. (2007). Melanie Klein e as fantasias inconscientes. *Winnicott e-prints*, 2(2), 1-19. Recuperado de: http://pepsic.bvsalud.org/scielo.php?script=sci_arttext&pid=S1679-432X2007000200005&lng=pt&tlng=pt.

Oliveira, G., & Pena, B. (2020). Transferência e Presença On-Line do Analista. *Polêmica*, 20(1), 119-134. https://doi.org/10.12957/polemica.2020.55980

Oliveira, B. L. C. A.; Thomaz, E. B. A. F.; & Silva, R. A. (2014). Associação da cor/raça aos indicadores de saúde para idosos no Brasil: um estudo baseado a Pesquisa Nacional por Amostra de Domicílios (2008). *Cad. Saúde Pública*, 30(7), 1-15.

Organização Mundial da Saúde. (2015). *Relatório Mundial de Envelhecimento e Saúde* Brasília. Recuperado de: https://apps.who.int/iris/bitstream/handle/10665/186468/WHO_FWC_ALC_15.01_por.pdf?sequence=6

Organização Pan Americana da Saúde (2021). *Folha informativa sobre COVID-19*. Recuperado de: https://www.paho.org/pt/COVID19

Pacheco, R. A. F. (2011). A Prática Médica e Responsabilidade da Psicanálise. A Psicanálise não será Arrogante. In: Batista, G.; Moura, M. D. & Carvalho, S. B. (Org.). *Psicanálise e Hospital 5*: a responsabilidade da psicanálise diante da ciência médica (pp. 37-44). Rio de Janeiro: Wak.

Paiva, M. L. S. C. (2011). Recalque e repressão: uma discussão teórica ilustrada por um filme. *Estudos Interdisciplinares em Psicologia*, 2(2), 229-241. Recuperado de http://pepsic.bvsalud.org/scielo.php?script=sci_arttext&pid=S2236-64072011000200007&lng=pt&tlng=pt.

Pedrosa, R. L., & Teixeira, L. C. (2015). Psicanálise e construção do caso clínico: considerações sobre um dispositivo terapêutico. *Revista Subjetividades*, 15(1), 76-83.

Pereira, M. E. C. (1999). *Pânico e Desamparo*. São Paulo, SP: Escuta.

Peres, U. T. (1999). *Mosaico de Letras*: ensaios de psicanálise. Rio de Janeiro, RJ: Editora escuta.

Peres, U. T. (2010). *Depressão e Melancolia*. Rio de Janeiro: Zahar.

Pinto, J. M. (2011). Responsabilidade e contingência: desafios na formação do analista. In: Batista, G.; Moura, M. D.; & Carvalho, S. B. (Org.), *Psicanálise e Hospital 5*: a responsabilidade da psicanálise diante da ciência médica. (pp. 21-36). Rio de Janeiro, RJ: Wak Editora.

Preciado, P. B. (2022). *Manifesto Contrassexual*: práticas subversivas de identidade sexual. Rio de Janeiro: Zahar.

Queiroz, E. F; & Silva, A. R. R. (2002). Prefácio. In: ___ *Pesquisa em Psicopatologia Fundamental*. São Paulo: Escuta.

Rosa, M. D. (2004). A pesquisa psicanalítica dos fenômenos sociais e políticos: metodologia e fundamentação teórica. *Revista Mal Estar e Subjetividade*, 4(2), 329-348.

Rosa, M. D; & Domingues, E. (2010). O método na pesquisa psicanalítica de fenômenos sociais e políticos: a utilização da entrevista e da observação. *Psicologia & Sociedade*. 2010, 22(1). https://doi.org/10.1590/S0102-71822010000100021

Rosa, M. I. P. D.; & Rosa, A. C. (2009). A Ética na Psicanálise. *Akrópolis*, 11(1), 41-44. Recuperado de: https://ojs.revistaunipar.com.br/index.php/akropolis/article/view/2841

Rother, E. T. (2007). Revisão sistemática X revisão narrativa. *Acta Paulista de Enfermagem*, 20(2), v–vi. https://doi.org/10.1590/S0103-21002007000200001

Roudinesco, E. (2016). Freud, últimos tempos. In: ___*Sigmund Freud na sua época e em nosso tempo*. Rio de Janeiro: Zahar.

Safatle, V.; Silva, N. J.; & Dunker, C. (2023). *Neoliberalismo*: como gestão do sofrimento psíquico. Belo Horizonte: Autêntica.

Santos, M. A. D., & Belo, F. R. R. (2021). Entre o corpo e o outro: uma leitura laplancheana da velhice. *Psicologia em Estudo*, 26, e44497. https://doi.org/10.4025/psicolestud.v26i0.44497

Santos, E. G. O. S; Oliveira, Y. O. M. C.; Azevedo, U. N.; Nunes, A. D. S.; Amador, A. E.; & Barbosa, I. R. (2017). Análise espaço-temporal da mortalidade por suicídio em idosos no Brasil. *Revista Brasileira de Geriatria e Gerontologia*; *20*(06); 845-855. https://doi.org/10.1590/1981-22562017020.170115.

Saroldi, N. (2021). Prefácio. In: Birman, J. *As Pulsões e seus Destinos* (pp. 13-18). Rio de Janeiro, RJ: Zahar.

Sebastiani, R. W. & Fongaro, M. L. H. (2017). Roteiro de Avalição Psicológica aplicada no Hospital Geral (pp. 11-100). In: Angemari, V. A. (Org.) *E a Psicologia entrou no Hospital*. Belo Hosrizonte: Artesã.

Segal, H. (1975). *Introdução à obra de Melanie Klein*. Rio de Janeiro: Imago.

Silva, D. Q. (2013). A pesquisa em psicanálise: o método de construção do caso psicanalítico. *Estudos de Psicanálise*, (39), 37-45. Recuperado de: http://pepsic.bvsalud.org/scielo.php?script=sci_arttext&pid=S0100-34372013000100004&lng=pt&tlng=pt.

Silva, G. S. (2019). *A construção do caso clínico:* a psicanálise aplicada à saúde mental e o trabalho em rede. Belo Horizonte: Artesã.

Silva, R. S.; & Finocchio, A. L. (2011). A velhice como marca da atualidade: uma visão psicanalítica. *Vínculo*, *8*(2), 23-30. Recuperado de: http://pepsic.bvsalud.org/scielo.php?script=sci_arttext&pid=S1806-24902011000200004&lng=pt&tlng=pt.

Silva, J. M, & Fontenele, L. (2012). Considerações sobre a trajetória do conceito de defesa em Freud e sua retomada por Lacan. *Revista aSEPHallus*, *8*(15), 13-34. Recuperado de: http://www.isepol.com/asephallus/numero_15/artigo_01.html

Silva, L. N. O., & Henriques, R. S. P. (2019). O estatuto psíquico do dinheiro à luz da teoria psicanalítica. *Ágora: Estudos Em Teoria Psicanalítica*, *22*(2), 173–179. https://doi.org/10.1590/1809-44142019002004

Simonetti, A. (2018a). *Manual de Psicologia Hospitalar*: o mapa da doença. Belo Horizonte, MG: Artesã.

Simonetti, A. (2018b). *A Cena Hospitalar*: psicologia médica e psicanálise. Belo Horizonte, MG: Artesã.

Slavutzky, A. (2021). Apresentação. In: Nogueira, I. B. A *Cor do Inconsciente*: significações do corpo negro. (pp.17-22). São Paulo Perspectiva.

Soares, F. M. P. (2004). *Envelhescência e pathos*: o lugar simbólico das psicopatologias na velhice. Dissertação (mestrado em Psicologia Clínica), Pontifícia Universidade Católica de São Paulo, São Paulo. https://sapientia.pucsp.br/handle/handle/15663#preview-link0

Soares, F. M. P. (2005). O conceito de velhice: da gerontologia à psicopatologia fundamental. *Latinoamericana de Psicopatologia Fundamental, 8*(1), 86-95. doi: 10.1590/1415-47142005001009

Sociedade de Geriatria e Gerontologia - SBGG (2019). *OMS divulga metas para 2019*: desafios impactam a vida de idosos. In SBGG (online). Recuperado de: https://sbgg.org.br/oms-divulga-metas-para-2019-desafios-impactam-a-vida-de-idosos

Solis, V. O. & Medeiros, M. P. (2002). Sexualidade na Velhice. *Disciplinarum Scientia*, Série: Ciên. Biol. e da Saúde, Santa Maria, *3*(1), 165-180. Recuperado de: https://periodicos.ufn.edu.br/index.php/disciplinarumS/article/view/864

Sousa, T., & Siqueira, I. (2021). Das fronteiras do divã. *Cadernos de Psicanálise | CPRJ, 43*(45), 243-261. Recuperado de https://www.cprj.com.br/ojs_cprj/index.php/cprj/article/view/242

Souza, M. L. R. (2005). *Violência*. São Paulo: Casa do Psicólogo.

Souza, N. S. (2021). *Tornar-se negro*. Rio de Janeiro: Zahar.

Souza, P. C. (2010). *Uma rara entrevista de Freud*. Recuperado de: https://www.ufrgs.br/psicoeduc/psicanalise/entrevista-de-freud/

Stake, R. E. (2011). *Pesquisa qualitativa*: estudando como as coisas funcionam. Porto Alegre: Penso.

Strachey, J. (1996). Apêndice A: Projeto de uma Psicologia Científica. In Edição Standard Brasileira das *Obras Psicológicas Completas de Sigmund Freud* (Vol. I, pp. 397-400). Rio de Janeiro: Imago.

Teodoro, E. F; Simões, A.; & Gonçalves, G. A. (2019). Sofrimento Psíquico na Atualidade: dos gadgets ao Sujeito (con)sumido. *Psicologia Clínica e Cultura, 35*, e35437. https://doi.org/10.1590/0102.3772e35437

Tupina, M. (2023). Tempo para usufruir de aposentadoria no mundo varia de 2 a 31 anos. *Estado de Minas*: economia. Recuperado de: https://www.em.com.br/app/noticia/economia/2023/03/23/internas_economia,1472355/tempo-para-usufruir-de-aposentadoria-no-mundo-varia-de-2-a-31-anos.shtml

Vaillant, G. E. (1971). Theoretical hierarchy of adaptive Ego mechanisms: A 30 year follow- up of men selected for psychological health. *Archives of General Psychiatry, 24*, 107-118. doi: 10.1001/archpsyc.1971.01750080011003

Valente, J. (2020). Covid-19 não é doença somente de idosos, alerta OMS. *Agência Brasil*. Recuperado de: https://agenciabrasil.ebc.com.br/saude/noticia/2020-03/covid-19-nao-e-doenca-somente-de-idosos-alerta-oms

Veras, R. P., & Oliveira, M. (2018). Envelhecer no Brasil: a construção de um modelo de cuidado. *Ciência & Saúde Coletiva, 23*(6), 1929-1936. https://doi.org/10.1590/1413-81232018236.04722018

Villas Boas, F. (2021). Clínica Psicanalítica das Relações Sociais: há muito tempo passado pela frente. In: Costa et al. (Org.) *Relações Raciais na Escuta Psicanalítica*. (pp. 47-62). São Paulo: Zagodoni.

Vilhena, J., Novaes, J. V., & Rosa, C. M. (2014). A sombra de um corpo que se anuncia: corpo, imagem e envelhecimento. *Latinoamericana de Psicopatologia Fundamental, 17*(2), 251-264. doi: 10.1590/1984-0381v17n2a08.

Volich, R. M. (2010). *Psicossomática*: de Hipócrates à psicanálise. São Paulo: Casa do Psicólogo

Zago, A. (2021). Nota do Edito. In: Costa, J. F.; Villas Boas, F.; Dunker, C.; Melo, R. X.; & Belo, F. (Org.) *Relações Raciais na Escuta Psicanalítica*. (pp. 19-26). São Paulo: Zagodoni.

World Health Organization (2022). *Ageing and health*. Recuperado de: https://www.who.int/news-room/fact-sheets/detail/ageing-and-health